Kapitalaufbringung bei Gründung der Societas Europaea

Europäische Hochschulschriften
Publications Universitaires Européennes
European University Studies

Reihe II
Rechtswissenschaft

Série II Series II
Droit
Law

Bd./Vol. 4331

PETER LANG
Frankfurt am Main · Berlin · Bern · Bruxelles · New York · Oxford · Wien

Christian Kleeberg

Kapitalaufbringung bei Gründung der Societas Europaea

Vergleich der Vorschriften zur Kapitalaufbringung und -erhöhung in Europa

PETER LANG
Europäischer Verlag der Wissenschaften

Bibliografische Information Der Deutschen Bibliothek
Die Deutsche Bibliothek verzeichnet diese Publikation in der Deutschen Nationalbibliografie; detaillierte bibliografische Daten sind im Internet über <http://dnb.ddb.de> abrufbar.

Zugl.: Münster (Westfalen), Univ., Diss., 2005

D 6
ISSN 0531-7312
ISBN 3-631-55020-0

www.peterlang.de

Inhaltsverzeichnis

A) Einleitung

I. Ziel der Arbeit

Der europäische Kontinent wird zusammenwachsen. Durch unterschiedliche Sprachen und Kulturkreise historisch seit zwei Jahrhunderten in Nationalstaaten getrennt, wird nun eine Unterteilung in Nationen kontinuierlich an Bedeutung verlieren. Die unterschiedlichen Sprachen und Kulturkreise der Regionen sollen und dürfen nicht aufgehoben werden. Gleichwohl muss das Zusammenwachsen Europas mit einer Harmonisierung des Rechts der EU-Mitgliedstaaten manifestiert werden, um die Unsicherheit bei einer Betätigung im europäischen Rechtskreis zu minimieren. Das nationale Recht als Ausdruck eigenständiger Kultur stellt aber eine juristische Bereicherung und einzigartige Möglichkeit dieses Kontinents dar. Dies gilt es zu berücksichtigen.

Allerdings darf dieser Faktor nicht störend auf den Austausch von Menschen, Diensten und Waren einwirken. Mit einer Forcierung der juristischen Harmonisierung der Rechtskreise Europas wird auch keine abstrakte, fiktive Einheit geschaffen, sondern vielmehr der bereits vorherrschenden Realität Rechnung getragen.

Nach der europäischen Katastrophe in der ersten Hälfte des letzten Jahrhunderts folgte bereits das tatsächliche Zusammenkommen in der zweiten Hälfte. Die wirtschaftliche Betätigung und Entwicklung war und ist Vorreiter bei diesem Zusammenwachsen. Nationale Grenzen innerhalb Europas werden an Bedeutung verlieren[1]. Geographische Nähe und kulturelle Gemeinsamkeiten setzen einen Schwerpunkt der wirtschaftlichen Betätigung auf die Regionen. Sprachbarrieren werden von kontinuierlich besser ausgebildeten Generationen überwunden. Moderne Kommunikationsmöglichkeiten sorgen dafür, dass der Kontakt, sowohl zwischen den Unternehmen als Geschäftspartner, als auch zu Unternehmen erheblich erleichtert wird. Nichts spricht mehr gegen eine europaweite Unternehmung. Unternehmungen werden in Form der Gesellschaften getätigt. Zwangsläufig braucht die wirtschaftliche Betätigung auf dem europäischen Kontinent auch eine geeignete Gesellschaftsform für eine solche Betätigung.

Mit dieser Arbeit soll zunächst die neue Gesellschaftsform der Societas Europaea vorgestellt und mit anderen möglichen Gesellschaftsformen für Unternehmen, die europaweit tätig sind oder dies vorhaben, verglichen werden. Insbesondere muss dabei auch im gebührenden Rahmen auf die Centros- und die Überseering-Entscheidung des EuGH eingegangen werden. Weiterhin soll anhand der Gründungsmöglichkeiten einer Societas Europaea die Relevanz der nationalen Kapitalvorschriften herausgestellt werden. Dabei ist natürlich nicht zu vernachlässigen, dass auch für die nationalen Gesellschaftsformen die unterschiedlichen nationalen Kapitalvorschriften gelten und die Vorteile in Anspruch ge-

---

[1] *Fischer*, S. 26ff.

nommen werden können. Die nationalen Vorschriften zur Kapitalaufbringung und –erhaltung der wirtschaftlich wichtigen Mitgliedstaaten Deutschland, Frankreich und Großbritannien sollen dann miteinander verglichen werden.
Der Vergleich mit anderen Gesellschaftsrechtsformen erfolgt insbesondere unter Berücksichtigung der neuesten Rechtsprechung des EuGH und des BGB zu den europaweit tätigen Unternehmen. Zwar mag die Überseering-Entscheidung in ihrer eigentlichen Rechtskraftwirkung nichts mit der Gesellschaftsform der Societas Europaea zu tun haben. Gerade aber die Diskussion um die Überseering-Entscheidung des EuGH macht deutlich, wie sehr die Niederlassungsfreiheit und die damit einhergehende Flexibilität andere Gesellschaftsformen auf den Erfolg der neuen Gesellschaftsform in der Societas Europaea Einfluss nimmt. Wenn nämlich bereits nationale Gesellschaftsformen innerhalb aller anderen Mitgliedstaaten tätig werden können, so verliert die Societas Europaea einen wesentlichen Vorteil gegenüber diesen anderen Gesellschaftsformen. Deshalb kann die Diskussion zu den EuGH-Entscheidungen aus dieser Arbeit nicht ausgeklammert werden. Zur Diskussion der Auswirkung der Überseering-Entscheidung insbesondere auf die Gründung und Kapitalaufbringung einer nationalen Gesellschaftsform wird deswegen später einzugehen sein.
Der Vergleich der nationalen Vorschriften zur Kapitalaufbringung wird Unterschiede deutlich machen. Diese Unterschiede werden schon mit der Gründungsmöglichkeit einer Societas Europaea im Jahre 2004 realisiert werden können. Denn anders als es die Urheber der Verordnung zur Societas Europaea wohl intendiert haben, wird diese Gesellschaftsform auch für die Gründung einer völlig neuen Unternehmung in Frage kommen. Ergebnis der Arbeit soll also sein, die faktische Möglichkeit der Inanspruchnahme von Vorteilen der nationalen Kapitalaufbringungsvorschriften für die Societas Europaea darzustellen und eine sinnvolle Ausdehnung dieser Vorteile auch für die nationalen Gesellschaftsformen zu fordern. Denn insoweit besteht kein sachlicher Unterschied zwischen den nationalen Gesellschaftsformen, die in einem anderen Mitgliedstaat tätig werden, und der Societas Europaea, die ebenfalls in Europa tätig ist. Dieselben Gefahren, die für Personen entstehen, die in Kontakt mit der Societas Europaea kommen, kommen auch bei vertraglichen Beziehungen zu nationalen Gesellschaftsformen in Betracht. Diese Gefahren sind ein Produkt des Zusammenwachsens der Regionen und Nationen Europas. Diesen Gefahren können nur mit einer gesteigerten rechtlichen Beratung, unter Berücksichtigung der noch bestehenden nationalen Unterschiede in den Rechtsformen begegnet werden. Und die Harmonisierung der nationalen Rechte muss vorangetrieben werden.

II. Mögliche Gesellschaftsformen

Das wirtschaftliche Zusammenkommen Europas ist unbestritten. Fraglich ist dabei allerdings, ob auch für eine solche europaweite Unternehmung eine einheitliche Gesellschaftsform bestehen muss, oder ob die jetzigen Möglichkeiten der Unternehmungen ausreichen.

1. Status quo

Unternehmen sind und waren auch bisher europaweit oder global tätig. In welchen Gesellschaftsformen ist das erfolgt? Unternehmen wurden bisher in den nationalen Gesellschaftsformen tätig und haben in den anderen Mitgliedstaaten in den nationalen Rechtsformen der anderen Staaten, nämlich Tochtergesellschaften und Zweigniederlassungen, operiert.

a) Unternehmungen durch eigene nationale Tochtergesellschaften

Bei einer umfangreichen Tätigkeit in einem anderen europäischen Mitgliedstaat besteht zunächst die Möglichkeit der Gründung einer nationalen Tochtergesellschaft. Für eine solche Gründung spricht vor allem die Streuung des Haftungsrisikos innerhalb des Unternehmens[2]. Haftet doch die Tochtergesellschaft für ihre wirtschaftliche Betätigung zunächst mit ihrem eigenen Haftkapital. Für eine in Deutschland ansässige Form der Privatgesellschaft, der GmbH, haftet eine Konzernmutter nach geltender Rechtsprechung[3] sogar nur für existenzgefährdende Eingriffe in das Kapital der Gesellschaft. Von K. Schmidt wird eine etwas weiterreichende Haftung des Konzerns nach einem Dreistufenmodell vertreten[4]. Aber auch hierbei bleibt es bei einem Einzelausgleich für schädigende Eingriffe statt einer Verlustausgleichspflicht als Konzern-Zustandshaftung. Ist eine solche Risikostreuung primärer Grund für eine Strukturierung des Unternehmens, gibt es auch in Zukunft keine Alternative zur Gründung einer neuen Gesellschaft. Diese kann auch in Zukunft eine Gesellschaft in Form einer nationalen Kapitalgesellschaft sein. Es kann sich dabei aber auch um eine neue europäische Gesellschaftsform handeln, die aufgrund einer Verordnung der EG ins Leben gerufen wurde. Ab Oktober 2004 kann das bereits eine Societas Europaea sein.

b) Unternehmungen durch Zweigniederlassungen

Anderes gilt für die Untergliederung eines Unternehmens aus anderen Gesichtspunkten als der Haftung. Eine solche kann etwa noch aus Gründen der Diversifikation oder der sonstigen organisatorischen Auflockerung erfolgen[5].
Bis jetzt stehen Unternehmen die Möglichkeit offen, eine Zweigniederlassung in anderen Mitgliedstaaten zu gründen. Die Voraussetzung sind dabei in allen Mitgliedstaaten aufgrund der Zweigniederlassungsrichtlinie vom 22. Dezember

---

[2] *K. Schmidt*, HandelsR, § 4 III 1.
[3] BGHZ 149, 10 (15f.); BGHZ 151, 181 (186ff.).
[4] *K. Schmidt*, GesellR, § 39 III 4.
[5] *K. Schmidt*, HandelsR, aaO.

1989 (89/666/EWG)[6] angeglichen. In Deutschland ist die Zweigniederlassungsrichtlinie durch die Einfügung der §§ 13d bis 13g HGB umgesetzt.

aa) Zweigniederlassung

Eine Zweigniederlassung im Sinne der Richtlinie und mithin der Regelungen des Handelsgesetzbuches ist ein Mittelpunkt geschäftlicher Tätigkeit. Dieser muss auf Dauer als Außenstelle eines Stammhauses hervortreten, eine Geschäftsführung haben und sachlich so ausgestattet sein, dass Geschäfte mit Dritten betrieben werden können. Diesen Dritten ist bewusst, dass sie sich nicht unmittelbar an ein im Ausland ansässiges Stammhaus zu wenden brauchen, sondern Geschäfte an dem Mittelpunkt geschäftlicher Tätigkeit abschließen können. Dies gilt auch, obwohl die Dritten wissen, dass möglicherweise ein Rechtsverhältnis mit dem im Ausland ansässigen Stammhaus begründet wird[7].

bb) Ausländische Kapitalgesellschaft

Die Anmeldung und Eintragung einer Zweigniederlassung einer ausländischen Kapitalgesellschaft setzt voraus, dass es sich bei dem Rechtsträger der Niederlassung um eine Aktiengesellschaft oder GmbH handelt. Eine Kapitalgesellschaft im Sinne dieser Vorschriften ist dann gegeben, wenn die ausländische Gesellschaft ein Äquivalent einer deutschen AG oder GmbH darstellt. Dies ist im Wege der Substitution zu ermitteln, es kommt dabei weder auf die Festsetzung eines festen Grundkapitals, noch auf die Aufbringung eines Mindestkapitals an[8].

cc) Sitz im Ausland

Ein notwendiger Sitz im Ausland liegt dann vor, wenn sich der Satzungssitz außerhalb des Geltungsbereichs des Grundgesetzes, also in einem fremden Hoheitsgebiet befindet[9]. Eine ausländische Kapitalgesellschaft im Sinne des HGB ist damit auch eine solche eines anderen Mitgliedstaates.

Ein gesondertes Problem stellt die notwendige Rechtsfähigkeit einer ausländischen Gesellschaft dar. Was etwa, wenn eine ausländische Gesellschaft über

---

[6] Abgedruckt (neben allen anderen hier zitierten Richtlinien) in: *Lutter*, EuropUnternR.

[7] EuGH, RIW 1979, 56 (58); *Ebenroth/Boujong/Joost/Pentz*, § 13e Rn. 7; MüKoBGB-*Ebenroth*, IntGesR, Rn. 784; *Seibert*, GmbHR 1992, 738 (Fn. 5); *Kindler*, NJW 1993, 3301 (3302f.); *Roth*, ZGR 2000, 311 (316f.) betont, dass eine Zweigniederlassung auch dann begrifflich vorliegt, wenn keine Hauptniederlassung sondern lediglich ein Satzungssitz, etwa der einer Briefkastenfirma, existiert. Bei der Definition nach allgemeiner Meinung handelt es sich lediglich um Mindestanforderungen an eine organisatorische Struktur einer Zweigniederlassung, nicht aber um eine Abgrenzung einer Zweig- zu einer Hauptniederlassung. Es ist daher in diesem Sinne unerheblich, ob eine Zweigniederlassung eigentlich die Hauptniederlassung ist.

[8] *Ebenroth/Boujong/Joost/Pentz*, § 13e Rn. 9.

[9] *Ebenroth/Boujong/Joost/Pentz*, § 13e Rn. 61.

keinen eigentlichen Verwaltungssitz im Ausland verfügt, sondern sämtliche Geschäftstätigkeit in dem Staat entfaltet, in dem die Zweigniederlassung der Gesellschaft liegen soll? Nur in diesem Fall ergibt sich ein Problem bei der Zulassung einer Zweigniederlassung einer ausländischen Gesellschaft. Kein Problem stellt aber die Eintragung einer Zweigniederlassung bei einer Auslandsgesellschaft mit einem wirklichen Verwaltungssitz im Ausland dar.
Nach der deutschen Rechtsprechung ist das Gesellschaftsstatut, also die Frage, wonach sich die Rechtsverhältnisse einer Gesellschaft richten, nach der Sitztheorie zu bestimmen[10]. Daran hält die Rechtsprechung wohl auch weiterhin fest[11]. Nach dieser Theorie ist die Rechtsordnung anzuwenden, die am effektiven Verwaltungssitz der Gesellschaft gilt. Hat eine Gesellschaft in ihrem Gründungsstaat keinen solchen effektiven Verwaltungssitz oder verlegt sie diesen im Laufe ihrer Geschäftstätigkeit, so richtet sich die Frage nach der Rechtsfähigkeit nach dem Recht des neuen Sitzstaates. Ist die Gesellschaft nach den Voraussetzungen, die dieser neue Staat an die Gründung der Gesellschaft stellt, nicht wirksam gegründet, fehlt es ihr an der notwendigen Rechtsfähigkeit. Oder positiv nach deutschem Recht ausgedrückt, die Rechtsfähigkeit einer ausländischen Gesellschaft wurde in Deutschland bisher dann anerkannt, wenn sie dort auch ihren effektiven Verwaltungssitz hat. Anderenfalls wird eine Zweigniederlassung in Deutschland nicht eingetragen werden können.

(1) Gesellschaften aus dem EU-Ausland

Einen solchen Fall einer EU-Auslandsgesellschaft, die dort keinen effektiven Verwaltungssitz unterhielt, hatte der EuGH in der Centros-Entscheidung[12] zu beurteilen.
Der EuGH hat darin entschieden, dass die Verweigerung der Eintragung einer Zweigniederlassung einer Gesellschaft, die ihren Sitz in einem anderen Mitgliedstaat hat, eine Verletzung der Niederlassungsfreiheit gemäß Art. 43 und 48 EG-V darstellt[13]. Eine Einschränkung dieser Grundfreiheit können Mitgliedstaaten zwar vornehmen. Dies darf aber nur geschehen, um Maßnahmen zu treffen, die verhindern sollen, dass sich einige Staatsangehörige der Mitgliedstaaten unter Missbrauch der durch die EG-V geschaffenen Möglichkeiten der Anwendung des nationalen Rechts entziehen. Die Gründung in einem solchen Mitgliedstaat, in dem die gesellschaftsrechtlichen Vorschriften die größten Freiheiten lassen und die folgende Gründung einer Zweigniederlassung in einem anderen Staat, stellt aber keine solche missbräuchliche Ausnutzung des Niederlassungsrechts dar. Dies gilt selbst dann, wenn die Gesellschaft in dem Mitglied-

---

[10] BGHZ 78, 318 (334); BGHZ 97, 269 (271).
[11] BGH, NJW 2003, 1607 (1608 linke Spalte).
[12] DB 1999, 625ff.; EWS 1999, 140ff.; RIW 1999, 447ff.; ZIP 1999, 438ff.; einsehbar unter http://curia.eu.int/de/act/act99/9907de.htm#ToC1.
[13] EuGH, aaO., Nr. 21.

staat, in dem sie ihren Sitz hat, keine Geschäftstätigkeit entfaltet und die Errichtung der Gesellschaft in dem anderen Mitgliedstaat nur erfolgte, um höhere Anforderungen an die Einzahlung des Mindestgesellschaftskapitals zu umgehen[14].
Im Übrigen erwähnt die EuGH-Entscheidung in keinem Wort den Streitstand hinsichtlich der Frage, ob die Rechtsfähigkeit einer Gesellschaft nach der Sitztheorie oder nach der Gründungstheorie zu erfolgen hat. Die Beantwortung der Frage, die zu einer ausufernden Diskussion gegensätzlicher Meinungen geführt hat[15], hat hier nicht zu erfolgen. Einzig entscheidend ist, dass bei Verweigerung der Eintragung einer Zweigniederlassung mit dem Argument, die Gesellschaft hätte mangels Ausübung der Geschäftstätigkeit im Gründungsstaat keinen Verwaltungssitz und wäre deshalb im Zweigniederlassungsstaat nicht rechtsfähig, eine unzulässige Beschränkung der Niederlassungsfreiheit vorliegt.
Im Ergebnis besitzt jede nach dem Recht eines EG-Mitgliedstaates gegründete Gesellschaft auch in den anderen Mitgliedstaaten Rechtskraft. Eine EG-angehörige Gesellschaft kann folglich, wenn diese im Gründungsstaat nach dem dortigen Recht ordnungsgemäß errichtet wurde und ohne dass sie dort Geschäftstätigkeit entfalten müsste, eine Zweigniederlassung in einem Mitgliedstaat eintragen lassen. Eine Überprüfung des Registergerichts, ob eine Gesellschaft einen effektiven Verwaltungssitz hat, muss für Gesellschaften aus anderen Mitgliedstaaten nicht mehr durchgeführt werden[16]. Wird sie aber durchgeführt und eine Eintragung mangels effektiven Verwaltungssitzes abgelehnt, besteht ein Verstoß gegen die Niederlassungsfreiheit des EG-V.

(2) Gesellschaften aus dem Nicht-EU-Ausland

Etwas anderes gilt allerdings auch weiterhin noch für Gesellschaften, die nicht dem Recht eines EU-Mitgliedstaates unterliegen. Die Eintragung von Zweigniederlassungen von Nicht-EU-Gesellschaften wird auch weiterhin mit dem Argument, mangels Rechtsfähigkeit läge keine Gesellschaft mit Auslandssitz vor, abgewiesen werden können[17].

(a) Streitstand

Teilweise wird eine solche Unterscheidung von EG- und Nicht-EG-Gesellschaften als verwirrend angesehen. So wird argumentiert, dass es unpraktikabel wäre, wenn einerseits die Sitztheorie für Nicht-EG-Gesellschaften An-

---

[14] EuGH, aaO., Nr. 34ff.

[15] Vgl. nur Darstellung unter Berücksichtigung der EuGH-Folgeentscheidungen Überseering und Inspire Art bei *Altmeppen/Wilhelm*, DB 2004, 1083ff.; *Bungert*, DB 1999, 1841 (1843).

[16] *Geyrhalter*, EWS 1999, 201 (202).

[17] Etwas anderes mag mittlerweile auch für US-Gesellschaften gelten, die aufgrund des Art. XXV Absatz 5 Satz 2 des deutsch-amerikanischen Freundschaftsvertrags vom 29. 10. 1954 Rechtsfähigkeit in Deutschland erlangen, BGH, DB 2003, 818ff.; BB 2003, 810ff.; Bungert, DB 2003, 1043ff.

wendung findet, während auf solche Gesellschaften, die in Mitgliedstaaten gegründet wurden, die Gründungstheorie angewandt werde. Die Frage nach dem anwendbaren Recht würde unnötig komplizierter werden. Auch eine Aufspaltung des Kollisionsrechts in Außenbeziehungen, für die aufgrund der Niederlassungsfreiheit die Gründungstheorie gelte, und Innenbeziehungen, für die an der Sitztheorie festgehalten werde, müsse im Interesse der Rechtssicherheit und der Praktikabilität vermieden werden. Das Kollisionsrecht dürfe nicht zum intellektuellen Glasperlenspiel besonders versierter Kollisionsrechtler ausarten[18].

(b) Stellungnahme

Eine solche Sichtweise verkennt die Institution eines Staatenverbundes. Innerhalb dieses Verbundes gelten andere Regelungen, die sich die Mitglieder als souveräne Staaten gesetzt haben. Dies gilt auch für die Gründungsverträge und folglich für die im EG-Vertrag festgelegten Grundfreiheiten. Dabei handelt es sich um solche völkerrechtlichen Verträge, die aufgrund ihrer Transformation unmittelbare Wirkung in den Mitgliedstaaten entfalten. Die Niederlassungsfreiheit gemäß Art. 43 und 48 EG-V gilt mithin unmittelbar in allen Mitgliedstaaten. Diese Staaten haben mit ihrer Mitgliedschaft entschieden, dass sie für die Beziehung zu den anderen Mitgliedstaaten andere Regeln gelten lassen möchten als zum übrigen Ausland. Diesen Willen berücksichtigt die Ungleichbehandlung. Würde wiederum das EU-Ausland mit dem übrigen Ausland gleichgesetzt werden, indem alle ausländischen Gesellschaften gleichbehandelt werden, so würde eben dies den Willen der Mitgliedstaaten zuwiderlaufen.

Die Ungleichbehandlung zum nicht-europäischen Ausland ist Resultat des Wunsches der Mitgliedstaaten, die Rechtsordnungen Europas zu harmonisieren. Eine Gleichbehandlung der EG-ansässigen Gesellschaften ist Voraussetzung dieser Harmonisierung. Das gilt auch dann, wenn mangels tatsächlicher Angleichung der nationalen Rechte auf nationaler Ebene unterschiedliche europäische Gesellschaftsformen mit unterschiedlichem Haftkapital tätig sind. Laut Meilicke müssten wir, wie wir uns an Menschen mit ausländischem Pass gewöhnt haben, uns auch an Gesellschaften mit ausländischem Rechtskleid gewöhnen[19]. Eine solche Gewöhnung an ausländische Gesellschaftsrechtsformen auch aus dem Nicht-EU-Ausland ist zwar bereits vor der Centros-Entscheidung erfolgt. Jetzt wird allerdings für Gesellschaften des EU-Auslands keine registergerichtliche Kontrolle der ordnungsgemäßen Gründung und Verwaltung mehr vorgenommen. Dadurch wird der Gläubigerschutz privatisiert. Für die Schuldnerunternehmen in Europa bedeutet dies eine geringere Belastung durch Kontrolle anderer Mitgliedstaaten und infolgedessen ein unkomplizierteres Tätigwerden in Europa.

---

[18] *Sandrock*, BB 1999, 1337 (1341f.).

[19] *Meilicke*, DB 1999, 627 (628).

Genau dies ist auch einer der Gründe für die Schaffung eines einheitlichen europäischen Wirtschaftsraumes.
Im Übrigen ist zu beachten, dass im Vergleich zum nicht-europäischen Ausland eine Angleichung durch die Harmonisierung des europäischen Gesellschaftsrechtes in Form von Richtlinien und Verordnungen, die sich auf den EG-Vertrag stützen, bereits sehr weitgehend erfolgt ist. Bei Nicht-Mitgliedstaaten fehlt eine solche Angleichung und mithin eine faktische Qualitätskontrolle des ausländischen Gesellschaftsrechts. Eine Ungleichbehandlung und ggf. die Verweigerung der Rechtsfähigkeit von Gesellschaften erscheint gerechtfertigt. Es geht nicht um die Komplizierung des Kollisionsrechts, sondern um die Verwirklichung der wirtschaftlichen und rechtlichen Einheit Europas.
Im Übrigen hat der EuGH aufgrund seiner Auslegung der Niederlassungsfreiheit die Anwendung der Sitztheorie auf andere Fälle wohl nicht ausgeschlossen. Denn die EuGH-Entscheidung stützt sich ganz wesentlich auf die Auslegung der Art. 43 und 48 EG-V. Danach „sind Beschränkungen der freien Niederlassung von Staatsangehörigen verboten“ (Art. 43 Absatz 1 Satz 1 EG-V), was auch „für Beschränkungen der Gründung von Zweigniederlassungen oder Tochtergesellschaften gilt“ (Art. 43 Absatz 1 Satz 2 EG-V). Weiterhin „stehen den nach den Rechtsvorschriften eines Mitgliedstaats gegründeten Gesellschaften, die ihren satzungsmäßigen Sitz [...] innerhalb der Gemeinschaft haben, den natürlichen Personen gleich“ (Art. 48 Absatz 1 EG-V). Die freie Niederlassung von natürlichen Personen darf also nicht beschränkt werden. Das gleiche hat sinngemäß für Gesellschaften, die nach den Vorschriften eines Mitgliedstaates gegründet sind und lediglich einen Satzungssitz haben, zu gelten. Die Notwendigkeit eines tatsächlichen Verwaltungssitzes sieht der Art. 48 EG-V nicht vor. Vielmehr ist ein satzungsmäßiger Sitz dem eines Verwaltungssitzes gleichgestellt. Eine Beschränkung darf also weder aufgrund eines nichtvorhandenen Verwaltungssitzes erfolgen. Noch darf sie erfolgen, weil die Rechtsvorschriften des Staates der Zweigniederlassung zur Gründung umgangen wurden. Es kommt nur auf die Vorschriften des Gründungsstaates an. Soweit hat der EuGH entschieden. Zur Sitztheorie und deren weitere Anwendbarkeit sagt die Entscheidung nichts. Für die hier zu beantwortende Frage kommt es auch nicht darauf an, ob es sich um eine Entscheidung für oder gegen die Sitztheorie handelt. Hierfür kommt es lediglich auf die Auslegung der Grenzen der Niederlassungsfreiheit aus dem EG-Vertrag an. Dazu hat sich der EuGH geäußert. Alles andere sind intellektuelle Glasperlenspiele besonders versierter Kollisionsrechtler.

c) Unternehmungen in ausländischen Gesellschaftsformen

Mittlerweile hat der EuGH einer europäischen Unternehmung noch eine weitere Gestaltungsform zur Hand gegeben. In der Überseering-Entscheidung[20] hat der

---

[20] DB 2002, 2425ff.; BB 2002, 2402ff.; EuZW 2002, 754ff.

Gerichtshof entschieden, dass eine Gesellschaft, die nach dem Recht des Mitgliedstaats gegründet wurde und in dessen Hoheitsgebiet sie ihren satzungsmäßigen Sitz und folglich rechtlichen Bestand hat, in einem anderen Mitgliedstaat, in den sie ihren Verwaltungssitz verlegt hat, Rechtsfähigkeit erlangt. Es verstößt ebenso gegen die Niederlassungsfreiheit aus Art. 43 und 48 EG-V, wenn einer solchen Gesellschaft von den nationalen Gerichten des Mitgliedstaates des Verwaltungssitzes die Rechtsfähigkeit abgesprochen wird. Die Mitgliedstaaten sind also gehalten, aufgrund der Niederlassungsfreiheit die Rechtsfähigkeit, die eine Gesellschaft nach dem Recht eines Mitgliedstaates durch Gründung erlangt hat, zu achten.

Auch insoweit ist hier keine Entscheidung bezüglich der Tragweite der Entscheidung zu treffen. Die Mehrheit an Meinungen geht davon aus, dass nationale Kapitalgesellschaften ihren tatsächlichen Verwaltungssitz in das EU-Ausland verlegen können, ohne dass dieser Wegzug zu einer Auflösung der Gesellschaft führt. Es kommt insofern zu keinem Wechsel des Gesellschaftsstatuts bei einem Grenzüberschritt[21].

Im Ergebnis müssen dann die nationalen Kapitalaufbringungsvorschriften auch für solche Gesellschaften anwendbar sein, die sich mittlerweile in einem anderen Mitgliedstaat niedergelassen haben. Die Überseering-Entscheidung des EuGH spräche also faktisch nicht nur die Rechtsfähigkeit nationaler Gesellschaftsformen in anderen Mitgliedstaaten aus, sondern führe auch zur Anwendung der Kapitalaufbringungsvorschriften des Gründungsstaates, gleich in welchem Staat die Gesellschaft innerhalb Europas mittlerweile operiert[22].

Eine solche Sichtweise deckt sich mit der Ansicht der Gründungstheorie, wonach sich das Gesellschaftsstatut nach dem Gründungsstaat zu richten hat. Gleichwohl wird noch darauf hingewiesen, dass damit die Sitztheorie auf die Frage nach dem für die Gesellschaft anwendbarem Recht für alle anderen Belange der Gesellschaft aufgegeben würde[23]. Die Diskussion ist hier sicherlich noch nicht am Ende.

2. Die Societas Europaea

Zum 8. Oktober 2004 steht europäischen Unternehmen eine weitere Gesellschaftsform offen: Die Societas Europaea. Zu diesem Zeitpunkt tritt die Verordnung (EG) Nr. 2157/2001 des Rates vom 8. Oktober 2001 über das Statut der Europäischen Gesellschaft (SE; SE-VO) in Kraft. Die SE tritt in Konkurrenz zu den weiter bestehen bleibenden, ihrerseits teilweise durch EG-Richtlinien harmonisierten nationalen Rechtsformen[24]. Sie unterscheidet sich von ihren natio-

---

[21] Vgl. nur m.w.N. *Triebel/Hase*, BB 2003, 2409 (2417).

[22] *Lutter*, BB 2003, 7 (9); *Schanze*, AG 2003, 30 (32f.); *Paefgen*, DB 2003, 487 (490).

[23] *Leible/Hoffmann*, RIW 2002, 925ff.; *Großfeld*, RIW 12/2002, S. I.

[24] *Hirte*, NZG 2002, 1 (2).

nalen Gesellschaftsformgeschwistern durch die Möglichkeit, ohne eine Auflösung der Gesellschaft den Sitz innerhalb der EU verlegen zu können.
Die SE ist in ihrer Form an die nationalen Aktiengesellschaften der Mitgliedstaaten angenähert. Sie entspricht somit weitestgehend einer nationalen Aktiengesellschaft. Die unterschiedliche Ausgestaltung, insbesondere der Organisationsstruktur der nationalen Aktiengesellschaft führt dazu, dass für die SE ein mitgliedsweiter Konsens gefunden werden musste. Möglichst viele Mitgliedstaaten sollten ihre nationale AG in der SE wiederfinden. Die SE unterscheidet sich infolgedessen von einer nationalen AG durch eine größere Flexibilität ihrer Organisation. Im Gegensatz zur deutschen AG besteht für die SE die Möglichkeit, die Führungsstruktur monistisch, also mit lediglich einem Leitungsorgan auszustatten. Bisher war dem deutschen Aktienrecht nur eine dualistische Führung bekannt, also die Leitung durch einen Vorstand und dessen Kontrolle durch einen Aufsichtsrat. So soll die Führung einer SE nun auch eine Person als Leitungsorgan, nach dem Vorbild eines aus dem angelsächsischen Rechtskreis bekannten Chief Executive Officer (CEO), übernehmen können[25].
Im Übrigen umfasst die SE-VO gerade noch rund 110 Artikel. Im Gegensatz dazu standen frühere Entwürfe einer Verordnung, die rund 400 Artikel enthielten und den gesamten Komplex einer Gesellschaftsform ähnlich dem deutschen Aktiengesetz regelte. Ein solch abgemagerter Entwurf ist natürlich nur unter einem Verweis auf das vielfach harmonisierte nationale Recht am Sitz der Gesellschaft möglich. Es gelten also im Rahmen eines ständigen Rückgriffs oftmals nationale Regelungen. Von einer einheitlichen Rechtsform der SE kann also nicht wirklich die Rede sein[26]. Es entstehen vielmehr sehr verschieden Gesellschaften in den unterschiedlichen Mitgliedstaaten. Statt einer einheitlichen europaweiten SE wird es etwa eine niederländische, eine englische, eine französische, eine deutsche und eine spanische SE geben. In den Bereichen, in denen eine Harmonisierung der nationalen Rechte noch nicht erfolgt ist, werden die nationalen Unterschiede zu einem standortbestimmenden Faktor[27].
Festzuhalten bleibt, dass es sich bei der SE, der Europäischen Gesellschaft um eine europäische AG handelt, die aber weder einer deutschen AG entspricht, da sie etwa der Gesellschaftsstruktur größeren Gestaltungsspielraum lässt. Noch entspricht die Gesellschaft einer einheitlichen europäischen Gesellschaftsform, da sie aufgrund von Verweisen auf das nationale Recht am Sitzstaat auch eine nationale Prägung enthält.

3. Die Europäische Privatgesellschaft

Neben der Europäischen Gesellschaft, der SE, wird auch über die Vereinheitlichung weiterer Gesellschaftsformen und deren europäische Ausgestaltung nach-

[25] *Drinhausen*, BZ vom 6. Februar 2002.
[26] *Schwarz/Lösler*, NotBZ 2001, 117 (119).
[27] *Schwarz/Lösler*, NotBZ 2001, 117 (119).

gedacht. Insbesondere bestünde die Notwendigkeit für eine europäische Gesellschaftsform, die sich ausschließlich im privaten Besitz befindet. Eine solche geschlossene Gesellschaftsform richtet sich dann vorwiegend an kleine Unternehmen, die auf dem europäischen Markt tätig werden. Diese Überlegungen gipfeln in einem Entwurf für eine Verordnung über eine Europäische Privatgesellschaft (EntwEPG-VO) unter der Initiative des Forschungszentrums der Pariser Industrie- und Handelskammer (CREDA)[28]. Bei der EPG handelt es sich im wesentlichen um eine der deutschen GmbH ähnlichen Gesellschaftsform. Die EPG ist somit personalistisch geprägt. Es kommt vor allem auf die persönliche Mitwirkung der Gesellschafter an, um den Gesellschaftszweck zu verfolgen. Im Übrigen ist der Gesellschaft der Zugang zum Kapitalmarkt notwendigerweise versperrt[29].

III. Vergleich der Unternehmensformen

Fraglich ist zunächst, ob eine supranationale Gesellschaftsform wie die SE überhaupt notwendig ist. So sind bisher die europaweit tätigen Unternehmen auch mit anderen, nationalen Gesellschaftsformen zurechtgekommen und haben diese nach ihren Wünschen angepasst. Was bisher funktionierte, muss nun nicht unbedingt geändert werden. Was für Gründe gibt es, sich auf diese neue Gesellschaftsform einzulassen?

1. Eignung der SE für alle europäischen Unternehmungen

Vorab erscheint bedenklich, ob überhaupt Raum für die SE ist. Und ob neben der SE eine weitere supranationale Kapitalgesellschaftsform notwendig ist. Gerade der Einigungsprozess bis zum Erlass der SE-VO, der vom ersten Entwurf bis zum Oktober 2001 über 30 Jahre dauerte, lässt befürchten, dass auch in naher Zukunft mit einer weiteren supranationalen Kapitalgesellschaftsform nicht zu rechnen ist. Darüber hinaus verdeutlicht sowohl die Centros-Entscheidung, als auch die Überseering-Entscheidung des EuGH, dass einer europäischen Unternehmung auch im Kleid einer nationalen Gesellschaft immer weniger im Weg steht.

Von den Befürwortern einer EPG wird angeführt, dass die Satzungsstrenge der SE dazu führen müsse, dass eine Europäische Gesellschaft von zumindest kleinen Unternehmen, die auf dem europäischen Markt tätig sind, nicht in Anspruch genommen wird. Für eine SE mit Sitz in Deutschland gilt gemäß Art. 9 Absatz 1 c) iii) SE-VO die aktienrechtliche Satzungsstrenge aus § 23 Absatz 5 Aktiengesetz. Mit der Einschränkung der Gestaltungsfreiheit wird den kleinen und mittleren Unternehmen die Möglichkeit verbaut, ihre Satzung maßgenau auf die Besonderheiten ihrer Aktivitäten, ihrer Finanzierungserfordernisse und ihres Ge-

---

[28] Abgedruckt in *Boucourechliev/Hommelhoff*, EPG, S. 281ff.; einsehbar unter http://www.ccip.fr/etudes/dossiers/spe/index.html.

[29] *Hommelhoff/Helms*, GmbHR 1999, 53f.

sellschafterkreises hin zuzuschneiden. Das Gerüst der SE sei zu starr, als dass diese Gesellschaftsform für kleine Unternehmen noch attraktiv sei[30].

Dem ist allerdings entgegenzuhalten, dass auch die Organisationsstruktur einer deutschen AG noch genügend Spielraum für Gestaltungsfreiheiten der Gesellschafter lässt. So hat der Gesetzgeber durch das „Gesetz für kleine Aktiengesellschaften und zur Deregulierung des Aktiengesetzes" vom 2. August 1994 für einen größeren Freiraum bei der Schaffung einer mehr auf die persönliche Belange der Gesellschafter abgestellten AG geschaffen. Bei dieser kleinen AG bestehen größere Freiheiten bei der Verwendung des Jahresüberschusses (§ 58 Absatz 2 Satz 2 Aktiengesetz), eine Einpersonengründung ist zulässig (§ 2 Aktiengesetz) und die Regelungen für die Hauptversammlung sind vereinfacht (§§ 121, 124 Aktiengesetz). Zwar sind diese Möglichkeiten zur Flexibilisierung eng begrenzt, es besteht aber somit ein gewisser Gestaltungsspielraum für Unternehmungen in Form der AG. Im Übrigen lässt sich manche gesetzliche Vorgabe durch außerstatutarische Gesellschafterabreden umgehen[31]. Die Satzungsstrenge für eine deutsche AG besteht also nicht absolut[32].

Die Erleichterungen bei der Führung einer deutschen AG gelten auch für die deutsche SE. Die Erleichterung an die Organisation einer kleinen AG führt zu einem größeren Interessentenkreis für die SE. Allerdings entspricht dieser Interessentenkreis gleichwohl nicht den Kreis der Personen, für die eine Gründung einer GmbH in Frage kommt. Die kleine AG steht, so meint Hommelhoff, nach geltendem Recht „geschmückt und geschminkt im Vorhof der Börse und wärmt sich dort auf, damit ihr dereinst der Zugang aufs Parkett des Festsaals eröffnet werde"[33]. Aber auch das ist zugespitzt formuliert.

Im Gegensatz zur GmbH bietet die Aktiengesellschaft durch die Einteilung ihres Kapitals in Aktien und deren Übertragbarkeit eine einfache Möglichkeit zur Kapitalbeschaffung und Erweiterung des Gesellschafterkreises[34]. Daraus folgt aber nicht, dass diese Gesellschaftsanteile zwangsläufig an der Börse gehandelt werden. Zwar mag in Deutschland eine solche Funktionsweise der AG bisher vorherrschen. In den anderen Mitgliedstaaten ist dies aber durchaus nicht der Fall. In Deutschland existieren 3.000 Aktiengesellschaften, wovon 700 an der Börse notiert sind, aber etwa 600.000 GmbH. Ein solches Verhältnis der Kapitalgesellschaften von 1:200 ist außergewöhnlich hoch in Europa. In Großbritannien kommen auf 13.879, davon nur 2.178 börsennotierten Public limited companies (plc.), 973.000 Private limited companies (ltd.). Es besteht ein Verhältnis von 1:70,1. In den Niederlanden bestehen 7.104 Naamloze vennootschap (N. V.),

---

[30] *Hommelhoff*, AG 2001, 279 (287).

[31] *Hommelhoff*, AG 1995, 529 (531).

[32] Vgl. zur Organisationsstruktur einer kleinen AG: *Seibert*, klAG; *Hölters/Deilmann/Buchta*; *Hörstig/Jaschinski/Ossola-Haring*.

[33] *Hommelhoff*, AG 1995, 529 (532).

[34] *Schwarz*, EuropGesellR, Rn. 531.

von denen lediglich 300 öffentlich gehandelt werden. Bei 367.139 Besloten vennootschap met beperkte aansprakelijkheid (B. V.) ergibt sich ein Verhältnis von 1:51,7. In Frankreich ergibt sich bereits ein solches Verhältnis von 1:4,2. Es bestehen 158.000 Société anonyme (SA) bei 657.000 Société à responsabilité limitée (S. A. R. L.). Von den 158.000 SA sind lediglich 724 börsennotiert. In Spanien existieren sogar 250.000 Sociedad Anónima (S. A.) bei 500.000 Sociedad de Responsabilidad limitada (SL), womit sich ein Verhältnis von 1:2 ergibt. Von den 250.000 S. A. wird nur der verschwindend kleine Teil von 652 an der Börse gehandelt[35].

Die Gründe, die zu der unterschiedlichen Verbreitung der Aktiengesellschaften führen, sind vielfältig. Ein wesentlicher Grund sind aber die gesetzlichen Anforderungen an die Organisation der Gesellschaftsform, die es teilweise erlauben, die Gesellschaft individuellen Bedürfnissen anzupassen[36]. Dies gilt für das niederländische[37] aber auch besonders für das spanische Aktienrecht[38]. Die Anpassungsfähigkeit der Organisationsstruktur der Aktiengesellschaft führt zu einer Eignung für kleine und mittlere Unternehmen nicht nur in Spanien, sondern auch in Frankreich. Hat in Frankreich darüber hinaus eine S. A. R. L. mehr als 50 Gesellschafter, wird sie nach spätestens zwei Jahren in eine SA umgewandelt oder aufgelöst[39]. Infolgedessen kommt in diesen Ländern die Gesellschaftsform der SE für kleine und mittlere Unternehmen in Betracht.

In Deutschland bietet sich die SE gerade dann an, wenn in absehbarer Zeit ein öffentlicher Handel mit den Aktien der Gesellschaft betrieben werden oder die Anteile sonst einfach übertragen werden sollen. Selbst aber dann, wenn kein Börsengang angestrebt wird, besteht für die deutsche kleine AG immer noch die Möglichkeit der Schaffung einer personalisierten Struktur.

Das deutsche Aktienrecht scheint der Organisation der AG nicht dieselben Freiheiten zu lassen, wie das Recht anderer Mitgliedstaaten. Im Übrigen erscheint die zwingend vorgeschriebene Arbeitnehmermitbestimmung ein zusätzlicher Faktor, der gegen die Gesellschaftsform der SE für kleine Unternehmen sprechen könnte[40]. Allerdings sollte die Problematik der Mitbestimmung für die Beurteilung der Eignung der Rechtsform für die GmbH nicht überschätzt werden. Die SE-VO sieht nämlich die Schaffung einer monistischen Leitung der SE vor. Für die SE bestehen somit zwangsläufig bereits größere Freiheiten in der Organisation ihrer Handlungsebene, so dass diese Gesellschaftsform auch in Deutschland erhebliche individuelle Regelungsmöglichkeiten bietet[41].

---

[35] vgl. Übersicht bei *Schwarz*, EuropGesellR, Rn. 530.
[36] *Schwarz*, EuropGesellR, Rn. 531.
[37] *Schwarz*, EuropGesellR, Rn. 543.
[38] *Schwarz*, EuropGesellR, Rn. 536.
[39] *Schwarz*, EuropGesellR, Rn. 538.
[40] *Gutsche*, S. 239; *Wehlau*, GmbHR 1992, 640 (643).
[41] *Wehlau*, aaO.

Zwar mag für die Gesellschaftsform einer geschlossenen europäischen Gesellschaft (EPG) ein Bedarf bestehen. Allerdings ist auch die SE eine für Unternehmungen mit überschaubaren Unternehmerkreis attraktiv. Insbesondere dann, wenn mittel- oder langfristig eine Stärkung des Eigenkapitals durch einen Börsengang angestrebt wird, erscheint die kleine AG als Alternative zur GmbH und mithin auch die an die deutsche AG angelehnte SE als die passende Gesellschaftsform. Aber auch wenn eine öffentliche Handelbarkeit der Gesellschaftsanteile nicht geplant ist, erscheint die SE als das jeglichen zukünftigen Anforderungen entsprechende Unternehmenskleid.

2. Die SE im Vergleich zu den anderen Möglichkeiten einer nationalen Unternehmung

Der rechtliche Nutzen einer SE aus dem Gesichtspunkt der Inanspruchnahme von Vorteilhaften Kapitalaufbringungs- und -erhaltungsvorschriften anderer Mitgliedstaaten ist mittlerweile allerdings weggefallen. Durch die Inspire Art-Entscheidung des EuGH[42] besteht diese Möglichkeit unter Umständen für alle Kapitalgesellschaften der EU-Mitgliedstaaten. So ist es in Zukunft jeder europäischen Gesellschaft möglich, ohne Kontrolle durch das Registergericht des Mitgliedstaates eine Zweigniederlassung einzutragen oder sogar die Rechtsfähigkeit in den anderen Mitgliedstaaten zu erlangen und folglich in dem Rechtskleid einer ausländischen Gesellschaft zu operieren.
Bereits durch die Centros-Entscheidung wird die registergerichtliche Kontrolle minimiert. Es besteht demzufolge sogar die Möglichkeit, den tatsächlichen Verwaltungssitz am Ort der Zweigniederlassung einzurichten. Diese schon durch die Centros-Entscheidung bestehende Möglichkeit wird durch die Überseering- und die Inspire Art-Entscheidung des EuGH manifestiert. Eine faktische EU-weite Sitzverlegung ist möglich. Demnach sind nun alle europäischen Gesellschaftsgründer ohnehin frei, ihre Gesellschaft nach dem Recht desjenigen Mitgliedstaates zu gründen, der die günstigsten Gründungsregelungen hat, unabhängig davon, wo sie später ihre Tätigkeit betreiben wollen. Es stellt sich die Frage, ob die Schaffung supranationaler europäischer Gesellschaftsformen nicht dann überflüssig ist, wenn die Freizügigkeit der Gesellschaften in der EU, also die grenzüberschreitende Mobilität, vollständig gewährleistet wäre[43].

a) Rechtliche Risiken der Unternehmung in einer nationalen Gesellschaftsform

Als Antwort auf die Centros-Entscheidung wurde teilweise die Notwendigkeit einer neuen Denkweise des nationalen Gesetzgebers gefordert[44]. Anstatt den Gesellschaften in der Gründungsphase bzw. bei der Eintragung oder der Errichtung

---

[42] EuGH, DB 2003, 2219ff; BB 2003, 2195ff.
[43] *Dejmek*, NZG 2001, 878 (883); *Deckert*, RabelsZ 64 (2000), 479 (494).
[44] *Dejmek*, aaO.

von Niederlassungen Einschränkungen aufzulegen, müsse die künftige Gesetzgebung die Betriebsphase der Gesellschaft regeln. Anstatt hohe Anforderungen an die Kapitalaufbringung bei der Gründung einer Gesellschaft zu stellen, sollen Vorschriften zur Kapitalerhöhung in der Lebensphase der Gesellschaft treten. Ferner sei zu erwarten, dass es Folge einer Rechtsentwicklung nach der Centros-Entscheidung sein wird, neue Regelungen zur persönlichen Haftung der Geschäftsführer und Gesellschafter zu schaffen. Damit solle vermieden werden, dass sich unseriöse Gesellschafter hinter einer ausländischen Gesellschaftsform mit geringen Gründungskapitalerfordernissen verstecken[45]. Im Übrigen könnte sogar ein Haftungsdurchgriff ohne weitere gesetzliche Regelungen erfolgen, indem sich in Folge solcher Unternehmenspraktiken die Lehre von der Unterkapitalisierung in der Rechtsprechung durchsetzt.

Solche Überlegungen hat sich der niederländische Gesetzgeber zu eigen gemacht, die der Inspire Art-Entscheidung zu Grunde liegt. In den Niederlanden ist den nationalen Gesellschaften zum Gläubigerschutz auch nur in der Gründungsphase eine zwingende Kapitalaufbringung vorgeschrieben. Am 1. Januar 1998 ist zunächst das Gesetz für formal ausländische Gesellschaften in Kraft getreten. Das Gesetz zielte offensichtlich auf Gesellschaften der Art „Centros", also solchen, die nach ausländischem Recht gegründet wurden, um den strengeren niederländischen Regelungen zu entkommen. Nichts anderes kann für ausländische Gesellschaften der Art „Überseering" gelten, die sich nicht einmal um eine Eintragung einer Zweigniederlassung bemühen. Das Gesetz soll durch Sonderregelungen zum Mindestkapital, zur Eintragung und Buchführungspflicht gewährleisten, dass die Gläubiger der Auslandsgesellschaften ausreichend geschützt werden. Die Nichterfüllung des Mindestkapitalerfordernisses führt zur persönlichen Haftung der Gesellschafter[46].

Die Zulässigkeit solcher Maßnahmen der nationalen Mitgliedstaaten wurde vom EuGH überprüft. Der EuGH hat entschieden, dass die Niederlassungsfreiheit der Art. 43 und 48 EG-V einer solchen Regelung entgegenstünde[47]. Der Entscheidung ist zu entnehmen, dass die Niederlassungsfreiheit von Gesellschaften dann beeinträchtigt ist, wenn ausländische Gesellschaften – also solche eines anderen Mitgliedstaates – eine Zweigniederlassung im nationalen Register lediglich dann eintragen können, wenn sie bestimmte zusätzliche administrative Verpflichtungen erfüllen[48]. Für eine solche ausländische Gesellschaft, die ihre Geschäfte in diesem Fall ausschließlich oder nahezu ausschließlich in den Niederlanden aufnimmt, dürfen nationale Gesetze nicht vorsehen, dass vor Eintragung einer Zweigniederlassung im nationalen Handelsregister die Anforderungen der nationalen Kapitalaufbringungsvorschriften erfüllt werden müssen. Denn die Ver-

---

[45] *Dejmek*, aaO.
[46] *Dejmek*, NZG 2001, 878 (883/Fn. 79).
[47] EuGH, DB 2003, 2219ff; BB 2003, 2195ff.
[48] EuGH, aaO., Nr. 98.

pflichtung, die Vorschriften des Niederlassungsstaats über das Stammkapital und die Haftung der Geschäftsführer zu beachten, führt zu einer Behinderung der Niederlassungsfreiheit[49]. Eine solche Beeinträchtigung der Niederlassungsfreiheit ist nicht durch zwingende Gründe des Allgemeininteresses, etwa des Gläubigerschutzes gerechtfertigt[50]. Insofern besteht also keine Änderung gegenüber der Centros- und Überseering-Entscheidung.
Fraglich, an dieser Stelle aber nicht zu entscheiden ist, ob nach diesem Urteil eine nationale Gesellschaftsform als Vehikel für eine Betätigung in jedem anderen Mitgliedstaat genutzt werden kann. Durch die Entscheidung ist es der nationalen Gesetzgebung mittlerweile unmöglich, ein spezielles Gesetz lediglich für ausländische Gesellschaften zu schaffen, um sicherzustellen, dass diese Gesellschaften dieselben Voraussetzungen erfüllen, die den nationalen Gesellschaften obliegt.
Dementsprechend geht die ganz herrschende Meinung mittlerweile davon aus, dass Kapitalgesellschaften aus EU-Mitgliedstaaten ohne Auflösung und Statutverlust ihren tatsächlichen Verwaltungssitz, also die Geschäftsleitung, innerhalb der EU verlegen kann[51]. Einzige Voraussetzung ist dabei, dass der Gründungsstaat das Auseinanderfallen von Satzungs- und Verwaltungssitz zulässt[52].
Allerdings ist anzumerken, dass eine Beeinträchtigung der Niederlassungsfreiheit nach dem EuGH dann nicht vorliegen soll, wenn den Gesellschaftern für die Gründung der Gesellschaft in einem anderen Mitgliedstaat im konkreten Fall ein Missbrauch nachgewiesen wird[53]. Es stellt also keine Verletzung der Niederlassungsfreiheit dar, wenn zwar nicht der Gesetzgeber generell allen ausländischen Gesellschaften die Pflicht auferlegt, die nationalen Kapitalaufbringungsvorschriften einzuhalten, sondern ein nationales Gericht auf eine Gesellschaft ausländischen Rechts die nationalen Regelungen anwendet, die auch für ausländische Gesellschaften gelten können. In Deutschland wären das etwa die Regelungen zur Insolvenzverschleppungshaftung, zur Haftung bei existenzvernichtenden Eingriffen, zum Kapitalersatzrecht und zur Kapitalerhaltung. Nicht aber die nationalen Regelungen zur Kapitalaufbringung. Wenn insoweit vorteilhaftere Regelungen in anderen Mitgliedstaaten bestehen, hat das deutsche Recht dies hinzunehmen[54]. Um hier weitere Rechtssicherheit zu gewinnen, ist die nationale Rechtsprechung und Diskussion in der Literatur abzuwarten.
Wegen dieser noch bestehenden Rechtsunsicherheit und der ungleichen Behandlung der Kapitalgesellschaften in unterschiedlichen Mitgliedstaaten, sollte die

---

[49] EuGH, aaO., Nr. 100.
[50] EuGH, aaO., Nr. 134.
[51] *Altmeppen/Wilhelm*, DB 2004, 1083 (1084 m.w.N.); *Bayer*, BB 2003, 2357 (2363ff. m.w.N.); *Schumann*, DB 2004, 743ff.; *Triebel/Hase*, BB 2003, 2409ff.
[52] *Schumann*, DB 2004, 743.
[53] EuGH, aaO., Nr. 104 a.E.
[54] *Altmeppen/Wilhelm*, DB 2004, 1083 (1088).

Rechtsprechung des EuGH so verstanden werden, wie sie gedacht ist: Als Aufforderung zur Beschleunigung des Prozesses der Rechtsangleichung innerhalb der Mitgliedstaaten[55], nicht als ein Grund für den Abbruch solcher Bemühung und die Abschottung gegenüber ausländischen Gesellschaften. Insofern ist die Betätigung in einer nationalen Gesellschaftsform noch nicht zu empfehlen.

b) Sonstige Vorteile der SE gegenüber den nationalen Gesellschaftsformen

Zur Verwirklichung des Binnenmarkts, so die Begründung der SE-VO, sei die Beseitigung der Handelshemmnisse und eine gemeinschaftsweite Reorganisation der Produktionsfaktoren Voraussetzung. Unternehmen, die sich nicht auf die Befriedigung rein örtlicher Bedürfnisse beschränken, sollen in Form einer SE die Neuordnung ihrer Tätigkeiten auf Gemeinschaftsebene planen und betreiben können (Begr. 1 zur SE-VO). Dazu müssen bereits bestehende Unternehmen mehrerer Mitgliedstaaten durch Konzentrations- und Fusionsmaßnahmen ihr Wirtschaftspotential zusammenfassen können (Begr. 2 zur SE-VO), was bisher auf rechtliche, steuerliche und psychologische Schwierigkeiten stößt (Begr. 3 zur SE-VO). Zur deren Beseitigung muss die juristische Einheitlichkeit der europäischen Unternehmen ihrer wirtschaftlichen weitestgehend entsprechen. Daher ist die Schaffung von Gesellschaften vorzusehen, deren Struktur und Funktionsweise durch eine in allen Mitgliedstaaten unmittelbar geltende gemeinschaftsrechtliche Verordnung geregelt werden (Begr. 6 zur SE-VO). Die Gründung der Gesellschaftsform soll kleinen und mittleren Unternehmen nicht erschwert werden (Begr. 13 der SE-VO) und eine Sitzverlegung in einen anderen Mitgliedstaat soll möglich sein (Begr. 25 der SE-VO).

Die SE soll gegenüber einer nationalen Aktiengesellschaft für solche Unternehmen Vorteile bieten, die auf dem gemeinsamen Markt bisher durch Tochtergesellschaften oder Zweigniederlassungen tätig waren. Fraglich ist, ob dies auch der Fall ist.

aa) Kostenreduktion und Satzungsfreiheit

Der europäischen Binnenmarkt bleibt unvollständig, solange die Rechtsentwicklung in der EU den wirtschaftlichen Verhältnissen nicht entspricht. Unterschiedliche Gesellschaftsrechte sind trotz einer Harmonisierung durch die europäischen gesellschaftsrechtlichen Richtlinien Mobilitätshindernisse für europaweit agierende Unternehmen[56]. Es besteht ein Bedürfnis nach einer einheitlichen Rechtsform, deren Struktur und Funktionsweise in allen Mitgliedstaaten im Wesentlichen einheitlich geregelt sind[57]. Mit der Rechtsform einer SE können Unternehmen, die in mehreren Mitgliedstaaten tätig sind, eine Unternehmensverfassung wählen und sich in allen EU-Mitgliedstaaten nach einheitlichen Regeln

[55] *Lutter*, ZGR 2000, 1 (9f.); *Stending*, NZG 2000, 913.
[56] *Mayer*, S. 19.
[57] *Schwarz*, EuropGesellR, Rn. 950.

mit einer einheitlichen Geschäftsführung und einem einheitlichen Berichtssystem wirtschaftlich betätigen. Die bislang übliche Behelfslösung, Tochtergesellschaften in den anderen Mitgliedstaaten zu gründen, die den dort geltenden Bestimmungen unterliegen, wird obsolet[58].
Eine solche Organisation in Form von Tochtergesellschaften ist nachteilig, weil sie den geschäftspolitischen Entscheidungsprozess schwerfällig macht. Sie ist zudem kostenintensiv, denn die Errichtung von Tochtergesellschaften im EU-Ausland führt zu Kosten der allgemeinen Verwaltung der Gesellschaft von jährlich mehr als 500.000 € pro Tochtergesellschaft. Zwar sind diese Kosten auch diejenigen für die Organe der Gesellschaft, also solche Kosten in Humankapital, die zu einem Teil auch dann anfallen würden, wenn nicht über eine solche Tochtergesellschaft operiert werden würde. Die Kosten fallen aber auch für die umständlichen rechtlichen Verfahren an, etwa bei einer Kapitalerhöhung oder auch einfachen Gesellschafterversammlungen[59]. Bei einer einheitlichen europäischen Gesellschaft müssen keine weiteren Gesellschafter- und Hauptversammlungen mehr durchgeführt werden. Die Entscheidungsprozesse im Unternehmen werden abgekürzt. Dies gilt allerdings immer nur dann, wenn die Operation über Tochtergesellschaften wegen der rechtlichen Restriktionen durchgeführt wurde. Ist dagegen die Holding-Struktur Ausdruck des unternehmerischen Konzeptes eines Konzerns und soll dieses Konzept beibehalten werden, würden natürlich keine Kosten gespart[60].
Das Argument einer Kostenreduktion spricht aber auch nicht gegen die Errichtung von Zweigniederlassungen in andern Mitgliedstaaten oder zur Operation in einer nationalen Gesellschaftsform. Die Betreuung von Zweigniederlassungen verursacht keine nennenswerten Kosten. Zudem seien Zweigniederlassungen viel leichter zu handhaben als Tochtergesellschaften[61]. Zwar soll eine Konzernstruktur mit mehreren Leitungsebenen die Effizienz betriebswirtschaftlicher Entscheidungen und damit die Wettbewerbsfähigkeit des Unternehmens reduzieren, was wesentlich gegen eine Unternehmung durch nationale Tochtergesellschaften spricht[62]. Mit einem notwendigen Netz von Zweigniederlassungen werden aber gleichwohl nicht Konzernstrukturen in ein Unternehmen eingeführt. Zwar muss eine solche Außenstelle der Gesellschaft eine eigene Geschäftsführung haben. Aber eine solche Geschäftsführung ist zur Koordination der geschäftlichen Tätigkeit auch dann notwendig, wenn vermehrt Handel mit einem anderen Mitgliedstaat als dem Staat der Hauptverwaltung betrieben wird. Für die Repräsentanten eines Unternehmens fallen somit bei der Tätigkeit durch

58 *Schwarz*, ZIP 2001, 1847 (1859).
59 *Schäfer*, S. 61 (64).
60 *Bungert/Beier*, EWS 2002, 1 (9).
61 *Schäfer*, aaO.
62 *Helms*, EuropPrivatGesell, S. 9; *Hopt*, ZIP 1998, 96 (100); *Schwarz*, ZIP 2001, 1847 (1859).

Zweigniederlassungen keine weiteren Kosten an, als bei einer Unternehmung in Gesellschaftsform der SE.
Allerdings bestehen selbst bei harmonisierten Teilbereichen des Gesellschaftsrechts noch gravierende Unterschiede zwischen den einzelnen Mitgliedstaaten. Dies führt bei einer Tätigkeit in einem fremden europäischen Rechtskreis zu hohen Rechtsberatungskosten. Einheitliche gemeinschaftsweite Rechtsformen können zu einer Senkung der Rechtsberatungskosten beitragen[63]. Nach Ansicht des Rates für Wettbewerbsfähigkeit könne eine einheitliche gemeinschaftsweite Rechtsform zu jährlichen Kosteneinsparungen in Höhe von bis zu 30 Milliarden Euro führen[64].
Für die SE spricht somit wesentlich die weitreichend gewährte Gestaltungs- und Satzungsfreiheit aufgrund der Möglichkeit, zwischen den zwei Leitungssystemen wählen zu können. Eine solche Wahlmöglichkeit besteht bereits in Frankreich[65], wo infolgedessen eine im Vergleich zu den S. A. R. L. sehr hohe Anzahl an SA besteht[66]. Allerdings können diese Vorteile auch wahrgenommen werden, wenn diese nationale Gesellschaftsform für die europaweite Tätigkeit genutzt wird. Die Überseering- und Inspire-Art-Rechtsprechung des EuGH macht eine solche Betätigung mittlerweile möglich.

bb) Möglichkeit der Sitzverlegung

Die SE zeichnet sich im Gegensatz zu den nationalen Gesellschaftsformen aber durch die Möglichkeit aus, den Sitz der Gesellschaft ohne Liquidation - was eine Aufdeckung der stillen Reserven zur Folge hätte - und Neugründung innerhalb der EU verlegen zu können. Die SE schafft schließlich grundsätzlich gleiche gesellschaftsrechtliche Rahmenbedingungen an allen europäischen Standorten und glättet die Wettbewerbsverzerrungen durch unterschiedliche nationale Gesellschaftsrechte. Eine Ausnahme bilden lediglich die Punkte in der Organisationsverfassung der Gesellschaft, die nicht in der SE-VO geregelt sind, und somit dem Recht der Mitgliedstaaten unterliegen. Hier können auch weiterhin noch erhebliche, wenn auch durch Richtlinien angepasste Unterschiede bestehen, die faktisch zu einem Wettbewerb der Gesetzgeber führen. Dieser Vorteil kann durch eine Sitzverlegung der SE wahrgenommen werden.

cc) Psychologische Wirkung einer transnationalen Gesellschaftsform

Die SE als eine, wenn auch national ausgeprägte europäische Gesellschaftsform überwindet psychologische Hemmungen, die die Anwendung ausländischen Rechts vielerorts hervorzurufen scheint. Zumindest für das originäre Motiv der Schaffung der SE, nämlich der Vereinigung mehrerer Unternehmen innerhalb

---

[63] *Schwarz*, ZIP 2001, 1847 (1860).
[64] *Monti*, WM 1997, 607f.
[65] *Hommelhoff*, AG 2001, 279 (282f.).
[66] *Schwarz*, EuropGesellR, Rn. 530.

Europas auf eine einheitliche europäische Gesellschaftsform ist eine solche Wirkung nicht zu unterschätzen. Die SE ist eben eine europäische Gesellschaft und keine deutsche, englische oder französische. Es besteht folglich ein größeres Identifikationspotential.
Sie ist dabei aber auch nicht zu europäisch, zu konform, als dass sie die Reize, die die Aktienrechte anderer Mitgliedstaaten bieten, ausklammern würde. Dabei ist ein Verweis auf das Recht der Mitgliedstaaten notwendig. Würde ein konformes, damit zwar einheitlich-europäisches Gesellschaftskleid entstehen, könnte dieser Gesellschaftsform die Akzeptanz fehlen. Ein solches kulturell nicht gewachsenes Recht kann nicht geltendes Recht werden. Es würde als Fremdkörper betrachtet und von den Unternehmen nicht angenommen werden. Recht ist Ausdruck gewachsener Kultur. Das europäische Zusammenwachsen darf nicht dazu führen, dass ein konformes Recht entsteht, mit dem sich die Europäer nicht identifizieren können. Das ist nicht der Fall, wenn ein europäisches Recht behutsam, unter der Berücksichtigung regionaler Besonderheiten, eingeführt wird. Deswegen ist die SE-VO gelungen.
Die SE wird als grundlegend flexible Gesellschaftsform mit einem neuen europäischen Renommee auf einen breiten Zuspruch treffen. Es gilt dabei, die Vorteile der mitgliedstaatlichen Regelungen zu detektieren und zum größtmöglichen Profit der Unternehmungen, die die Grundpfeiler der europäischen Wirtschaft und des Wohlstandes darstellen, einzusetzen. Dabei handelt es sich nicht um ein „Race to the bottom", wie es im US-amerikanischem Gesellschaftsrecht teilweise zu sein scheint. Vielmehr wird es aus der Sicht der Gesellschafter zu einem „Race to the top" kommen. Die unterschiedlichen Regelungen erlauben die Wahl einer maßgerecht passenden Gesellschaftsform, wie es bisher dem Recht auf dem europäischen Kontinent fremd war. Die Suche nach dem komfortabelsten europäischen Gesellschaftsrecht ist eröffnet.

B) Gründung einer SE

Zunächst eine kurze Darstellung der Gründungsmöglichkeiten einer SE, gefolgt von einer noch kürzeren Analyse.

I. Gründungsmöglichkeiten

Für die Gründungsmöglichkeiten der SE besteht ein numerus clausus. Sämtliche Gründungsvarianten sind in der SE-VO geregelt. Die SE-VO sieht fünf Möglichkeiten der Gründung einer SE vor.

Erstens können Aktiengesellschaften eine SE durch Verschmelzung gründen, sofern mindestens zwei von ihnen dem Recht verschiedener Mitgliedstaaten unterliegen (Art. 2 Absatz 1 SE-VO).

Zweitens besteht die Möglichkeit sowohl für Aktiengesellschaften als auch Gesellschaften mit beschränkter Haftung eine Holding-SE zu gründen, wenn mindestens zwei Gesellschaften dem Recht verschiedener Mitgliedstaaten unterliegen oder zwei Gesellschaften seit mindestens zwei Jahren eine dem Recht eines anderen Mitgliedstaats unterliegende Tochtergesellschaft oder eine Niederlassung in einem anderen Mitgliedstaat haben (Art. 2 Absatz 2 SE-VO).

Drittens können solche Gesellschaften durch Zeichnung von Aktien eine Tochter-SE gründen, wenn, ebenso wie bei einer Holding-SE, mindestens zwei Gesellschaften dem Recht verschiedener Mitgliedstaaten unterliegen oder zwei Gesellschaften seit mindestens zwei Jahren eine dem Recht eines anderen Mitgliedstaats unterliegende Tochtergesellschaft oder eine Niederlassung in einem anderen Mitgliedstaat haben (Art. 2 Absatz 3 SE-VO).

Eine bereits bestehende SE gilt gemäß Art. 3 Absatz 1 SE-VO als Aktiengesellschaft im Sinne der Art. 2 Absatz 1 bis 3 SE-VO. Die SE ist folglich einer der Rechtsträger, die zu einer SE verschmelzen, eine Holding- oder eine Tochter-SE gründen kann.

Viertens kann auch eine AG, die nach dem Recht eines Mitgliedstaats gegründet worden ist und innerhalb der Gemeinschaft besteht, in eine SE umgewandelt werden, wenn sie seit mindestens zwei Jahren eine dem Recht eines anderen Mitgliedstaats unterliegende Tochtergesellschaft oder eine Niederlassung in einem anderen Mitgliedstaat hat (Art.2 Absatz 4 SE-VO).

Schließlich hinaus kann eine gegründete und wirksam bestehende SE selbst eine oder mehrere Tochtergesellschaften in Form einer SE gründen (Art. 3 Absatz 2 SE-VO).

1. Gründung durch Verschmelzung

Die Gründung durch Verschmelzung von Aktiengesellschaften, die nach dem Recht eines Mitgliedstaats gegründet worden sind und ihren Sitz und ihre Hauptverwaltung in der Gemeinschaft haben, ist in den Art. 2 Absatz 1 und 17ff. SE-VO im Vergleich zu den anderen Gründungsarten relativ ausführlich geregelt.

Die Regelung der Verschmelzung in der europäischen Verordnung zur SE bedeutet natürlich zunächst, dass eine transnationale Verschmelzung unter Beteiligung einer deutschen Aktiengesellschaft, zumindest für die Verschmelzung mit einer Aktiengesellschaft mit Sitz und Hauptverwaltung in der EU möglich sein muss. Nur die Verschmelzung ermöglicht durch die Vereinigung der Vermögen mehrerer Rechtsträger durch Gesamtrechtsnachfolge die rechtliche und wirtschaftliche Zusammenführung verschiedener Unternehmen. Diese Form der Gründungsvariante wird deswegen auch als Kernstück der SE-VO verstanden[67]. Aus diesem Grunde ist die Gründungsmöglichkeit der Verschmelzung vergleichsweise ausführlich geregelt.

a) Zwei Verschmelzungsarten

Die Verschmelzung zur SE kann auf zwei Arten erfolgen: Zunächst die Verschmelzung durch Aufnahme gemäß Art. 17 Absatz 2 lit. a SE-VO. Die Verschmelzung regelt sich dann nach Art. 3 Absatz 1 der Fusionsrichtlinie vom 9. Oktober 1978 (78/855/EWG). Die Rechtsfolgen einer solchen Verschmelzung sind in Art. 29 Absatz 1 SE-VO geregelt.
Zweitens kann eine Verschmelzung auch durch Neugründung einer Gesellschaft gemäß Art. 17 Absatz 2 lit. b SE-VO erfolgen. Diese Form der Verschmelzung regelt sich nach Art. 4 Absatz 1 der Fusionsrichtlinie. Die Rechtsfolgenregelung findet in Art. 29 Absatz 2 SE-VO statt.

b) Geltung des Rechts der Mitgliedstaaten

Das Gründungsrecht der SE wird gemäß der Verweisungsnorm des Art. 15 SE-VO durch das Recht des Mitgliedstaats ergänzt, in dem die SE ihren Sitz begründet. Die Bestimmung des Art. 15 SE-VO gilt dabei für alle Gründungsarten der SE, während eine besondere Verweisungsnorm für die Verschmelzung zu einer SE in Art. 18 SE-VO geschaffen wurde. Diese letzte gründungsspezifische Verweisungsnorm wird ergänzt durch die Art. 25 und 26 SE-VO.
Art. 18 SE-VO trifft für das auf die Verschmelzung anwendbare Recht eine Subsidiärregelung. Demnach greift das Recht der Mitgliedstaaten ein, dessen Recht die Gründungsgesellschaften unterliegen, wenn Teilbereiche der Gründung durch Verschmelzung von dem Abschnitt für die Verschmelzung der SE-VO nicht erfasst sind. Dieses Recht ist durch die Fusionsrichtlinie, auf die in den Regelungen des Abschnitts ohnehin wiederholt verwiesen wird, weitgehend harmonisiert. Art. 18 SE-VO regelt die Anwendbarkeit des Mitgliedstaatsrechts soweit es sich auf die Gründungsgesellschaften und damit auf die übertragenen bzw. verschmelzenden Gesellschaften bezieht und keine Regelung in der SE-VO selbst vorhanden ist. Diese Verweisung greift damit nur in den Bereich der Verfahrensschritte, die den Gründungsgesellschaften zuzuordnen sind, ein. Dazu

---

[67] *Neun* in: Theisen/Wenz, S. 74f.

gehören zum Beispiel das Abstimmungsverhalten, die Mehrheitserfordernisse und Informationsrechte. Für Fragen bezüglich des Ablaufs der Gründung ist auf die im allgemeinen Teil der Gründungsvorschriften vorhandene Norm des Art. 15 SE-VO zurückzugreifen. Für die Anwendungsbereiche beider Verweisungsnormen gilt dabei Folgendes: Art. 15 SE-VO regelt die Verweisung für Verfahrensabschnitte bis zur Eintragung der Gesellschaft. Es gilt also das Recht des Mitgliedstaates, in dem die SE ihren Sitz haben wird. Ab der Eintragung, die die Gründung der SE abschließt, gilt die allgemeine Verweisungsnorm des Art. 9 SE-VO. Art. 18 SE-VO gilt für die Gründungsschritte, die den Gründungsgesellschaften, und nicht bereits der SE selber zuzuordnen sind. Für diesen Abschnitt gilt also das harmonisierte Recht der Gründungsgesellschaften[68].

In Art. 24 SE-VO sind die Mitgliedstaaten explizit ermächtigt worden, ihr Recht auf den Schutz der Gläubiger und Anleihegläubiger der verschmelzenden Gesellschaften anzuwenden und solches Recht zu schaffen.

c) Verfahren

aa) Verschmelzungsplan und Zustimmung der Hauptversammlung

Nach Art. 20 der SE-VO ist zunächst ein Verschmelzungsplan zu erstellen, dessen Mindestinhalt im Absatz 1 festgelegt ist. Die Mindestangaben im Verschmelzungsplan entsprechen nahezu den Anforderungen des § 5 Absatz 1 Umwandlungsgesetz[69]. Nach Art. 20 Absatz 2 SE-VO ist es den verschmelzenden Gesellschaften überlassen, weitere Punkte dem Verschmelzungsplan hinzuzufügen. Ein Sachverständiger, der dem deutschen Verschmelzungsprüfer entspricht[70], hat gemäß Art. 18 SE-VO i. V. m. Art. 10 der Fusionsrichtlinie, den Verschmelzungsplan, insbesondere das Umtauschverhältnis, zu überprüfen und einen Verschmelzungsprüfungsbericht zu erstatten. Die Durchführung einer Unternehmensbewertung ist natürlich hochproblematisch[71]; auf sie soll hier nicht näher eingegangen werden.

Neben dem Verschmelzungsbericht ist eine Verschmelzungsprüfung vorgesehen, um die bisherigen Anteilsinhaber vor einer Verwässerung ihrer Anteile zu schützen. Die SE-VO enthält lediglich in Art. 22 eine Regelung über die Bestellung der Prüfer. Aus dieser Vorschrift und aus der Verweisungswirkung des Art. 18 SE-VO lässt sich aber entnehmen, dass eine solche Verschmelzungsprüfung stattzufinden hat[72]. Lediglich bei einer Verschmelzung durch Aufnahme ist gemäß Art. 31 Absatz 1 SE-VO eine Prüfung nicht erforderlich, wenn eine 100-prozentige Tochter auf die Muttergesellschaft verschmolzen wird. Hält die Mut-

---

[68] *Neun* in: Theisen/Wenz, S. 66f.
[69] *Bungert/Beier*, EWS 2002, 1 (7).
[70] *Bungert/Beier*, aaO.
[71] Vgl. Übersicht von *Neun* in: Theisen/Wenz, S. 75ff.
[72] *Neun* in: Theisen/Wenz, S. 103.

ter weniger als 100%, aber mehr als 90% der Stimmrechte, so ist eine Prüfung nur geboten, wenn dies entweder in den einzelstaatlichen Rechtsvorschriften, denen die übernehmende Gesellschaft unterliegt, oder in den für die übertragene Gesellschaft maßgeblichen einzelstaatlichen Rechtsvorschriften vorgesehen ist (Art. 31 Absatz 2 SE-VO)[73]. Ein wesentlicher Kern der Prüfung ist die Prüfung der Angemessenheit des vorgeschlagenen Umtauschverhältnisses und etwaiger barer Zuzahlungen, Art. 18 SE-VO in Verbindung mit § 12 Umwandlungsgesetz. Auf die näheren Einzelheiten soll hier nicht eingegangen werden[74].

Weiterhin sind in Art. 21 SE-VO die Angaben aufgezählt, die im Amtsblatt des Mitgliedstaates einer jeden sich verschmelzenden Gesellschaft bekannt zu machen sind. In Art. 23 Absatz 1 SE-VO wird festgelegt, dass der Verschmelzungsplan der Zustimmung der Hauptversammlung jeder der sich verschmelzenden Gesellschaften bedarf. Der Plan wird also Gegenstand einer Beschlussfassung der Hauptversammlung der beteiligten Gesellschaften. Dabei handelt es sich um eine Grundlagenentscheidung der Gesellschaft. Diese Entscheidung bedarf nach Art. 7 Absatz 1 Satz 2 Fusionsrichtlinie mindestens einer Mehrheit von zwei Dritteln der Stimmen der Anteile[75]. Sollte bei der Verschmelzungsalternative zur Aufnahme eine Kapitalerhöhung erforderlich sein, so ist hierüber ebenfalls ein Beschluss der Hauptversammlung herbeizuführen. Gefordert ist dabei gemäß § 181 Absatz 1 Aktiengesetz eine Mehrheit von mindestens drei Viertel des bei der Beschlussfassung vertretenen Grundkapitals. Bei mehreren Gattungen von stimmberechtigten Aktien bedarf es darüber hinaus eines Beschlusses der Aktionäre jeder dieser Gattungen (§ 181 Absatz 2 Aktiengesetz).

bb) Rechtmäßigkeitskontrolle

Das Verfahren der Verschmelzung unterliegt einer zweistufigen Rechtmäßigkeitskontrolle. Die Überprüfung der Rechtmäßigkeit könnte sich wiederum ebenfalls als kompliziert herausstellen[76]. Das zweistufige Rechtmäßigkeitskontrollverfahren entspricht allerdings der Trennung zwischen dem nationalen Verschmelzungsrecht der Gründungsgesellschaften, das gemäß Art. 18 SE-VO anwendbar ist, und dem Gründungsrecht der SE (anwendbar gemäß allgemeiner Gründungsverweisungsnorm des Art. 15 SE-VO)[77].

---

[73] Siehe auch unten: B) I. 1. d) Vereinfachtes Verfahren für die Konzernverschmelzung.

[74] Vgl. dazu *Neun* in: Theisen/Wenz, S. 104ff.

[75] Nach deutschem Recht geht der Minderheitenschutz noch weiter: Der Verschmelzungsbeschluss der Hauptversammlung bedarf einer Dreiviertelmehrheit (§ 65 Absatz 1 S. 1 Umwandlungsgesetz).

[76] *Bungert/Beier*, EWS 2002, 1 (7).

[77] *Neun* in: Theisen/Wenz, S. 67.

(1) Kontrolle durch betroffene Mitgliedstaaten

Die Kontrolle ist zunächst in jedem der betreffenden Mitgliedstaaten der sich verschmelzenden Gesellschaften (Art. 25 SE-VO) für den betreffenden Verfahrensabschnitt durchzuführen. Diese Regelung bezieht sich auf das Verschmelzungsverfahren der Gründungsgesellschaften. In jedem der betreffenden Mitgliedstaaten wird die Kontrolle durch die nach nationalem Recht zuständige Behörde durchgeführt. In Deutschland ist dies das Registergericht[78]. Für eine deutsche Gründungsgesellschaft ist hier nur darauf hinzuweisen, dass das Verhältnis von registergerichtlicher Kontrolle zum Anfechtungsverfahren zu beachten ist[79]. Über die Durchführung der Kontrolle ist gemäß Art. 25 Absatz 2 SE-VO eine Bescheinigung auszustellen.

(2) Kontrolle durch künftigen Sitzstaat

Im zweiten Schritt erfolgt eine Kontrolle in dem künftigen Sitzstaat der SE (Art. 26 SE-VO), die ebenfalls von dem zuständigen Gericht, Notar oder einer anderen Behörde vorzunehmen ist. Diese Kontrolle umfasst das gesamte Verschmelzungsverfahren und das für die SE maßgebende Gründungsrecht. Die Bescheinigung der Mitgliedstaaten ist der zuständigen Behörde des neuen Sitzstaates innerhalb von sechs Monaten nach Ausstellung vorzulegen (Art. 26 Absatz 2 SE-VO). Der zukünftige Sitzstaat kontrolliert dann „insbesondere“, also in nicht abschließender Aufzählung, gemäß Art. 26 Absatz 3 SE-VO die Zustimmung zum Verschmelzungsplan und die Vereinbarung über die Beteiligung der Arbeitnehmer. Schließlich hat gemäß Absatz 4 die Kontrolle der gesetzlichen Gründungsanforderungen des (eigenen) Sitzstaates zu erfolgen.

cc) Eintragung

Nach der Kontrolle der Rechtmäßigkeit, also der Durchführung der Gründungsanforderungen, kann die Eintragung erfolgen. Die Verschmelzung und gleichzeitige Gründung der SE wird mit der Eintragung im Sinne des Art. 12 SE-VO wirksam (Art. 27 SE-VO). Nach der Eintragung kann die SE nicht mehr für nichtig erklärt werden. Nur das Fehlen der Rechtmäßigkeitskontrolle stellt einen Auflösungsgrund dar (Art. 30 SE-VO).

d) Vereinfachtes Verfahren für Konzernverschmelzung

Für die Verschmelzung innerhalb eines Konzerns gilt gemäß Art. 31 SE-VO ein vereinfachtes Verfahren. Eine Unterscheidung des Verfahrens wird getroffen zwischen der Verschmelzung einer Muttergesellschaft mit einer Tochtergesellschaft, deren Anteile und Stimmrechte in der Hauptversammlung zu 100 % gehalten werden und im Wege der Verschmelzung von der Mutter aufgenom-

[78] *Bungert/Beier*, EWS 2002, 1 (7).

[79] Vgl. hierzu Ausführungen von *Neun* in: Theisen/Wenz, S. 125f.

men werden sollen (Art. 31 Absatz 1 SE-VO), und solchen Gesellschaften, an der ein Anteilsbesitz von mehr als 90 % besteht (Art. 31 Absatz 2 SE-VO).
Bei der vollkommenen Kontrolle einer Tochtergesellschaft muss der Verschmelzungsplan keine Angaben zum Umtauschverhältnis, zu den Einzelheiten der Übertragung und dem Zeitpunkt der Gewinnbeteiligung enthalten. Bei einer Beteiligung in Höhe von mindestens 90 % sind bei einer Verschmelzung durch Aufnahme die Berichte der Organe und Sachverständigen nur erforderlich, wenn dies die mitgliedstaatlichen Vorschriften vorsehen. Damit geht die SE-VO aber nicht so weit, dass sie auf die Notwendigkeit eines Verschmelzungsbeschlusses gänzlich verzichtet, wie dies gemäß § 62 Absatz 1 Umwandlungsgesetz nach deutschem Recht der Fall ist.

2. Gründung einer Holding-SE

Die Gründung einer Holding-SE ist in Art. 2 Absatz 2 und 32ff. SE-VO geregelt. Eine Holding-SE kann von Aktiengesellschaften und GmbH, die nach dem Recht eines Mitgliedstaats gegründet worden sind und ihren Sitz sowie ihre Hauptverwaltung in der Gemeinschaft haben, gegründet werden.

a) Zwingende europaweite Tätigkeit

Wie bei allen Gründungsformen der SE, ist obligatorische Voraussetzung für die Gründung einer SE die Mehrstaatlichkeit der Gründungsgesellschaften. Eine solche zwingende Mehrstaatlichkeit ist aus Gründen der Kompetenz der EU-Rechtsgebung gefordert. Eine den nationalen Gesellschaftsformen konkurrierende neue europäische Gesellschaftsform wäre schwerlich mit dem Subsidiaritätsprinzip des Art. 5 EG-V vereinbar[80].
Dabei spielt es keine Rolle, ob die SE-VO auf Rechtsgrundlage der Art. 95 Absatz 1; Art. 5 Absatz 1; Art. 249 Absatz 1 EG-V hätte erfolgen sollen[81], oder aber auf Grundlage des Art. 308 EG-V, der schließlich für den Erlass der SE-VO herangezogen wurde[82]. Für beide Grundlagen muss ein Tätigwerden der Gemeinschaft erforderlich beziehungsweise notwendig zur Verwirklichung des Gemeinsamen Marktes sein. Eine solche Notwendigkeit der Maßnahme für den Binnenmarkt liegt aber nur bei einer bereits bestehenden Mehrstaatlichkeit der Gründungsgesellschaften, also eine europaweite wirtschaftliche Betätigung der Gesellschaft, vor.
Mindestens zwei der gründenden Gesellschaften müssen hier dem Recht verschiedener Mitgliedstaaten unterliegen (Art. 2 Absatz 2 lit. a SE-VO) oder aber mindestens zwei von ihnen seit mindestens zwei Jahren eine dem Recht eines anderen Mitgliedstaats unterliegende Tochtergesellschaft oder eine Niederlas-

---

[80] *Hommelhoff*, AG 2001, 279, (281).
[81] Rechtsausschuss des EU-Parlamentes, F. A. Z. vom 23. Januar 2002; *Schwarz*, EuropGesellR, Rn. 1117.
[82] vgl. *Schwarz*, ZIP 2001, 1847 (1848).

sung in einem anderen Mitgliedstaat haben (Art. 2 Absatz 2 lit. b SE-VO). Fraglich erscheint dabei noch zu sein, ob bei dieser Gründungsvariante der SE zwei Rechtsträger aus demselben Mitgliedstaat, wovon lediglich einer von ihnen eine Tochtergesellschaft oder Zweigniederlassung in einem anderen Mitgliedstaat hat.

Einer Ansicht zur Folge, die namentlich vor allem von Hommelhoff getragen wird, sei letztere Eventualität ausreichend[83]. Bei der Einstaatlichkeit der beteiligten Rechtsträger bräuchten nicht mindestens zwei eine Auslandstochter oder -niederlassung zu haben. Vielmehr verschaffe eine Auslandstochter oder -niederlassung dem Rechtsträger selbst die Qualität eines ausländischen Rechtsträgers. Eine solche Qualität benötige nach dem Prinzip der Mehrstaatlichkeit nur ein Rechtsträger, nicht hingegen beide[84].

Gegen eine solche Ausdehnung der Gründungsmöglichkeit auf zwei Rechtsträger eines Mitgliedstaates mit lediglich einer Tochter oder Niederlassung in einem weiteren Mitgliedstaat spricht zumindest der Wortlaut des Art. 2 Absatz 2 lit. b SE-VO. Wenn „mindestens zwei [der Rechtsträger] eine dem Recht eines anderen Mitgliedstaats unterliegende Tochtergesellschaft oder eine Niederlassung in einem anderen Mitgliedstaat haben", können diese eine Holding-SE gründen. Demnach müssen die beide Rechtsträger eine weitere Tochter oder Niederlassung haben. Entgegen Hommelhoff ist der Wortlaut eindeutig[85]. Aufgrund einer Tochter oder Zweigniederlassung in einem anderen Mitgliedstaat erreicht ein Rechtsträger nicht die Qualität eines Rechtsträgers des anderen Mitgliedstaates.

Allerdings besteht auch in dieser Konstellation die Möglichkeit der Bildung einer Holding-SE, wenn lediglich eine der Gesellschaften über eine Tochtergesellschaft in einem andern Mitgliedstaat verfügt. Es müsste ein zweistufiges Verfahren erfolgen. Zunächst wird die Tochtergesellschaft, als AG oder GmbH, Gründungsgesellschaft der Holding-SE. Die Gründung erfolgt dann nach Art. 2 Absatz 2 lit. a SE-VO. Deren Voraussetzungen sind erfüllt, da zumindest zwei der Rechtsträger dem Recht unterschiedlicher Mitgliedstaaten unterliegen. Gründungsgesellschaft ist dann neben der Tochtergesellschaft der andere Rechtsträger. Damit wäre die Holding-SE gegründet. In einem zweiten Schritt müssten dann die Gesellschafter der Muttergesellschaft im Wege einer Kapitalerhöhung der Holding-SE Gesellschaftsanteile der Mutter in die Holding-SE einbringen. Mit diesem Verfahren wird die Kapitalbeteiligungsstruktur der Holding-SE in dem Sinne verändert, dass die Holding-SE nun auch an der Muttergesellschaft beteiligt ist. So lässt sich eine Beteiligung der Holding-SE an der Muttergesellschaft und an dem anderen Rechtsträger herstellen. Die Kapitalerhöhung erfolgt nach dem Recht des Mitgliedstaates am Sitz der neuen Holding-SE.

---

[83] *Hommelhoff*, AG 2001, 279 (281); *Wenz*, SE, S. 59.
[84] *Hommelhoff*, AG 2001, 279 (Fn. 15).
[85] *Schwarz*, ZIP 2001, 1847 (1850).

b) Verfahren

Das Verfahren bei der Gründung einer Holding-SE ist dabei im wesentlichen demjenigen der Gründung durch Verschmelzung angeglichen.

aa) Gründungsplan

Die Leitungs- und Verwaltungsorgane der Gründungsgesellschaften haben jeweils einen Gründungsplan zu erstellen (Art. 32 Absatz 2 SE-VO).
Der Gründungsplan muss die Anforderungen, die Art. 32 Absatz 2 SE-VO stellt, erfüllen. Die Anforderungen entsprechen aufgrund einer Verweisung im wesentlichen denen, die gemäß Art. 20 Absatz 1 SE-VO an den Verschmelzungsplan gestellt werden. Darüber hinaus ist in Art. 32 Absatz 2 Satz 3, 2. Halbsatz SE-VO bestimmt, dass der Gründungsplan den Anteil am Kapital der Gründungsgesellschaften festlegt, den diese jeweils in die neue Holding-SE einbringen müssen. Der Anteil, den die Gesellschaften in die Holding einbringen, muss mehr als 50 % der Stimmrechte betragen (Art. 32 Absatz 2 Satz 4 SE-VO). Die neue Holding-SE muß also über die Mehrheit der Stimmrechte an den jeweiligen neuen Tochtergesellschaften, den Gründungsgesellschaften, verfügen. Der Gründungsplan ist gemäß Art. 32 Absatz 2 SE-VO nach Maßgabe des nach Art. 3 der Publizitätsrichtlinie vom 9. März 1968 (68/151/EWG) harmonisierten Rechts der jeweiligen Mitgliedstaaten mindestens einen Monat vor der Haupt- oder Gesellschaftsversammlung der Gründungsgesellschaften zu veröffentlichen.
Der Gründungsplan ist zu prüfen und über die Prüfung ein Bericht zu erstellen (Art. 32 Absatz 4 SE-VO), der besonders auf eventuelle Bewertungsschwierigkeiten hinweist und die Angemessenheit des Umtauschverhältnisses erklärt (Art. 32 Absatz 5 SE-VO). Kernstück der Prüfungen ist wie bei der Verschmelzungsprüfung die Prüfung der Angemessenheit des vorgeschlagenen Umtauschverhältnisses und etwaiger barer Zuzahlung, wie sich aus der Berichterstattungspflicht des Art. 32 Absatz 5 SE-VO entnehmen lässt[86]. Auf eine nähere Darstellung soll hier ebenfalls, da es sich nicht um eine Maßnahme der Kapitalaufbringung der neuen Gesellschaft handelt, verzichtet werden.
Die Haupt- oder Gesellschafterversammlung jeder der die Gründung anstrebenden Gesellschaften hat laut Art. 32 Absatz 6 Satz 1 SE-VO dem Gründungsplan für die SE zuzustimmen.

bb) Einbringungsverfahren

Das Verfahren zur Einbringung der Anteile am Kapital der Gründungsgesellschaften in die SE ist in Art. 33 SE-VO geregelt.
Die Gesellschafter der Gründungsgesellschaften haben demnach binnen einer Frist von drei Monaten nach Festlegung des Gründungsplans zu entscheiden, ob

---

[86] *Neun* in: Theisen/Wenz, S. 137.

sie beabsichtigen, ihre Gesellschaftsanteile bei der Gründung der SE einzubringen (Absatz 1). Die SE ist nur dann gegründet, wenn die eingebrachten Geschäftsanteile dem im Gründungsplan festgelegten Mindestanteil entsprechen. Als durch die SE-VO gesetzte mögliche Untergrenze müssen mindestens die Mehrheit der Stimmanteile der Gründungsgesellschaften in die SE-VO eingebracht werden (Absatz 2). Sind die Bedingungen für die Gründung der SE erfüllt, so hat jede Gründungsgesellschaft die Erfüllung der Bedingung nach dem gemäß Art. 3 der Publizitätsrichtlinie harmonisierten nationalem Recht zu veröffentlichen. Nach der Veröffentlichung haben die übrigen Gesellschafter, die die dreimonatige Frist haben verstreichen lassen, eine weitere Frist von einem Monat, um die Einbringung ihrer Geschäftsanteile zu erklären (Absatz 3). Die Gesellschafter, die ihre Gesellschaftsanteile einbringen, erhalten Aktien der neuen SE (Absatz 4). Der genaue Zeitpunkt für die Ausgabe der neuen SE-Aktien ist nicht geregelt. Nach der Verweisung auf das Recht der Mitgliedstaaten bei den Kapitalvorschriften des Art. 5 SE-VO ergibt sich der Zeitpunkt der Zuteilung aus den Sachkapitalerhöhungsvorschriften des nationalen Rechts[87].

cc) Prüfung und Eintragung

Die Eintragung der neuen Holding-SE kann gemäß Art. 33 Absatz 5 SE-VO erfolgen, wenn das Verfahren nachweislich erfüllt ist. Statt einer Rechtmäßigkeitsprüfung bei der Gründung einer SE, wie es die Gründungsform der Verschmelzung vorsieht, möchte der Verordnungsgeber der für die Eintragung zuständigen Stelle einen Prüfungsauftrag zukommen lassen. Die SE darf erst dann eingetragen werden, wenn die Gründungsformalien nachweislich erfüllt sind. Zu prüfen ist also, ob der Gründungsplan die erforderlichen Bestandteile enthält, die Holdingprüfung samt schriftlicher Berichterstattung vorgenommen wurde und die jeweiligen Hauptversammlungen der Gründung zugestimmt haben. Darüber hinaus muss auch die Einbringung der Mindestanteile an den Gründungsgesellschaften gemäß Art. 33 Absatz 2 SE-VO nachweislich erfolgt sein. Die hierfür erforderlichen Dokumente und Auskünfte sind von den Gründungsgesellschaften beizubringen. Die weiteren Einzelheiten der Prüfung bei der Eintragung der SE richten sich nach dem jeweiligen für Aktiengesellschaften geltenden Recht des Sitzstaates der SE, dass über die Verweisung des Art. 15 SE-VO anwendbar ist. Nicht vom Prüfungsumfang des Art. 33 Absatz 5 SE-VO gedeckt ist die Kontrolle der Verschmelzungsbeschlüsse der Gründungsgesellschaften. Diese Kontrolle richtet sich nach den jeweiligen nationalen Rechtsordnungen der Gründungsgesellschaften[88]. Allerdings hat sich das Eintragungsverfahren der SE darauf einzustellen. So wird in der Literatur verlangt, dass eine Eintragung zu vermeiden wäre, solange nach den nationalen Rechtsordnungen der Gründungs-

[87] *Bungert/Beier*, EWS 2002, 1 (8).
[88] *Neun* in: Theisen/Wenz, S. 153.

gesellschaften noch die Möglichkeit besteht, die Beschlüsse für nichtig zu erklären. Der Prüfungsumfang bei der Eintragung der SE soll also die Kontrolle umfassen, ob noch die Möglichkeit besteht, etwa in Form einer Anfechtungsklage die Aufhebung des Zustimmungsbeschlusses zu erreichen[89].

Der Ablauf der Nachfrist aus Art. 33 Absatz 3 SE-VO wird andererseits mangels Verweises nicht gefordert. Demnach könne die Eintragung der SE bereits vor Ablauf der Nachfrist erfolgen, wenn die Einbringung der Mindestanteile bereits nach Ablauf der ersten Frist erfolgt ist[90].

c) Mitgliedstaatliche Regelungen

Darüber hinaus ist es den Mitgliedstaaten gemäß Art. 34 SE-VO explizit offen gelassen, Vorschriften zur Gründung einer Holding-SE, etwa zum Gläubigerschutz, zu erlassen.

3. Gründung einer Tochter-SE

Die Gründung einer Tochter-SE ist in den Art. 2 Absatz 3 und 35f. SE-VO geregelt. Eine Tochter-SE kann nicht nur von Aktiengesellschaften oder GmbH gegründet werden, sondern aufgrund eines Verweises in Art. 2 Absatz 3 SE-VO auf Art. 48 Absatz 2 EG-V auch von Gesellschaften des bürgerlichen Rechts und des Handelsrechts einschließlich der Genossenschaften, also auch von Personengesellschaften wie der oHG oder der KG. Wie auch bei der Holding-SE müssen mindestens zwei dieser Gründungsgesellschaften dem Recht verschiedener Mitgliedstaaten unterliegen (Art. 2 Absatz 3 lit. a SE-VO) oder seit mindestens zwei Jahren eine dem Recht eines anderen Mitgliedstaats unterliegende Tochtergesellschaft oder eine Niederlassung in einem anderen Mitgliedstaat haben (Art. 2 Absatz 3 lit. b SE-VO). Aufgrund des gleichen Wortlauts gilt bezüglich der Mehrstaatlichkeit das oben zur Holding-SE Gesagte. Die Gründung der Tochter-SE erfolgt durch Zeichnung ihrer Aktien (Art. 2 Absatz 3 SE-VO).

Die Gründung einer Tochter-SE erfolgt gemäß Art. 36 SE-VO nach den jeweiligen mitgliedstaatlichen Vorschriften über die Gründung einer Tochtergesellschaft in Form der Aktiengesellschaft. Damit findet das nationale Gründungsrecht für Aktiengesellschaften im künftigen Sitzstaatrecht der SE Anwendung.

Die Gründungsgesellschaften können eine SE folglich entweder als Holding- oder als Tochtergesellschaft gründen. Die Holding-SE wird weitestgehend nach der Regelung der SE-VO gegründet, während die Gründung der Tochter-SE nach nationalem Sitzstaatrecht erfolgt. Für die Gründungsgesellschaften entsteht somit eine Wahlmöglichkeit[91].

Für die Tochter-SE kommt sowohl eine Bar- als auch eine Sachgründung in Betracht. Darüber hinaus bietet die Zulassung der Gesellschaft bürgerlichen Rechts

---

[89] *Neun* in: Theisen/Wenz, S. 154.

[90] *Bungert/Beier*, EWS 2002, 1 (8).

[91] *Bungert/Beier*, EWS 2002, 1 (8).

oder Personengesellschaft des Handelsrechtes als Gründer die Möglichkeit, die Gründung einer SE einer breiteren Interessentenschicht zu öffnen. So ist es natürlichen Personen, die nicht als Gründer einer SE auftreten können, möglich, sich zu einer Gesellschaft, die das Gründungsgeschäft betreibt, zusammenzuschließen[92].

4. Umwandlung einer nationalen Aktiengesellschaft in eine SE

Schließlich kann eine SE noch durch die Umwandlung einer nationalen AG entstehen (Art. 2 Absatz 4 SE-VO). Das Verfahren ist in Art. 37 SE-VO verhältnismäßig ausführlich geregelt.

Die Umwandlung kann aufgrund des Verbots aus Art. 37 Absatz 3 SE-VO nicht zu einer Sitzverlegung der juristischen Person, die aufgrund der Umwandlung weder aufgelöst noch neu gegründet wird (Absatz 2), genutzt werden. Eine solche Sitzverlegung ist nur bei der Verschmelzung mindestens zweier nationaler Aktiengesellschaften möglich[93].

Die Verfahrensanforderungen an die Umwandlung entsprechen in etwa denen bei der Gründung einer Holding-SE[94]. Es ist mindestens einen Monat vor der Hauptversammlung ein Umwandlungsplan zu erstellen und zu publizieren (Absatz 4 und 5) und gemäß der Kapitalrichtlinie vom 13. Dezember 1976 (77/91/EWG) zu bescheinigen, dass die Gesellschaft über Nettovermögenswerte mindestens in Höhe ihres Kapitals zuzüglich der kraft Gesetzes oder Statut nicht ausschüttungsfähigen Rückstellungen verfügt (Absatz 6). Anders als bei der Verschmelzung und der Holdinggründung ist hier also keine Prüfung des Umtauschverhältnisses gefordert, sondern eine Werthaltigkeitsprüfung zur Sicherung der Reinvermögensdeckung, weil ein eigentlicher Anteilstausch nicht erfolgt. Die Hauptversammlung hat dem Umwandlungsplan zuzustimmen und genehmigt die Satzung. Die Beschlussfassung erfolgt nach den einzelstaatlichen Bestimmungen nach Maßgabe des Art. 7 der Fusionsrichtlinie (Absatz 7). Nach Art. 7 Absatz 1 Fusionsrichtlinie ist eine Mehrheit von zwei Dritteln der Stimmen notwendig. Allerdings genügt die Hälfte der Stimmen, wenn auf der Hauptversammlung mindestens die Hälfte des gezeichneten Kapitals vertreten ist.

Das deutsche Recht verzichtet auf die Herabsetzung der Zustimmungsanforderungen auf die einfache Mehrheit des vertretenen Kapitals. Nach § 240 Absatz 1 Satz 1 Umwandlungsgesetz ist stets eine satzungsändernde Mehrheit, also drei Viertel des bei der Beschlussfassung vertretenen Grundkapitals, erforderlich. Die Satzung kann eine größere Mehrheit vorsehen (§ 240 Absatz 1 Satz 2 Umwandlungsgesetz), die bis zur Einstimmigkeit gehen kann[95].

---

[92] *Hommelhoff*, AG 2001, 279 (280).
[93] *Bungert/Beier*, EWS 2002, 1 (8).
[94] *Bungert/Beier*, aaO.
[95] *Kallmeyer/Dirksen*, § 240 Rn. 4.

Darüber hinaus werden die Mitgliedstaaten in Art. 37 Absatz 8 SE-VO ermächtigt, die Umwandlung von der Zustimmung des Organs abhängig zu machen, in dem eine Arbeitnehmermitbestimmung vorgesehen ist.
Ansonsten enthält die Regelung der Umwandlung in eine SE keine europarechtlichen Sonderbestimmungen. Die Anfechtungsmöglichkeiten des Umwandlungsbeschlusses und die sonstigen Normen des Minderheitenschutzes richten sich somit über Art. 15 SE-VO nach den nationalen Rechten der Mitgliedstaaten[96].

5. Gründung einer Tochter-SE durch SE

Einer bereits gegründeten und bestehenden SE wird gemäß Art. 3 Absatz 2 Satz 2 SE-VO die Möglichkeit eingeräumt, selbst dann eine Tochter-SE zu gründen, wenn das Sitzstaatrecht einem einzelnen Aktionär nicht das Recht einräumt, eine nationale AG zu gründen. Ein solches Gründungsverbot gilt durch die direkte Wirkung einer europäischen Verordnung nicht, obwohl das Recht der Mitgliedstaaten die Gründung einer solchen Tochter-SE nicht vorsieht.

II. Vergleich der Gründungsverfahren

1. Übersicht

	Bestehende Gesellschaftsform im **1. Mitgliedstaat**	Bestehende Gesellschaftsform in einem **2. Mitgliedstaat**
Gründung durch **Verschmelzung** (Art. 2 Absatz 1; 17ff. SE-VO)	Aktiengesellschaft (AG); Europäische Gesellschaft (SE).	AG; SE.
Gründung einer **Holding-SE** (Art. 2 Absatz 2; 32ff. SE-VO) 1. Alt. (Art. 2 Absatz 2 lit. a SE-VO)	AG; Gesellschaft mit beschränkter Haftung (GmbH); SE.	AG; GmbH; SE.
oder	[AG; GmbH; SE]* AG; GmbH; SE.	mit Tochtergesellschaft in Form einer AG; GmbH; SE. -

[96] *Neun* in: Theisen/Wenz, S. 166f.

* Diese Gesellschaftsform ist an der Gründung nicht beteiligt. In einem zweiten Schritt können aber Gesellschaftsanteile dieser Gesellschaft in die neue Holding-SE in Form der Kapitalerhöhung eingebracht werden.

2. Alt. (Art. 2 Absatz 2 lit. b SE-VO)	AG; GmbH; SE. AG; GmbH; SE.	mit Tochtergesellschaft; Zweigniederlassung, seit mehr als zwei Jahren. mit Tochtergesellschaft; Zweigniederlassung, seit mehr als zwei Jahren.
Gründung einer **Tochter-SE** (Art. 2 Absatz 3; 35f. SE-VO) 1. Alt. (Art. 2 Absatz 3 lit. a SE-VO)	AG; GmbH; SE; Gesellschaft bürgerlichen Rechts (GbR); Gesellschaften des Handelsrechts (oHG, KG).	AG; GmbH; SE; GbR; oHG, KG.
oder	[AG; GmbH; SE; GbR; oHG, KG]** AG; GmbH; SE; GbR; oHG, KG.	mit Tochtergesellschaft in Form einer AG; GmbH; SE; GbR; oHG; KG. -
2. Alt (Art. 2 Absatz 3 lit. b SE-VO)	AG; GmbH; SE; GbR; oHG, KG. AG; GmbH; SE; GbR; oHG, KG.	mit Tochtergesellschaft; Zweigniederlassung, seit mindestens zwei Jahren. mit Tochtergesellschaft; Zweigniederlassung, seit mindestens zwei Jahren.
Gründung durch **Umwandlung** (Art. 2 Absatz 4; 37 SE-VO)	AG.	mit Tochtergesellschaft; Zweigniederlassung, seit mindestens zwei Jahren.
Gründung einer **Tochter-SE durch eine SE** (Art. 3 Absatz 2 Satz 2 SE-VO)	SE.	-

** Diese Gesellschaftsform ist an der Gründung nicht beteiligt, sondern hält nur über die Tochtergesellschaft Anteile an der neuen Tochter-SE.

2. Analyse

Es stehen fünf Möglichkeiten der Gründung einer SE offen. Für die beiden Gründungsmöglichkeiten bei denen die Gründungsgesellschaften auch nach Entstehen der SE fortdauern, der Holding- und Tochter-SE, bestehen jeweils zwei oder gar drei Gründungsvarianten.

Die Gründung einer SE ist für Unternehmen gedacht, die bereits auf dem europäischen Markt in Form einer nationalen Gesellschaft tätig sind und nun eine geeignetere Gesellschaftsform suchen. Aus diesem Grunde steht es auch natürlichen Personen nicht offen, eine SE zu gründen. Wäre eine einfache Gründung einer SE von Privatpersonen möglich, wäre möglicherweise der Subsidiaritätsgrundsatz aus Art. 5 EG-V nicht eingehalten[97]. Nach diesem Grundsatz wird die Gemeinschaft in den Bereichen, die nicht in ihre ausschließliche Zuständigkeit fallen, nur rechtsetzend tätig, wenn Maßnahmen auf der Ebene der Mitgliedstaaten nicht ausreichen. Eine Gesellschaftsrechtsform, die im Wege einer Verordnung geschaffen wird, wie es bei der SE der Fall ist, würde in Konkurrenz zu den nationalen Gesellschaftsformen treten. Dieser Subsidiaritätsgrundsatz des EG-V schränkt die Möglichkeiten der Rechtssetzung in zwei Richtungen ein: Zunächst können nur bereits bestehende Gesellschaften eine SE gründen. Und zweitens müssen diese Gründungsgesellschafter der SE bereits vor der Gründung der neuen Gesellschaft einen übernationalen, sich zumindest auf zwei Mitgliedstaaten ausdehnenden Bezug haben. Ansonsten wäre die Rechtssetzungskompetenz der Gemeinschaft überschritten.

Diese Einengung der Gründungsmöglichkeit auf Gesellschaften als Gründungsgesellschafter stellt zwar eine gewisse Hürde an den Interessentenkreis. Es besteht aber die Möglichkeit der Gründung einer Tochter-SE durch zwei GbR aus zwei unterschiedlichen Mitgliedstaaten als Gründungsgesellschaften. An das Entstehen einer GbR sind nicht allzu hohe Anforderungen gestellt: Eine solche Gesellschaft kann sich bereits bei einer Personenmehrheit, die sich zur Erreichung eines Zweckes zusammenschließt, entstehen. Ein solcher Zweck wird auch die Gründung einer weiteren Kapitalgesellschaft sein können. Somit kann auch eine Personengesellschaft, deren einziger Grund die Gründung einer weiteren Gesellschaft - die SE - Gründer einer SE sein.

Einzige Einschränkung der Gründungsmöglichkeit ist nun noch der europäische Bezug. Aber auch hier reichen zwei solcher einfachen Personengesellschaften in zwei unterschiedlichen Mitgliedstaaten aus, um den entsprechenden europäischen Bezug herzustellen. Die einfache Entstehungsmöglichkeit dieser Form der Gesellschaft verdeutlicht, dass auch die Anforderungen an den europäischen Bezug nicht besonders hoch sind. Die Gründung einer SE durch eine Personenmehrheit ist zwar eigentlich für die Gründung einer SE nicht vorgesehen gewesen, dem Wortlaut der SE-VO nach ist dies aber möglich.

---

[97] *Hommelhoff*, AG 2001, 279 (281).

C) Das Kapital bei der Entstehung einer SE

I. Einführung

1. Die Regelung der SE-VO

Die Vorschriften zum Kapital in der SE-VO beschränken sich auf die Festlegung des Mindestkapitals und dem Hinweis, dass entsprechende mitgliedstaatliche Vorschriften, die für eine bestimmte Art der Tätigkeit ein höheres gezeichnetes Kapital vorschreiben, auch für die SE mit Sitz in diesem Mitgliedstaat gilt (Art. 4 Absatz 3 SE-VO). Das Kapital der SE lautet auf Euro (Art. 4 Absatz 1 SE-VO) und muss gemäß Art. 4 Absatz 2 SE-VO mindestens 120.000 € betragen. Ansonsten gelten für das Kapital der SE die Vorschriften, die für eine Aktiengesellschaft mit Sitz in dem Mitgliedstaat, in dem die SE eingetragen ist, gelten würden (Art. 5 SE-VO).
Die Vorschriften der Mitgliedstaaten sind aufgrund der Kapitalrichtlinie vom 13. Dezember 1976 (77/91/EWG; Richtlinie) angeglichen. Bei der Darstellung der Regelungen wird zunächst auf diese Kapitalrichtlinie abgestellt. Zwar stellen die Normen dieser Richtlinie kein unmittelbar geltendes Recht in den Mitgliedstaaten dar. Allerdings können bei Versäumnis der Umsetzung in nationales Recht Ansprüche gegen den nationalen Gesetzgeber entstehen. Den Regelungen der Kapitalrichtlinie kommt somit also auch ohne eine entsprechende Umsetzung Bedeutung zu. Aber auch ohne eine solche direkte Wirkung auf die Rechtssubjekte stellen die Regelungen der Kapitalrichtlinie die Bandbreite für die Grenzen der nationalen Kapitalaufbringungsvorschriften dar. Auch aus diesem Grund genießen die Vorschriften der Richtlinie eine besondere Bedeutung und werden der Übersichtlichkeit halber zu Beginn der vergleichenden Gegenüberstellung dargestellt. Anschließend sollen die einzelstaatlichen Normen und deren Angleichung im Zuge der Richtlinienumsetzung betrachtet werden.

2. Das Kapital bei den verschiedenen Gründungsformen der SE

Die SE lässt sich auf fünf verschiedenen Wegen gründen.

a) Neugründung einer Gesellschaft

Das Kapital der Gesellschaften ändert sich zwangsläufig immer dann, wenn die SE als eine neue Gesellschaft gegründet wird. Über die Verweisung des Art. 15 SE-VO sind die nationalen Vorschriften für die Gründung von Aktiengesellschaften zu beachten. Das gilt sowohl für die Vorschriften der Sachgründung als auch, bei etwaigen baren Zu- oder Einzahlungen, für die Bargründungsvorschriften.

aa) Formen der Neugründung einer SE

Dies ist bei der Verschmelzung durch Neugründung und der Gründung einer Holding- oder Tochter-SE der Fall. Wird eine neue Gesellschaft in Form der SE

gegründet, sind die mitgliedstaatlichen Vorschriften für die Kapitalaufbringung heranzuziehen.
Bei einer Holding-SE werden in der Regel Anteile an nationalen Aktiengesellschaften oder GmbH in die SE gegen Gewährung von Anteilen der selben eingebracht. Es handelt sich somit um eine Sachgründung.

bb) Besonderheiten bei Verschmelzung durch Neugründung

Bei der Gründung einer SE durch Verschmelzung gilt allerdings eine Besonderheit: Beabsichtigen die Gründungsgesellschaften eine SE mit Sitz in Deutschland zu gründen, so ist über Art. 15 SE-VO das nationale deutsche Gründungsrecht für Aktiengesellschaften zu beachten. Für die Verschmelzungsalternative durch Neugründung wäre damit nach dem oben Gesagten die deutschen Kapitalaufbringungsvorschriften anzuwenden. Es hätte somit, wie unten noch näher zu betrachten sein wird, die Durchführung eines entsprechenden Gründungsberichts und einer Gründungsprüfung in entsprechender Anwendung der §§ 32 ff. Aktiengesetz zu erfolgen.
Fraglich ist allerdings, ob über Art. 15 SE-VO auch die der SE zurechenbaren Gründungselemente, die sich spezifisch auf die Verschmelzung beziehen und im Umwandlungsrecht geregelt sind, anwendbar sind. Das könnte bestritten werden, weil Art. 15 SE-VO im Gegensatz zu Art. 18 SE-VO, der auf das mitgliedstaatliche Recht für die Verschmelzung von Aktiengesellschaften verweist, lediglich auf das für die Gründung einer Aktiengesellschaft geltende Recht des entsprechenden Mitgliedstaats verweist. Art. 18 SE-VO ist aber nicht mehr anzuwenden, da es sich bereits um eine Vorschrift für die SE handelt, nicht aber eine auf die Gründungsgesellschaften der SE anzuwendende Vorschrift[98]. Fraglich ist also, ob Art. 15 SE-VO lediglich auf das das nationale Aktienrecht ausgestaltete Gründungsrecht verweist, oder ob auf das allgemein für die Aktiengesellschaften geltende Recht verwiesen wird. Nach dem Wortlaut findet das geltende Recht des Staates Anwendung, in dem die SE ihren Sitz begründet. Mithin erscheint nach dem Wortlaut der Vorschrift das gesamte für eine Aktiengesellschaft geltende Recht eines Mitgliedstaats anwendbar zu sein. Im Übrigen sprechen auch teleologische Gesichtspunkte für ein solches Verständnis der Verweisungsvorschrift: Ansonsten hätte eine Spaltung des einheitlichen Verschmelzungsrechtes zu erfolgen. Es würden für die Verschmelzung einer SE andere Vorschriften als für die Verschmelzung nationaler Gesellschaften gelten, obwohl das nationale Verschmelzungsrecht durch die Fusionsrichtlinie harmonisiert wurde. Weder macht eine solche Aufspaltung Sinn, noch wird sie bezweckt gewesen sein[99].

---

[98] *Neun* in: Theisen/Wenz, S. 112.
[99] *Neun* in: Theisen/Wenz, S. 82.

Nach dem oben Gesagten ist also über die Verweisungsnorm des Art. 15 SE-VO die Vorschrift des § 75 Absatz 2 Umwandlungsgesetz anzuwenden. Demnach ist ein Gründungsbericht und eine Gründungsprüfung bei der Verschmelzung durch Neugründung zu einer SE nicht erforderlich, soweit eine Kapitalgesellschaft übertragender Rechtsträger ist[100].

b) Kapitaländerungen bei Fortbestehen eines Rechtssubjekts

Aber auch dann, wenn eine Neugründung nicht erfolgt, kann sich eine Änderung des Eigenkapitals der Gesellschaft ergeben oder sogar, da es sich auch um die Gründung einer Gesellschaft handelt, die aktienrechtlichen Gründungsvorschriften zu beachten sein. Letzteres ist nach dem geltenden Recht bei der Umwandlung zu einer SE der Fall[101]. Einer Änderung des Eigenkapitals in Form der Kapitalerhöhung bedarf es oftmals bei den Gründungsformen, bei denen ein Rechtsträger bestehen bleibt, und nach dem Gründungsvorgang aus diesem Rechtsträger eine SE entsteht.

aa) Verschmelzung durch Aufnahme

Bei einer Verschmelzung durch Aufnahme bedarf es in vielen Fällen zur Realisierung des Tausches von Anteilen der alten Gesellschaft gegen Anteile der neuen Gesellschaft einer Kapitalerhöhung[102]. Nur durch die Kapitalerhöhung können die Anteile geschaffen werden, die den Aktionären der übertragenen Gesellschaft gleichsam als Gegenleistung für die im Wege der Gesamtrechtsnachfolge stattfindende Übertragung des Vermögens ihrer Gesellschaft auf die aufnehmende Gesellschaft zu gewähren ist.
Die Kapitalerhöhung bezieht sich dabei auf die Gründungsgesellschaften, so dass gemäß Art. 18 SE-VO die jeweiligen nationalen Regelungen im Verschmelzungsrecht der Mitgliedstaaten anwendbar sind[103]. Für eine deutsche Aktiengesellschaft als übernehmender Rechtsträger gelten daher die Vorschriften der §§ 68 und 69 Umwandlungsgesetz[104]. Für die Verschmelzung mit Kapitalerhöhung bei der übernehmenden Gesellschaft sind folglich gemäß § 69 Satz 1, 1. und 2. Halbsatz weder die Vorschriften über das Bezugsrecht nach § 186 Aktiengesetz anzuwenden, noch hat eine Prüfung der Sacheinlage nach § 183 Absatz 3 Aktiengesetz zu erfolgen.

bb) Umwandlung

Auch bei einem Formwechsel geht es um die Gründung einer SE, so dass über Art. 15 SE-VO die aktienrechtlichen Gründungsvorschriften zu beachten sind.

---

[100] *Neun* in: Theisen/Wenz, S. 112.
[101] Siehe unten: C) I. 2. b) bb) Umwandlung.
[102] *K. Schmidt*, GesellR, § 13 III. 6. a).
[103] *Neun* in: Theisen/Wenz, S. 117.
[104] *Neun* in: Theisen/Wenz, aaO.

Die Umwandlung einer nationalen AG in eine SE wird im deutschen Recht wegen des Risikos für die Kapitalaufbringung wie eine Sachgründung zu behandeln sein. Fraglich ist allerdings, ob ein damit erforderlicher Gründungsbericht oder eine Gründungsprüfung notwendig sind, da bei der Umwandlung gerade eine Werthaltigkeitsprüfung zu erfolgen hat. Zwar wird bei einem nationalen Formwechsel einer GmbH in eine AG eine erneute Gründungsprüfung gemäß § 245 Absatz 1 Umwandlungsgesetz gefordert. Das spricht allerdings nicht für die Vornahme einer solchen Gründungsprüfung auch bei der Umwandlung zu einer SE. Denn anders als bei einem nationalen Formwechsel, ist bei der Umwandlung zu einer SE eine Werthaltigkeitsprüfung bereits vorgenommen worden. Auch bei der Verschmelzung zu einer SE wird im deutschen Recht nach der Vorschrift des § 75 Absatz 2 Umwandlungsgesetz ein erneuter Gründungsbericht und eine Gründungsprüfung nicht gefordert, weil bereits durch das jeweilige Organisationsrecht einer Kapitalgesellschaft eine entsprechende Kapitalsicherung gewährleistet ist[105]. Allerdings müssten für ein solches Ergebnis die nationalen Vorschriften für die Umwandlung zu einer SE geändert werden. Sollte eine solche Änderung nicht vorgenommen werden, so wird für die Kapitalaufbringung ebenso zu verfahren sein, wie für den nationalen Formwechsel[106].
Auch eine Umwandlung ist dann von einer Kapitalerhöhung begleitet, wenn das bisherige Grundkapital der AG nicht der Höhe des für die SE festgelegten gezeichneten Kapitals entspricht. Bei diesen beiden Gründungsvorgängen sind also die nationalen Vorschriften über die Kapitalerhöhung anzuwenden.

cc) Anwendbarkeit der Nachgründungsvorschriften für aufnehmende deutsche Gesellschaft

Eine Besonderheit durch die Anwendbarkeit gründungsspezifischer Regelungen im Umwandlungsgesetz besteht allerdings für die Gründungsart der Verschmelzung durch Aufnahme. Gemäß der Vorschrift des § 67 Satz 1 Umwandlungsgesetz gelten die Regelungen des § 52 Absatz 3, 4, 7 bis 9 Aktiengesetz über die Nachgründung entsprechend, wenn der Verschmelzungsvertrag in den ersten zwei Jahren seit Eintragung der übernehmenden Gesellschaft in das Handelsregister geschlossen wird. Das rechtsfolgenauslösende Ereignis ist nach dem Wortlaut der Vorschrift der Abschluss des Verschmelzungsvertrages, also der Tag der notariellen Beurkundung im Sinne des § 6 Umwandlungsgesetz. Für die Gründung einer SE durch Verschmelzung ist der Tag der Beurkundung des Verschmelzungsplans maßgeblich[107]. Sollte eine Umgehung der Nachgründungsprüfung gewünscht sein, so ist eine entsprechende Gestaltung der Beurkundung zu wählen. Zudem ist eine derartige Prüfung nicht erforderlich, wenn auf die zu gewährenden Aktien nicht mehr als der zehnte Teil des Grundkapitals der auf-

[105] *Neun* in: Theisen/Wenz, S. 165f.
[106] *Neun* in: Theisen/Wenz, S. 166.
[107] *Neun* in: Theisen/Wenz, S. 113.

nehmenden Gesellschaft entfällt. Wird zur Durchführung der Verschmelzung das Grundkapital erhöht, so ist der Berechnung das erhöhte Grundkapital zugrunde zu legen. Trotz der Verweisung des Umwandlungsgesetzes erscheint der Nachgründungsprüfung bei der Verschmelzung durch Aufnahme zur SE also keine praktische Bedeutung zuzukommen[108].

3. Die Kapitalangaben in der Satzung der SE

Die Gründung der neuen SE erfordert die Feststellung einer Satzung dieser SE. In der Satzung sind notwendig die Angaben über das Kapital der Gesellschaft enthalten.
Die Kapitalrichtlinie unterscheidet bei den Mindestangaben der Satzung zwischen dem notwendigen gezeichneten und dem fakultativen genehmigten Kapital (Art. 2 lit. c Richtlinie). Die Angabe des gezeichneten Kapitals ist vorgeschrieben. Mit diesem Begriff ist das in Art. 6ff. Richtlinie geregelte Garantiekapital gemeint. Zusätzlich dazu ist, wenn vorhanden, das genehmigte Kapital anzugeben. Das Verfahren zur Festlegung des genehmigten Kapitals ist in Art. 25 Absatz 2 geregelt und bezweckt die Erleichterung der Kapitalbeschaffung. Dieses Kapital ist der Betrag, um den das gezeichnete Kapital durch Ausgabe neuer Aktien erhöht werden kann, ohne dass bereits eine Zeichnung erfolgt. Das Verwaltungsorgan wird ermächtigt, das Kapital der Gesellschaft durch Beschluss bis zum gegebenenfalls gesetzlich geregelten Höchstbetrag zu zeichnen. Die Erhöhung hat in den Grenzen des festgelegten genehmigten Kapitals zu erfolgen, so dass eine Zeichnung auch nur über Teile des genehmigten Kapitals erfolgen kann. Die Mitgliedstaaten sind allerdings zu einer Einführung eines solchen Kapitals nicht verpflichtet[109]. Ist aber ein solches zulässig, und eine Absprache darüber bereits bei Gründung der Gesellschaft erfolgt, muss eine diese Absprache in der Gründungssatzung offengelegt werden.

II. Vorbemerkung zur Rechtsvergleichung

Die Kapitalaufbringung zu regeln, ist den Mitgliedstaaten der Europäischen Union überlassen. Natürlich muss diese Aufbringung den Anforderungen des europäischen Rechts entsprechen. Die Vereinbarkeit von innerstaatlichem mit europäischen Recht sind heute nur noch sinnvoll unter Berücksichtigung der Rechtsentwicklung in mehreren EU-Staaten zu beantworten.
Die Heranziehung mehrerer Rechtskreise ist in zweierlei Hinsicht vorteilhaft und notwendig. Zunächst besteht der unmittelbare Vorteil einer Vergrößerung des Vorrats an Lösungen für die Kapitalaufbringung. Es wird möglich sein, die SE an jedem Ort innerhalb der EU zu gründen und dann den Sitz in den Staat der eigentlichen Geschäftstätigkeit zu verlegen. Findet diese Geschäftstätigkeit in mehreren oder allen Mitgliedstaaten statt, so kann der Staat als Sitzstaat aus-

---

[108] *Neun* in: Theisen/Wenz, aaO.
[109] *Habersack*, EuropGesellR, Rn. 144.

gewählt werden, der für die Unternehmung die größten rechtliche, wirtschaftlichen, kulturellen oder sonstigen infrastrukturellen Vorteile bietet. Diese Entscheidung bleibt eine ökonomische. Aber mit der SE ist eine juristische Plattform geschaffen, die eine solche betriebswirtschaftlich sinnvolle Entscheidung nach dem Gesellschaftssitz trägt. Die Rechtsvergleichung hilft also unmittelbar herauszufinden, in welchen Staaten eine Gründung der SE aus unternehmerischer Sicht die wenigsten Probleme aufwirft und folglich am unkompliziertesten ist. Ob neben der Gründung der zusätzliche administrative Aufwand einer Sitzverlegung zum Vorteil einer unkomplizierteren Kapitalaufbringung in Kauf genommen wird, bleibt eine unternehmerische Entscheidung. Die Möglichkeiten einen solchen Weg zu begehen und einen solchen Schritt aufzuzeigen, ist originäre juristische, genauer rechtsvergleichende Aufgabe.
Fraglich ist allerdings, ob bei der Sitzverlegung eine SE in einen anderen Mitgliedstaat die Vorteile der Kapitalaufbringungsvorschriften des alten Mitgliedstaats bestehen bleiben. So wird teilweise gefordert, dass die Prüfung des Kapitals der SE vor Eintragung der Gesellschaft in das Register des Zuzugstaates vorzunehmen wäre[110]. In Deutschland wäre also die Einhaltung der Regeln zur Sicherung der Kapitalaufbringung vom Registergericht zu prüfen. Darüber hinaus habe sogar eine nach deutschem Recht durchgeführte Gründungsprüfung stattzufinden, bei der die Prüfer durch das Gericht zu bestellen sind. Wenn das so wäre, hätte eine komplette Gründung inklusive der Kapitalaufbringung in dem Zuzugstaat zu erfolgen. Durch die in der Verordnung vorgesehene Sitzverlegung wäre wenig gewonnen, würde doch die Nationalgrenzen überschreitende Sitzverlegung denselben administrativen Aufwand erfordern, wie die bereits vor Erlass der SE-VO mögliche Verschmelzung auf eine neu gegründete Gesellschaft in einem anderen Mitgliedstaat. Mit anderen Worten, die Möglichkeit der Sitzverlegung wäre kein expliziter Vorteil der SE mehr.
Aber keine Angst: Es wird nicht so sein. Eine solche Gründungsprüfung vor der Eintragung der SE in das Register des Zuzugstaates hat nicht zu erfolgen. Die Kontrolle ist weder von der SE-VO vorgesehen, noch ergibt sich eine solche Notwendigkeit aus den Anforderungen der nationalen Regelungen der Mitgliedstaaten, die über Art. 5 SE-VO anwendbar sind. Die Notwendigkeit der Überprüfung der Kapitalaufbringung wird pauschal festgestellt, weil sie erstens für „einen wirksamen Schutz von Neugläubigern unverzichtbar" sei[111], und zweitens eine solche Kontrolle auch bei einem nationalen Formwechsel in Deutschland gemäß § 245 Umwandlungsgesetz erforderlich wäre. Da „andere Mitgliedstaaten oftmals andere Anforderungen an den Kapitalschutz stellen", würde das für Deutschland als neuen Sitzstaat einer SE bedeuten, dass die allgemeinen

[110] *Wenz* in: Theisen/Wenz, S. 239.
[111] *Wenz* in: Theisen/Wenz, S. 238.

Bewertungsgrundsätze für Sacheinlagen der Kapitalaufbringung zu beachten sind[112].

Zunächst einmal ist bei dieser Argumentation schon fraglich, ob überhaupt auf die nationalen Vorschriften zurückgegriffen werden kann. Denn nach dem Wortlaut des Art. 5 SE-VO gelten für das Kapital der SE die Vorschriften, die für eine Aktiengesellschaft mit Sitz in dem Mitgliedstaat gelten würden, in dem die SE „eingetragen ist". Hier geht es aber gerade um eine Prüfung der Kapitalaufbringungsvorschriften vor der Eintragung in das Register eines Mitgliedstaats. Das heißt also nach dem Wortlaut der Verweisungsvorschrift des Art. 5 SE-VO wären die nationalen Vorschriften über die Kapitalaufbringung nicht anzuwenden. Im Übrigen verkennt die obige Argumentation die von der SE-VO vorgesehene Konzeption einer Nationalgrenzen überschreitenden Sitzverlegung. Nach der Regelung in Art. 8 SE-VO soll die Verlegung nicht zur Gründung einer neuen juristischen Person führen (Absatz 1). Vor dem Wegzug aus einem Mitgliedstaat ist nach Absatz 8 des Art. 8 SE-VO von einem zuständigen Gericht, Notar oder einer anderen Behörde eine Bescheinigung auszustellen, dass die SE den Nachweis erbracht hat, dass die Verbindlichkeiten der Gesellschaft im Einklang mit den Anforderungen des alten Sitzstaates stehen (Absatz 7). Nach § 12 des deutschen Diskussionsentwurfs über das Gesetz zur Einführung der Europäischen Gesellschaft (SE-EG) haben die bisherigen Gläubiger der Gesellschaft ein Recht auf Sicherheitsleistung bei Gefährdung ihrer Forderungen (Absatz 1 Satz 1 und 2). Eine Bescheinigung im Sinne des Art. 8 Absatz 8 SE-VO wird gemäß § 12 Absatz 3 SE-EG nur ausgestellt, wenn den Gläubigern eine angemessene Sicherheit geleistet wurde. Die Konzeption der SE-VO, als auch die Sichtweise des deutschen Gesetzgebers gehen also über die Kapitalaufbringungsvorschriften hinaus und fordern eine Zusicherung des Gesellschaftskapitals. Es findet ein direkter Gläubigerschutz statt. Ein solcher Gläubigerschutz ist viel effektiver als die nochmalige Kontrolle der Kapitalaufbringung. Ein Vergleich mit einer erneuten Kapitalaufbringungsprüfung, wie es bei einem nationalen Formwechsel der Fall ist, ist also deswegen nicht angebracht, weil bereits eine viel stärkere Kontrolle im Wegzugstaat stattfindet. Auch dieses Argument läuft somit leer.

Schließlich würde eine solche Gründungsprüfung gegen die Niederlassungsfreiheit aus Art. 48 EG-V verstoßen. Die Niederlassungsfreiheit ist nach der Daily-Mail-Entscheidung des EuGH bei der Sitzverlegungen einer nationalen Gesellschaftsform in einen anderen Mitgliedstaat nämlich deswegen nicht verletzt, weil die nationalen Gesellschaftsformen unterschiedlich sind. Eine britische Public limited company ist nun mal etwas anderes, als eine französische Société Anonyme und eine deutsche Aktiengesellschaft. Für die SE gilt das aber nicht: eine britische SE ist ebenso eine SE, wie eine französische oder eine deutsche,

[112] *Wenz* in: Theisen/Wenz, S. 234.

nur dass jeweils andere mitgliedstaatlichen Rechte auf sie anzuwenden sind. Das Rechtskleid der SE soll aber auch nach der Konzeption des Art. 8 Absatz 1 SE-VO gleich bleiben. Die erneute Kontrolle einer ordnungsgemäßen Gründung in einem anderen Mitgliedstaat bei der Sitzverlegung verstößt also gegen die Niederlassungsfreiheit. Eine solche Einschätzung ergibt sich auch aus der Überseering-Entscheidung. Die Versagung der Rechtsfähigkeit einer ausländischen Gesellschaftsform bis zur Neugründung in Deutschland stellt, so der EuGH, eine Negierung der Niederlassungsfreiheit dar[113]. Genau das gleiche muss für die Versagung der Eintragung einer SE in Deutschland gelten, wenn sich diese Versagung auf die Begründung stützt eine erneute Kapitalaufbringung sei in Deutschland nicht erfolgt.

Der Sinn der Rechtsvergleichung geht aber über den Zweck der Findung des vorteilhaftesten Rechts hinaus. Zweitens nämlich kann nach der Rechtsansicht des EuGH ein nationales mitgliedstaatliches Gericht nur dann von der Vorlage einer Rechtsfrage an den EuGH auf einem gemeinschaftsrechtlich geregelten Gebiet absehen, wenn die richtige Anwendung des Gemeinschaftsrechts derart offenkundig ist, dass keinerlei Raum für einen vernünftigen Zweifel an der Entscheidung der gestellten Frage bleibt. Das innerstaatliche Gericht darf jedoch nur dann davon ausgehen, dass ein solcher Fall vorliegt, wenn es überzeugt ist, dass auch für die Gerichte der übrigen Mitgliedstaaten und den Gerichtshof gleiche Gewissheit bestünde[114]. Das bedeutet also, dass nach der Sicht des EuGH dort, wo unterschiedliche Rechtsansichten innerhalb der Mitgliedstaaten bestehen, die Auslegung des europäischen Rechts nicht zweifelsfrei möglich ist und somit der EuGH die Entscheidung zu treffen hätte. Natürlich gilt das nur für die Rechtsauslegung innerhalb der EU. Die normierten Regelungen der Mitgliedstaaten dürfen auch weiterhin unterschiedlich sein, solange sie mit EU-Recht vereinbar sind. Sinnvoll und geboten erscheint es unter einer solchen Sichtweise, zumindest diejenigen Rechtsordnungen heranzuziehen, denen die entscheidungsrelevante Rechtsfrage schon seit längerer Zeit geläufig ist und in denen deshalb verwertbares Fallmaterial und wissenschaftliche Stellungnahmen entstehen konnten[115].

Es werden deshalb die Kapitalaufbringungsregelungen der EU-Mitgliedstaaten Deutschland, Frankreich und Großbritannien gegenüber gestellt. Frankreich bietet sich deswegen an, weil mit dem deutschen Recht aufgrund der in beiden Ländern bestehenden zivilrechtlichen Kodifikationen ein stetiger Austausch der Rechtsansichten erfolgt ist. Der angelsächsische Rechtskreis hat sich demgegenüber vielfach durch seine andere Rechtsempirie als Alternative zum kontinentaleuropäischen Recht gezeigt. Das verdeutlicht nicht zuletzt die Centros-Entscheidung, bei der die Gründung eine Kapitalgesellschaft in Großbritannien

[113] EuGH, DB 2002, 2425 (2428).
[114] EuGH vom 6. 10. 1982, Rs. 283/81 (C.I.L.F.I.T.), Slg. 1982, 3415, 3430 (Nr. 16).
[115] *Kindler*, ZHR 158 (1994), 339 (341).

erfolgte, um das sich vom kontinentaleuropäischen Recht unterscheidende britische Kapitalaufbringungsrecht in Anspruch nehmen zu können.

III. Die Kapitalaufbringung

Zunächst soll das Recht der Kapitalaufbringung in den Mitgliedstaaten der Europäischen Union untersucht werden.

1. Die Einlageverpflichtung

a) Kapitalrichtlinie (77/91/EWG; Richtlinie)

Die Aufbringung des Mindestkapitals erfolgt durch die Aktionäre. Durch die Übernahme der Aktien wird das Kapital gezeichnet. Es entsteht eine mitgliedschaftliche Verpflichtung zur Einbringung der Einlage. Die Höhe der Einlage richtet sich nach dem Nennwert der Aktien oder nach ihrem rechnerischen Wert, wenn bei den sog. unechten Stückaktien kein Nennbetrag vorhanden ist (Art. 8 Absatz 1 Richtlinie). Es ist laut Art. 3 lit. e und Art. 31 Richtlinie zulässig, Aktien unterschiedlicher Gattung auszugeben. Die Einlageverpflichtung der Aktionäre unterliegt aber dem Gleichbehandlungsgrundsatz des Art. 42 Richtlinie. Wenn sich Aktionäre in denselben Verhältnissen befinden, müssen die Mitgliedstaaten sicherstellen, dass sie gleich behandelt werden. Das bedeutet für die Einlageverpflichtung, dass diese für alle Aktionäre gleich hoch sein muss, ohne Unterscheidung, ob es sich um Aktionäre mit Stück- oder Nennbetragsaktien handelt. Die Höhe der Einlageverpflichtung richtet sich entweder nach dem Nennbetrag oder dem rechnerischen Wert der übernommenen Aktien[116]. Es entsteht folglich immer eine Einlageverpflichtung in gleicher Höhe. Um dies zu erreichen muss im Regelfall auf den Nennwert einer Aktie auch ein Aufgeld geleistet werden[117]. Mit Hilfe dieses Aufgeldes lässt sich die Einlageverpflichtung dem rechnerischen Wert der Stückaktien angleichen.
Die Aktien dürfen gemäß Art. 8 Absatz 1 Richtlinie nicht unter dem Nennbetrag oder, wenn ein solcher nicht vorhanden ist, nicht unter dem rechnerischen Wert ausgegeben werden. Die Aktionäre dürfen nicht von ihrer Einlageverpflichtung befreit werden, Art. 12 Richtlinie. Die Möglichkeit der Leistung einer kleineren Einlage besteht nur im Wege der Kapitalherabsetzung. Die Gesellschaft darf keine eigenen Aktien zeichnen (Art. 18 Richtlinie).

b) Deutsches Aktiengesetz

Die Stückaktie als nennwertlose Aktie, bei der sich der Anteil am Kapital nach der ausgegebenen Stückzahl richtet, ist durch das Stückaktiengesetz neben die Nennbetragsaktie in den §§ 6, 8 Absatz 1 Aktiengesetz eingefügt worden[118]. Das

[116] *Habersack*, EuropGesellR, Rn. 154.
[117] *Habersack*, EuropGesellR, Rn. 153.
[118] *Schwarz*, EuropGesellR, Rn. 583.

deutsche Recht bestimmt in § 9 Absatz 1 Aktiengesetz das Verbot einer Unterpariemission. Die reale Kapitalaufbringung wird durch das Verbot der Befreiung von der Einlageverpflichtung gemäß § 66 Absatz 1 S. 1 Aktiengesetz gesichert.

c) Französischer Code de commerce

In Frankreich wird zunächst auch das Gesellschaftskapital vollständig gezeichnet (Art. L225-3 Absatz 1 Code de commerce). Dadurch entsteht die Verpflichtung zur Einbringung der Einlagen. Die Aktien der Gesellschaft dürfen nicht unter ihrem Nominalkapital ausgegeben werden[119]. Die Gesellschafter dürfen von ihrer Einlageverpflichtung nicht befreit werden[120].

d) Englischer Companies Act 1985

In Großbritannien existieren ebenso wie in Frankreich nur Nennbetragsaktien. Die Einlageverpflichtung entsteht ebenfalls mit der Zeichnung (issue). Wenn der Einleger der Einlageverpflichtung zu einem Teil nachgekommen ist, gelten die Anteile als zum Teil eingezahlt (paid up to the extent of the payments made) und der unbezahlte Restbetrag kann fällig gestellt werden[121]. Für diesen noch nicht eingezahlten Restbetrag der ausgestellten Aktien haften die Inferenten ab dem Zeitpunkt der Fälligstellung[122].

2. Gründung durch Bareinlage

a) Kapitalrichtlinie (77/91/EWG; Richtlinie)

Das Mindestkapital kann durch Bareinlagen oder durch Sacheinlagen, das sind solche Einlagen, die nicht Bareinlagen sind, aufgebracht werden (Art. 9 Absatz 2 und Art. 10 Absatz 1 Richtlinie). Bareinlagen können nur durch Zahlung von Geld erbracht werden.
Bei der Bargründung müssen die Einlagen im Zeitpunkt der Gründung der Gesellschaft zu mindestens 25 Prozent des Nennbetrags oder des rechnerischen Wertes, wenn ein solcher Nennbetrag nicht vorhanden ist, geleistet werden (Art. 9 Richtlinie). Die 25 Prozent beziehen sich nicht auf den Ausgabebetrag. Zum Zeitpunkt der Gründung der Gesellschaft könnte somit auch ein geringerer Betrag als 25 Prozent des rechnerischen Wertes der Aktien geleistet werden, wenn der Nennbetrag nicht dem rechnerischen Wert entspricht, sondern diesen erst unter Anrechnung des Aufgeldes erreicht.
Wann die restlichen 75 Prozent der Einlagen geleistet werden müssen, ist nicht geregelt. Eine Festlegung bleibt den Mitgliedstaaten überlassen. Strengere nationale Vorschriften, die also einen Zeitpunkt der spätesten Leistung festlegen,

---

[119] *Ripert/Roblot*, Nr. 1439.
[120] *Hansen*, S. 78.
[121] *Pennington*, S. 161.
[122] *Pennington*, S. 162.

sind zulässig[123]. Die offenen Einlagen sind in der Bilanz als Forderungen gegen die Aktionäre zu aktivieren.

b) Deutsches Aktiengesetz

Bareinlagen werden durch bare oder unbare Zahlungen an die Gesellschaft erbracht[124]. Es ist mit Übernahme der Aktien ein Viertel des Ausgabebetrags zuzüglich eines eventuellen Aufgeldes einzuzahlen (§ 36a Absatz 1 Aktiengesetz).

aa) Aufrechnung der Einlageforderung

(1) Gesetzliche Aufrechnung durch Erklärung

Der Aktionär kann sich im deutschen Recht von der Einlagepflicht nicht durch Aufrechnung befreien (§ 66 Absatz 1 Satz 2 Aktiengesetz).
Eine Aufrechnung sei wirtschaftlich ähnlich wie eine Sacheinlage zu betrachten, weil sie erhebliche Wertdeckungsrisiken beinhalten kann. Die Aufrechnung kann nämlich mehr als die Vermeidung eines umständlichen Hin- und Herzahlens sein. Das ist etwa dann der Fall, wenn einem Aktionär eine Forderung gegen die Gesellschaft zusteht und diese bereits insolvent ist. Dann ist die Forderung des Aktionärs bereits entwertet, weil die Gesellschaft in der Insolvenz seine Forderung nicht mehr wird begleichen können. Wie jeder andere Gläubiger soll er auch hier dasselbe Insolvenzrisiko tragen.
Darüber hinaus habe der Gründungsaktionär, wenn eine Bareinlage vereinbart worden ist, seine Einlage zu leisten. Rechnet er auf, hätte der Aktionär zwar rechnerisch eine Einlage geleistet, würde aber dann nicht auf die Forderung verzichten müssen. Der wirtschaftliche Effekt ist damit derselbe wie bei der Einbringung einer Forderung. Die Aufrechnung wird aus Gründen der Sicherung der realen Kapitalaufbringung einer Gesellschaft somit nicht wie eine Barzahlung behandelt werden können. Bei einer fehlenden Vollwertigkeit der Gesellschaft kommt die Einlage nicht der Liquidität der Gesellschaft zugute, was eigentlich Zweck der Kapitalaufbringung ist[125]. Die Aufrechnung gewährleistet somit nicht generell eine effektive Kapitalzufuhr in Höhe des Nennbetrags, sondern nur in der Höhe, die ihrem wirtschaftlichen Wert entspricht.

(2) Verrechnungsabreden

Eine Gefahr für das Kapital einer Gesellschaft stellt aber nicht jede Einbringung einer Forderung dar. Zu vermeiden ist also nicht generell die Verrechung mit Forderungen gegen die Gesellschaft, sondern nur solche, die nicht vollwertig sind und damit nicht dem Nennbetrag der Einlage entsprechen. Die Regelung des § 66 Absatz 1 S. 2 Aktiengesetz verbietet ihrem Wortlaut nach auch nur die

[123] *Schwarz*, EuropGesellR, Rn. 584; *Drinkuth*, RiLi, S. 148.
[124] *K. Schmidt*, GesellR, § 29 II. a).
[125] *Hüffer*, § 66 Rn. 1, 5.

Aufrechnung durch die einseitige Aufrechnungserklärung des Aktionärs, nicht aber die Erklärung der Aufrechnung durch die Gesellschaft oder einem Aufrechnungsvertrag zwischen den beiden. Die Zulässigkeit solcher Verrechnungsabreden ist nicht gesetzlich geregelt und wird nicht einheitlich beurteilt.
Vorab sollte festgestellt werden, dass eine solche Verrechnungsabrede den Tatbestand einer verdeckten Sacheinlage erfüllen könnte[126]. Mit solchen Abreden der Gesellschaft ist also vorsichtig umzugehen. Dies ist insbesondere dann der Fall, wenn die Gesellschaft in Zusammenhang mit der Kapitalaufbringung oder einer Kapitalerhöhung eine Verbindlichkeit gegenüber ihrem Gesellschafter tilgt, die aus einem in Verbindung mit der Kapitalmaßnahme stattgefundenem Rechtsgeschäft stammt. Besteht zwischen den beiden Geschäften ein Zusammenhang, hat der Gesellschafter wirtschaftlich den Gegenstand eines Erwerbsgeschäfts eingebracht. Anders liegt der Fall allerdings, wenn zwischen den beiden Geschäften Erwerb und Kapitalmaßnahme kein sachlicher Zusammenhang besteht, insbesondere also wenn die Geschäfte zeitlich länger auseinander liegen[127].
Die gesetzliche Vorschrift enthält kein Verbot der Verrechnung durch Vertrag mit der Gesellschaft oder der Aufrechnung durch die Gesellschaft. Das bedeutet gleichwohl nicht, dass diese Vorgänge damit ohne weiteres zulässig sind. Eine solche Sichtweise würde dem Regelungszweck des § 66 Absatz 1 Satz 2 Aktiengesetz, nämlich den Schutz der realen Kapitalaufbringung, nicht gerecht. Vielmehr ist zu unterscheiden.

(a) Zahlungen vor Anmeldung

Für Zahlungen, die vor der Anmeldung geleistet werden müssen, also gemäß § 36a Absatz 1 Aktiengesetz mindestens ein Viertel des Aktienwerts (Nennbetrag zuzüglich des Aufgelds oder rechnerischem Wert der Stückaktien), gilt die Regelung des § 54 Absatz 3 Aktiengesetz. Eine Verrechnung kann nur erfolgen, wenn die Abrede der dort vorgeschriebenen Form entspricht. Zulässig ist nur die Barzahlung in gesetzlichen Zahlungsmitteln oder die Kontogutschrift, also eine unbare Zahlung[128]. Die Verrechnung mit einer Einlage, die vor der Anmeldung geleistet werden muss, scheidet somit ganz aus[129].

(b) Zahlungen, für die keine Leistungspflicht vor Anmeldung besteht

Bareinlagen, die nicht bereits vor der Anmeldung eingezahlt werden müssen, können aber durchaus in Abrede mit der Gesellschaft verrechnet oder von der Gesellschaft aufgerechnet werden. Voraussetzung für beides ist, dass die Forderung des Gesellschafters gegen die Gesellschaft fällig, liquide (also unbestritten)

---

[126] Siehe dazu noch unten: C. III. 5. b) bb) Tatbestand der verdeckten Sacheinlage.
[127] *Brüggemann*, S. 129.
[128] *Hüffer*, § 54 Rn. 12ff.
[129] *Hüffer*, § 66 Rn. 6.

und vollwertig ist[130]. Vollwertig heißt in diesem Zusammenhang, dass die Gegenforderung aus dem Vermögen der Gesellschaft realisierbar sein muss. Daran fehlt es selbstverständlich, wenn eine Überschuldung der Gesellschaft vorliegt[131]. Aber auch bereits dann, wenn nachhaltige Zahlungsschwierigkeiten bestehen, ohne dass sich die Zahlungsunfähigkeit manifestiert haben muss, ist die Forderung gegen die aufgerechnet werden soll, nicht mehr vollwertig[132].
Eine Ausnahme von diesen Voraussetzungen kommt dann in Betracht, wenn die Einlageforderung der Gesellschaft wegen der wirtschaftlichen Verhältnisse ihres Schuldners ihrerseits gefährdet ist. Ein Verbot der Aufrechnung würde dann für die Sicherung der realen Kapitalaufbringung das Gegenteil bedeuten: Würde die Gesellschaft die Aufrechnung nicht erklären dürfen, ist die Einlageforderung entwertet[133]. Allerdings wird das Kaduzierungsverfahren nach den §§ 64f. Aktiengesetz vorrangig vor einer Aufrechnung der Gesellschaft herangezogen werden müssen[134]. Auch diese Überlegung sichert die Zuführung von Liquidität an die Gesellschaft: Anstatt die Gesellschaft von einer Forderung zu befreien, soll ihr Barkapital zufließen. Die praktische Bedeutung dieser Ausnahme dürfte mithin recht gering sein.
Der Kapitalaufbringung durch Aufrechnung sind nach deutschem Recht somit erhebliche Schranken gezogen. Nach der Rechtsprechung des BGH, die schon vorher von der ganz herrschenden Meinung getragen wurde, kann eine Verrechnungsabrede in Deutschland auch nur im Rahmen einer Sacheinlage eingebracht werden[135]. Damit sind die Versuche insbesondere von Meilicke[136], auch im deutschen Kapitalaufbringungsrecht eine Forderung gegen die Gesellschaft als Bareinlage einzubringen, gescheitert. Meilicke hatte mit durchaus sehr stichhaltigen Argumenten die Europarechtswidrigkeit der deutschen Rechtsprechung dargestellt.

---

[130] BGHZ 42, 89 (93); BGHZ 90, 370 (372); KölnKomm-*Lutter*, § 66 Rn. 16ff.; *Hüffer*, § 66 Rn. 6.
[131] BGHZ 90, 370 (373).
[132] KölnKomm-*Lutter*, § 66 Rn. 19f.; *Hüffer*, § 66 Rn. 7; **a.M.** MüKoAktG-*Bayer*, § 66 Rn. 41, der die Meinung vertritt, die Zahlungsunfähigkeit müsse sich bereits in Form von nachhaltigen Zahlungsschwierigkeiten manifestiert haben. Eine solche Einschränkung erscheint unpraktikabel: Es ist nicht ersichtlich und durch kein zuverlässiges Kriterium festzulegen, wann eine solche Manifestation der Zahlungsunfähigkeit vorliegt.
[133] BGHZ 15, 52, 57f.; NJW 1979, 216.
[134] *Hüffer*, § 66 Rn. 6.
[135] BGHZ 110, 47 (60); MüKoAktG-*Pentz*, § 27 Rn. 29; Großkomm-*Röhricht*, § 27 Rn. 80; *Hüffer*, § 27 Rn. 25; *Lutter/Hommelhoff/Timm*, BB 1980, 737 (747); **a.M.** KölnKomm-*Kraft*, § 27 Rn. 31.
[136] *Meilicke*, DB 1989, 1067ff. und 1119ff.

Die Forderung des Aktionärs ist somit seine Sacheinlage[137]. Werden die Vorschriften für die Sachgründung nicht befolgt, liegt eine verbotene Sacheinlage vor, wenn die Aufrechnung der Gesellschaft planmäßig, also durch vorherige Absprache der Gesellschaft mit seinem Gründer erfolgt ist[138]. Immer dann, wenn dem Aktionär zum Zeitpunkt der Gründung und Kapitalerhöhung eine Geldforderung gegen die Gesellschaft zusteht, so kann er diese als Sacheinlage einbringen. Dabei sind die Sonderregeln für Sacheinlagen entsprechend und unabdingbar zu beachten. Existiert aber eine solche Forderung eines Gründers gegen die Gesellschaft und übernimmt der Gründer eine Bareinlage, so ist die Aufrechnung durch die AG auch bei Gleichwertigkeit der Forderung ausgeschlossen. Selbst wenn eine Verrechnungsabrede erfolgt, wäre diese wirkungslos: Die besonderen Schutzvorschriften für die Sacheinlagen sind nicht eingehalten[139]. Dies hätte zur Folge, dass nach der geltenden Auffassung zur Rechtsfolge der verdeckten Sacheinlagen die Einlagesumme trotz Verrechnung zu leisten ist. Forderungen des Aktionärs gegen die AG, die im Zeitpunkt der Entstehung der Einlagepflicht schon bestanden, können also mit der Einlageforderung auch von der AG nicht wirksam aufgerechnet werden. Sogar ein zeitlich nahe beieinander liegendes Hin- und Herzahlen erweckt den Verdacht einer verdeckten Sacheinlage[140].

bb) Freie Verfügung des Vorstands

Bareinlagen sind gemäß § 36 Absatz 2 Aktiengesetz so zu erbringen, dass sie endgültig zur freien Verfügung des Vorstands stehen. Freie Verfügbarkeit liegt grundsätzlich vor, wenn die Bareinlage aus dem Herrschaftsbereich des Einlegers ausgesondert und dem Vorstand so übergeben wurde, dass er nach eigenem Ermessen über die Einlage verfügen kann. Der Vorstand muss also über den Betrag ohne Einschränkung disponieren können. Die Einlage kann auch durch Gutschrift auf ein Konto bei einem Kreditinstitut der Gesellschaft oder des Vorstands zu seiner freien Verfügung eingezahlt werden (§ 54 Absatz 3 Satz 1, 2. Alt. Aktiengesetz). Nicht zur freien Verfügbarkeit gelangt die Einlage bei einer Einzahlung auf ein debitorisches Konto, sofern die Kreditlinie überschritten und der Kontokorrentkredit fällig ist, so dass die Bank die Einzahlung mit dem

---

[137] **Anderer Meinung** nach soll die Verrechnungsabrede gegen eine Darlehensforderung eines Gesellschafters als Bareinlage gewertet werden, weil kein Bewertungsproblem entsteht. Wird aber wie hier die Forderung als Einlagegegenstand gesehen, so wird deutlich, dass auch im Falle einer Darlehensforderung keine Besonderheit bestehen kann; vgl. Darstellung bei *Brüggemann*, S. 141ff.

[138] *K. Schmidt*, GesellR, § 29 II. 1. a).

[139] KölnKomm-*Lutter*, § 66 Rn. 26.

[140] KölnKomm-*Lutter*, § 66 Rn. 28.

Schuldsaldo verrechnen kann[141]. Zur freien Verfügung gelangt der Betrag, wenn der Vorstand im Rahmen einer gewährten Kreditlinie über den eingezahlten Betrag verfügen kann. Eine Ausnahme hiervon bildet die Einzahlung der Einleger auf ein Gesellschaftskonto, um Forderungen der kontoführenden Bank gegen die Gesellschaft zu tilgen. Dann tritt die Erfüllungswirkung der Einzahlung nicht ein, gleichgültig, ob das Konto als Kreditkonto oder in laufender Rechnung geführt wird[142].

Fraglich und umstritten ist, ob und wenn ja, unter welchen Voraussetzungen die Verwendungsbindung der Einlagen dem Erfordernis der freien Verfügbarkeit entgegensteht. Einigkeit besteht zunächst darüber, dass die freie Verfügbarkeit bei solchen Abreden ausgeschlossen ist, bei denen die Einlagen zumindest mittelbar an den Einleger zurückgeführt werden sollen[143]. Solche Rückführung liegt auch dann vor, wenn im Konzern eine Darlehensgewährung an eine Tochtergesellschaft erfolgt[144]. Auf der anderen Seite kann aber nicht jede Vereinbarung zwischen Vorstand und einzahlendem Gründer über die Verwendung der Einlagen zum Ausschluss der freien Verfügbarkeit führen[145]. Häufig steht schon im Gründungszeitpunkt, und erst recht im Zeitpunkt einer späteren Kapitalerhöhung fest, wofür der Vorstand die Mittel verwenden soll, und dies ist, sofern keine Nachgründung gemäß § 52 Aktiengesetz vorliegt, auch unbedenklich[146].

Problematisch ist die Abgrenzung zwischen einer Abrede über eine mittelbare Rückführung und eine die Erfüllung herbeiführenden Absprache über die Verwendungsbindung bei der Einzahlung. Dazu gibt es drei unterschiedliche Auffassungen.

(1) Formale Betrachtungsweise

Einer Ansicht nach unterliegt das Problem der Verwendungsbindung den Regelungen zur Kapitalerhaltung, nicht aber der Kapitalaufbringung. Demnach kann eine Abrede über die Verwendungsbindung nie das Erfordernis der freien Verfügung ausschließen. Ein Rückzahlungsanspruch besteht erst dort, wo die Vorschriften zur Kapitalerhaltung angetastet werden, also etwa dann, wenn die der Gesellschaft zukommende Gegenleistung für die verwendeten Mittel nicht gleichwertig ist. Der § 36 Absatz 2 Aktiengesetz solle nur die bloßen Scheinein-

---

[141] BGH, NJW 1991, 226f.; OLG Düsseldorf, AG 1984, 188 (191); OLG Frankfurt, WM 1984, 1448; OLG Stuttgart, AG 1995, 516 (517); LG Mönchengladbach, ZIP 1986, 306 (308); *Hüffer*, § 36 Rn. 8.

[142] BGHZ 119, 177 (190).

[143] BGH, NJW 1991, 226f.; OLG Köln, NZG 2001, 615f.

[144] KölnKomm-*Lutter*, § 54 Rn. 54; *Hüffer*, § 36 Rn. 9.

[145] Großkomm-*Röhricht*, § 36 Rn. 81ff.; *Hommelhoff/Kleindiek*, ZIP 1987, 477 (482); *G. H. Roth*, FS Semler, 1993, S. 299 (303ff.); *Hüffer*, § 36 Rn. 9.

[146] *K. Schmidt*, GesellR, § 29 II. 1. a).

zahlungen verhindern, nicht dagegen die Absichtserklärungen des Vorstands über die Mittelverwendung verbieten[147].

(2) Strenge Betrachtungsweise

Schließlich möchte eine Meinung bei Verwendungsabreden die freie Verfügbarkeit der Einlagen im Zweifel entfallen lassen. Eine solche strenge Sichtweise sei aufgrund der vielfältigen Überschneidungen mit den verdeckten Sacheinlagen geboten[148].

(3) Stellungnahme

Eine Zweifelsfallregelung, noch dazu mit der möglichen Rechtsfolge der Nichtleistung der Einlagen, lässt die Inferenten im Unklaren darüber, bei was für bestehenden Abreden eine Einlage noch befreiend geleistet werden kann. Eine Gefährdung für das Kapital der Gesellschaft liegt nicht etwa durch die Abrede vor, sondern ist nur dann gegeben, wenn die Einlagen der Gesellschaft durch die Vereinbarung nicht mehr zur Verfügung stehen. Dies ist etwa bei einer Rückgewähr an die Inferenten oder Dritte der Fall. Damit wird aber deutlich, dass es sich hier nicht um ein Problem der Kapitalaufbringung handelt, sondern um ein solches der Kapitalerhaltung. Die Rückgewähr der Einlagen ist folglich, außer in den Fällen der Nachgründung und der verdeckten Sacheinlagen[149], bei der Kapitalerhaltung zu betrachten.

c) Französischer Code de commerce

aa) Einzahlung der Bareinlage

(1) Sofortige Zahlungspflicht

Zur Erfüllung der Einlageverpflichtung muss in Frankreich gemäß Art. L225-3 Absatz 2 Code de commerce mindestens die Hälfte des Nominalwertes der Aktien eingezahlt werden. Es muss hier also bei der Gründung eine höhere Einzahlung vorgenommen werden, als von der Richtlinie vorgesehenen, die lediglich die Verpflichtung zur Einzahlung eines Viertels der Einlageverpflichtung bestimmt. Neben dem Nominalwert kann, wie im deutschen Recht, ein Agio bestehen. Diese prime d'émission, das Aufgeld, erscheint zwar bei der Gründung einer französischen Gesellschaft selten vorzukommen, bei der Kapitalerhöhung repräsentiert dieses Aufgeld allerdings häufig die Reserven der Gesellschaft[150]. Das Aufgeld muss in gesamter Höhe bei der Zeichnung der Aktien eingezahlt werden (Artt. L225-128 und L225-144 Code de commerce). Die Zeichnung hat

---

[147] *K. Schmidt*, GesellR, § 29 II. 1. a); *Hommerlhoff/Kleindiek*, ZIP 1987, 477 (484ff.); Köln-Komm-*Lutter*, § 54 Rn. 46ff.; *Wilhelm*, ZHR 152 (1988), 333, (367f.).
[148] *Ihrig*, 218ff.; *Hüffer*, § 36 Rn. 9 a. E.
[149] Siehe unten: <u>C. III. 4. Nachgründung</u> und <u>C. III. 5. Verdeckte Sacheinlagen</u>.
[150] *Ripert/Roblot*, Nr. 1440.

für jede einzelne Aktie, nicht für den gesamten Betrag, stattzufinden. Der ausstehende Betrag wird nonversé genannt[151].

Die Einzahlung erfolgt durch Barzahlung des Betrages der Aktie oder des eingeforderten Betrages zu Gunsten der Gesellschaft in Gründung (Art. L225-5 Code de commerce). Für die Zahlung genügt wie im deutschen Recht auch eine unbare Zahlung. Erst mit Einforderung der Einzahlungen kann diese wirksam getätigt werden[152]. Die Einzahlung hat auf den Namen der Gesellschaft in Gründung entweder bei der Caisse des dépôts et consignations (Hinterlegungs- und Konsignationszentralkasse), bei einem Notar oder einem französischen Kreditinstitut gemäß Art. 62 D. 1967 zu erfolgen. In der Regel wird der Betrag bei einem Notar, der den Gründungsvorgang betreut, deponiert. Gegen die Einzahlung bei einem französischen Kreditinstitut spricht nach Meinung in der französischen Literatur der Anschein eines Missbrauchs dieser Praktik. Der Notar ist dazu verpflichtet, die Einzahlung an die Caisse des dépôts et consignations weiterzuleiten[153].

Gemäß Art. L225-5 Absatz 2 Code de commerce dürfen die Einzahlungen, die als Bareinlage an die Gesellschaft geleistet worden sind, nicht länger als acht Tage von anderen Personen als den Personen, an die die Zahlungen zu erfolgen hat, besessen werden. Dieses Verbot richtet sich hauptsächlich an die Gründer, die, sollten die Aktien von anderen Personen gezeichnet werden und diese Zahlungen an die Gründer leisten, diese Zahlungen möglichst schnell weiterreichen sollen[154]. Eine Ausnahme dieser Regel besteht gemäß Art. 62 Absatz 2 D. 1967 für Kreditinstitute (etablisment de crédit) und Börsenmakler (sociétés de bourse, früher agents de change), die im Interesse ihrer Klienten mit dem Transfer der Gelder bis zum Abschluss der Gründung warten können[155].

Die vollständige Zeichnung des Kapitals und die Einzahlung der Bareinlagen werden von einem certificat du dépositaire bestätigt (Art. L225-13 Code de commerce). Die Bestätigung erfolgt nach Vorlage eines Zahlungsscheins (bulletin de souscription). Das certificat du dépositaire kann von einem Notar, einer Bank oder der Caisse des dépôts et consignations ausgestellt werden. Dabei handelt es sich um eine einfache Feststellung der Einzahlung. Es wird weder festgestellt, ob die Zeichner der ersten Aktien aufrichtig sind, noch ob eine vollständige Zeichnung der Einlagen stattgefunden hat.

Eine solche materielle Überprüfung der Einzahlungen war bis zum loi du 3 janvrier 1983 vorgesehen: Die Gründer mussten vor dem die Gründung betreuenden Notar eine Erklärung abgeben, dass das Kapital vollständig gezeichnet, und die Einzahlung der Aktien vorgenommen wurde. Der Notar war verpflichtet, sich

---

[151] *Ripert/Roblot*, Nr. 1442.
[152] *Ripert/Roblot*, Nr. 1443.
[153] *Ripert/Roblot*, Nr. 1444.
[154] *Guyon*, Nr. 283.
[155] *Ripert/Roblot*, Nr. 1444.

einen Zeichnungsschein (bulletin de souscription) und, sollte er die Einzahlung der Bareinlage nicht selbst erhalten haben, das certificat du dépositaire vorzeigen zu lassen. Im Anschluss daran bestätigte der Notar, dass die von den Gründern behauptete Zahlung der Bareinlagen entweder in seiner Kanzlei deponiert wurden oder stellte einen Hinterlegungsschein (certificat de dépôt) aus. Eine solche Kontrolle wurde als unnötig kompliziert und für die Bestätigung einer ausschließlich materiellen Einzahlung zu kostenintensiv kritisiert[156]. Im Übrigen wurde die Regelungen als unvereinbar mit der Publizitätsrichtlinie vom 9. März 1968, die, nach Ansicht in der französischen Literatur, eine Kontrolle vor Gründung der Gesellschaft untersagt[157]. Zwar schreibt eine Regelung in Art. L210-7 Absatz 1 Code de commerce eine Gründungskontrolle durch die Urkundsbeamten der Geschäftsstellen der Handelsgerichte (greffier) vor[158], allerdings kann aus dem Verständnis der obigen Sichtweise heraus angenommen werden, dass es sich dabei nur um eine Kontrolle der Einhaltung der formellen Anforderungen an die Gründung der Gesellschaft handelt.
Erst wenn die Gesellschaft durch Eintragung in das Handelsregister Rechtsfähigkeit erlangt hat, können die ersten Organe der Gesellschaft über die Gelder verfügen[159]. Der Eintragung im Handelsregister hat eine Gründungsversammlung voraus zu gehen, die die Zeichnung und Einzahlung des Kapitals, die Satzung (statuts) und die ersten Organe der Gesellschaft zu nominieren hat. Sollte eine solche Gründungsversammlung nicht stattgefunden haben oder zu keiner Einigung gekommen sein, kann jeder der Zeichner sechs Monate nach dem er den Entwurf der Satzung bei der Geschäftsstelle des Handelsgerichts (greffe) eingereicht hat, den Präsidenten des Gerichts auffordern, einen Bevollmächtigten (mandataire) zu benennen, der die Einlagen zurückfordert und an die Zeichner auszahlt (Art. L225-11 Absatz 2 Code de commerce i.V.m. Art. 71 D. 1967). Die Gründung der Gesellschaft kann dann nur mit Hilfe einer erneuten Gründungsprozedur vorgenommen werden (Art. L.225-11 Absatz 3 Code de commerce).

(2) Die Resteinlage

Die Einzahlung des ausstehenden Betrages der Bareinlage ist, auf Anforderung nach einem Beschluss des Vorstands (conseil d'administration) oder des directoire, sollte kein einheitliches Leitungsorgan der Gesellschaft sondern eine dualistische Verwaltung vorgesehen sein, nicht später als fünf Jahre nach Eintragung der Gesellschaft ins Handelsregister vorzunehmen (Art. 225-3 Absatz 2 Code de commerce). Die Regelung geht also über die Anforderungen des Art. 9 Richtlinie, die eine solche Frist lediglich für die Aufbringung der Sacheinlagen

---

[156] *Ripert/Roblot*, Nr. 1445.
[157] *Guyon*, Nr. 283 a.E.
[158] *Hansen*, S. 81.
[159] *Ripert/Roblot*, Nr. 1446.

vorsieht, hinaus. Das überrascht, da es in der französischen Literatur als äußerst sinnvoll eingeschätzt wird, wenn der Restbetrag zu einem späteren Zeitpunkt zu leisten ist. Es wird davon ausgegangen, dass die junge Gesellschaft nicht das komplette Kapital zu Beginn ihre Existenz benötigt, und die Aktionäre das ansonsten brachliegende Kapital sinnvoller nutzen können[160]. Es wird aber nirgendwo gefordert, dass diese Frist abzuschaffen wäre, weil sie von der Richtlinie nicht gefordert ist.

Für die Bezahlung der Resteinlagen haftet der Zeichner und im Falle einer Abtretung seine Nachmänner der Gesellschaft als Gesamtschuldner (Art. L225-28 Code de commerce). Leistet der Aktionär die Resteinlagen nicht, so muss er vom Tage der Fälligkeit an Verzugszinsen zahlen. Darüber hinaus ist er bei Verschulden verpflichtet, der Gesellschaft den entstanden Schaden zu ersetzen (Art. 1843-3 Absatz 5 C.C.). Die Gesellschaft kann die Aktien an der Börse oder durch öffentliche Versteigerung verkaufen (Art. L225-27 Code de commerce). Der Aktionär bleibt weiterhin Schuldner hinsichtlich der Differenz zwischen dem Zeichnungsbetrag und erzieltem Erlös[161].

bb) Aufrechnung der Einlageforderung

Die Möglichkeit der Aufrechnung gegen die Einlageforderung der Resteinlage (libération par compensation) ist in Frankreich möglich. Und dies nach herrschender Meinung auch als Bareinlage. Die Modalitäten einer solchen Aufrechnung sind allerdings noch umstritten.

(1) Gesetzliche Aufrechnung

Fraglich ist zu Beginn, ob es sich bei der Aufrechnung um die Anwendung der gesetzlichen Vorschriften, oder aber um eine vertragliche Verrechnungsabrede handelt. Ein gesetzliches Verbot der Aufrechnung, wie im deutschen Recht, gibt es nicht.

Dementsprechend gibt es wenige Stimmen in der französischen Rechtsprechung und Literatur, die eine vertragliche Abrede fordern. Lediglich ein Gericht[162] hat in einer später revidierten Entscheidung gefordert, dass die Einbringung einer Forderung als Bareinlage in Form einer vertraglichen Verrechnungsabrede vorzunehmen wäre. Das Urteil stützte sich darauf, dass die für die Aufrechnung in der Phase der Kapitalerhöhung vorgesehenen Formalitäten nicht mit dem Charakter der gesetzlichen Aufrechnung vereinbar seien. Außerdem sei der Verwaltungsrat der Gesellschaft nach Art. L225-3 Absatz 2 Code de commerce zuständig, die Resteinlage einzufordern. Es obliege somit auch diesem Verwaltungsrat, eine Verrechnung der Resteinlagen zu vereinbaren.

---

[160] *Guyon*, Nr. 283.
[161] *Hansen*, S. 82.
[162] Paris, 27. 9. 1977, Revue des sociétés 1978, 728; 1. 2. 1983, Bulletin rapide de droit des affaires 1983/11, S. 11.

Die Entscheidung stieß auf breite Kritik, und das Gericht hat seinen Standpunkt mittlerweile wieder aufgegeben[163]. Die Kritik fußte insbesondere darauf, dass die Anforderungen an die Aufrechnung bei der Kapitalerhöhung einer gesetzlichen Aufrechnung nicht entgegenstünden[164]. Seitdem sind weder von der Rechtsprechung, noch der Literatur weitere Vorstöße unternommen worden, eine vertragliche Vereinbarung zu forderten. Nach einhelliger Meinung ist demnach eine gesetzliche Aufrechnung, anderes als im deutschen Recht, gegen die Einlageforderung möglich[165].

(2) Aufrechnung mit der Mindesteinlage

Zu beachten ist allerdings, dass lediglich die Aufrechnung mit der Restforderung möglich ist. Die Aufrechnungen gegen die Forderung der Mindesteinlage in Höhe von der Hälfte des Nominalwertes der Aktien ist bereits deswegen unmöglich, weil die Gesellschaft noch keine Rechtsfähigkeit erlangt hat und somit nicht Schuldnerin des Aktionärs sein kann. Es fehlt bereits das aus dem allgemeinen französischen Zivilrecht gemäß Art. 1291, 1290 C.C. erforderliche Merkmal der Gegenseitigkeit. Darüber hinaus wird die Mindesteinlage als ein notwendiges Umlaufvermögen verstanden, dass der Gesellschaft zu Beginn ihrer Tätigkeit zur Verfügung gestellt werden müsste, um den Geschäftsablauf zu sichern und einen Garantiefond zu bilden[166]. Es ist somit auch davon auszugehen, dass auch im französischen Recht eine vertragliche Abrede mit der Gesellschaft den Inferenten nicht von der Pflicht der Einzahlung seiner Mindesteinlage befreit.

(3) Aufrechnung mit der Restforderung

Ab der Eintragung im Handelsregister erlangt die Gesellschaft Rechtsfähigkeit. Die Aufrechnung nach zivilrechtlichen Vorschriften kann also erklärt werden.

(a) Aufrechnung als Bareinlage

Der Begriff der Bareinlage wird im französischen Recht ganz überwiegend weniger eng gesehen als im deutschen Recht. So wird die Umwandlung einer Forderung eines Gesellschafters gegen die Gesellschaft in Eigenkapital nicht als Sacheinlage, sondern als Bareinlage aufgefasst[167]. Es wird auch von einer Bareinlage durch Tilgung einer Forderung (par compensation avec sa propre créance) gesprochen[168].

---

163 Paris, 5. 7. 1984, Bulletin rapide de droit des affaires 1984/18, S. 18; 10. 3. 1988, Bulletin rapide de droit des affaires 1988/13, S. 6.
164 Dictionnaire permanent, Augmentation de capital, Nr. 19; *Mercedal/Janin*, Nr. 3599.
165 *Hansen*, S. 159.
166 *Hansen*, S. 151.
167 *Schwarz*, EuropGesellR, Rn. 594.
168 *Meilicke/Recq*, Rev. trim. dr. europ. 1991, 587ff.; *Hansen*, S. 156.

Eine gesetzliche Regelung, also ein Verbot der Aufrechnung sieht das französische Recht nicht vor. Und aus dem Schweigen des Gesetzes wird die Unzulässigkeit der Aufrechnung nicht gefolgert[169]. Das erscheint nicht sofort ersichtlich: Denn gerade die gesetzliche Erlaubnis der Aufrechnung bei der Kapitalerhöhung kann dafür sprechen, dass die Aufrechnung bei der Kapitalaufbringen nicht zulässig ist. Der Gesetzgeber hätte nämlich bei der Kapitalerhöhung die Aufrechnung explizit zugelassen. Da dies bei der Kapitalaufbringung nicht erfolgt sei, wäre hier die Aufrechnung unzulässig. Diese Argumentation wird aber im französischen Recht nicht erkennbar vertreten. Es ist vielmehr einhellige Meinung, dass die Anwendung des allgemeinen Zivilrechts, also die Regelung der Aufrechnung in Art. 1289 C.C. nicht ausgeschlossen werden kann[170].

(b) Aufrechnung als Sacheinlage

Zwar erscheint die Möglichkeit einer Aufrechnung unumstritten, allerdings ist zumindest in der französischen Literatur noch nicht eindeutig geklärt, ob die Aufrechnung mit einer Forderung Bar- oder Sacheinlage ist. Namentlich Guyon ist der Auffassung, dass die Aufrechnung mit der Restforderung zwar zulässig, aber nur unter den Voraussetzungen einer Sacheinlage möglich wäre. Guyon argumentiert, dass die Klassifizierung der Aufrechnung als Sacheinlage vorzugswürdig wäre, weil der Wert einer Forderung, mit der der Gesellschafter aufrechnen möchte, nicht einzig allein von ihrem Nominalwert abhängt, sondern ganz besonders auch von der Solvenz des Schuldners. Deswegen sei eine Bewertung notwendig[171]. Die in Deutschland vorherrschende Meinung zur Einbringung von Forderungen wird also im französischen Recht zumindest auch vertreten.

(c) Stellungnahme für Wahlrecht

Im französischen Recht spricht gegen die Klassifizierung der Forderungsaufrechnung als Sacheinlage ganz wesentlich die gesetzliche Bestimmung des Art. L228-7 Code de commerce in der eine Abgrenzung zwischen Bar- und Sacheinlagen gefasst wird. Die Aufrechnung fällt dabei ausdrücklich unter die Bareinlagen.

Allerdings ist die Einbringung einer Forderung damit nicht zwangsläufig als Bareinlage zu tätigen. Der Inferent hat ein Wahlrecht zwischen Bar- und Sacheinlage. Dabei sind die unterschiedlichen Einbringungsanforderungen zu beachten. Es wird aber auch darauf hingewiesen, dass die Einbringung der Forderung als Sacheinlage ein Rechtsmissbrauch darstellen kann. Rechtsmissbräuchlich

[169] Versailles, 25. 10. 1990, Bulletin mensuel d'information des sociétés (Joly) 1991, 76 (78); *Hansen*, S. 153.
[170] *Guyon*, Nr. 106.
[171] *Guyon*, Nr. 106 ; *Meilicke/Recq*, Rev. trim. dr. europ. 1991, 587 (603).

wird die Einbringung als Sacheinlage dann gewählt, wenn einziger Zweck der Auswahl der Bezugsrechtsausschluss der übrigen Aktionäre ist[172].
Damit wird bereits angedeutet, was in Zukunft für das Kapital der Europäischen Gesellschaften gelten wird: Nicht der Gläubigerschutz wird Hauptzweck des Gesellschaftskapitals sein, sondern die exakte Abgrenzung der Beteiligungsverhältnisse der Gesellschafter und damit ihre Einflussmöglichkeit auf die Geschicke der Unternehmung. Ein gesetzlich starr festgelegtes Eigenkapital als Garantiekapital kann nämlich schwerlich die Funktion eines Gläubigerschutzes wirksam übernehmen. Ein Start-up-Unternehmen etwa hat wenige eigene Gläubiger. Für ein solches Unternehmen erfüllt dieses Kapital eine echte Gläubigerschutzfunktion. Allerdings stellt die Kapitalaufbringung für die Unternehmer eine echte Hürde für die Schaffung einer solchen Gesellschaftsform dar. Anders liegt der Fall bei einer hochtechnologisierten Unternehmung, die alleine für Forschung und Entwicklung Unmengen an Kapital braucht und dementsprechend viele Gläubiger hat. Ein gesetzliches Mindesthaftkapital ist in diesem Falle für den Gläubigerschutz völlig ungeeignet. Doch dazu später mehr.

(4) Anforderungen an die Aufrechnung

An die Einbringung einer Forderung als Bareinlage sind dafür aber zusätzliche Anforderungen gestellt.

(a) Hauptversammlungsbeschluss

Diese besonders ausgestaltete Form der Bareinlage bedarf nach der Rechtsprechung des Kassationshofes eines ausdrücklichen Beschlusses der Hauptversammlung. Die Hauptversammlung muss ausdrücklich eine Erhöhung durch Umwandlung von Forderungen in Kapital, und nicht etwa eine Barkapitalerhöhung beschließen. Der Beschluss einer Barkapitalerhöhung würde die Umwandlung von Forderungen in Eigenkapital unzulässig machen[173]. Insofern entsprechen die Anforderungen denjenigen, die das deutsche Kapitalaufbringungsrecht an die Sacheinlagen stellt. Im französischen Recht ist allerdings ausreichend, wenn die Hauptversammlung die Einzahlung von Bareinlagen durch Einbringung von Forderungen ausdrücklich zulässt. Denn ein Beschluss einer Barkapitalerhöhung würde die Einbringung von Forderungen ausschließen[174].
Diese Rechtsprechung wird von der Literatur kritisiert. Zunächst wird darauf hingewiesen, dass durch den Beschluss einer Barkapitalerhöhung ohne weitere Angaben die Aufrechnung nicht ausgeschlossen werden könne. Der Begriff

---

[172] *Hansen*, S. 154.

[173] Cour de cassation, Chambre civil, Section commercial, 10. 2. 1969, Revue des sociétés 1970, 113.

[174] Cour de cassation, Chambre civil, Section commercial, 11. 4. 1970, Jurisclasseur périodique. La semaine juridique 1970, II, Art. 16393.

Barkapitalerhöhung (apports en numéraire) stellt lediglich eine Abgrenzung zur Sacheinlage dar[175]. Die Einbringung einer Forderung sei aber eine Bareinlage[176]. Teilweise wird weiterhin angezweifelt, ob die Hauptversammlung die Befugnis habe, eine Einbringung von Forderungen auszuschließen. Mit dem Ausschluss würde nämlich die Verpflichtung des Inferenten gegenüber der Gesellschaft erhöht werden[177]. Dieses letzte Argument ist nicht unbestritten. Es wird dagegen gehalten, dass nicht die Verpflichtung erhöht, sondern lediglich die Rechte eingeschränkt werden, und dies müsse nach den Grundsätzen der Vertragsfreiheit und der Disposition von Rechtsnormen möglich sein[178].
Zumindest das erste Argument erscheint aber stichhaltig. Es wird nicht akzeptiert, dass, wenn die Einbringung einer Forderung im Rahmen einer Barkapitalerhöhung möglich ist, diese auch nicht von einer ausdrücklichen Zulassung durch die Hauptversammlung abhängig gemacht werden müsste. Denn die oben zitierte Rechtsprechung führe dazu, dass neben der Barkapitalerhöhung und der Sachkapitalerhöhung eine weitere Form der Kapitalerhöhung eingefügt wird, das schwerlich gewollt wäre[179]. Auch wenn diese Sichtweise wohl etwas weit zu gehen scheint, bleibt festzuhalten, dass nicht sicher ist, ob die Rechtsprechung einen solchen ausdrücklichen Beschluss heute noch fordern würde.

(b) Anforderungen an die Forderung

Aus Gründen des Aktionärs- und Gläubigerschutzes muss die Forderung gegen die Gesellschaft gemäß Art. L225-127 Absatz 2 Code de commerce zunächst unbestritten (liquides) und durchsetzbar (exigibles) sein. Schließlich muss die Forderung des einbringenden Gesellschafters gegen die Gesellschaft, auch wenn sie als Bareinlage eingebracht werden soll, Gegenstand eines Rechnungsabschlusses sein. Der Rechnungsabschluss ist vom Verwaltungsrat oder Direktorium der Gesellschaft aufzustellen und zusätzlich von einem Prüfer als zutreffend zu bestätigen[180].
Die Anforderungen an die Einbringung einer Forderung gegen die Gesellschaft unterliegen somit gleich effektiven Aktionärsschutzvorschriften wie die Sacheinlage. Auch dem Gläubigerschutz ist insoweit Rechnung getragen, dass eine Wertprüfung erfolgt. Allerdings ist die Einbringung einer Forderung nicht in die Satzung aufzunehmen, so dass diese Publizitätspflicht entfällt. Insofern entsteht dem Einleger einer Forderung ein Vorteil gegenüber dem Sacheinleger.

---

175 *Moreau/Guyénot*, Nr. 2708.
176 Dictionnaire Joly, Augmentation de Capital, Nr. 157 ; *Storck*, Juriscl. soc., fasc. 103, Nr. 27.
177 *Bernard*, Jurisclasseur périodique. La semaine juridique 1969, II, Art. 15998.
178 Paris, 23. 10. 1992, Revue des sociétés 1993, 130; *Storck*, Juriscl. soc., fasc. 103, Nr. 27.
179 *Hansen*, S. 158.
180 *Ripert/Roblot*, Nr. 1946-1; *Einsele*, NJW 1996, 2681 (2685).

Noch umstritten ist allerdings die Frage, ob die Forderung auch vollwertig, also aus dem Vermögen der Gesellschaft realisierbar, sein muss.

(aa) Vollwertigkeit der Forderung

Einer Meinung nach muss die Forderung des Inferenten vollwertig sein. Die Meinung stützt sich insbesondere auf ein Urteil[181], dass bei einer Kapitalerhöhung durch Umwandlung eines Kontokorrents des Mehrheitsgesellschafters diesen aufrechnenden Gesellschafter in der auf die Kapitalerhöhung folgenden Insolvenz der Gesellschaft gemäß Art. 182 Ldu 25. 1. 1985 mithaften ließ. Denn, so führt das Gericht aus, durch die Kapitalerhöhung ohne Vornahme einer vorherigen Kapitalherabsetzung sei für Dritte der Anschein geschaffen worden, die Gesellschaft wäre saniert. Zwar erging das Urteil zu einer S.A.R.Lund nicht zu einer SA, allerdings besteht Einigkeit darüber, dass für eine Gesellschaft deren Eigenkapital in frei handelbare Anteile zerlegt ist, wie das auch bei der SE der Fall sein wird, nichts anders gelten soll[182].

Es wird teilweise bestritten, dass sich das Urteil überhaupt mit der Vollwertigkeit der Forderung auseinandersetze. Vielmehr sei bei dem zugrunde liegenden Fall eine Sachkapitalerhöhung beschlossen worden, bei denen das Prüfungsverfahren nicht eingehalten wurde[183].

Allerdings hatte die Hauptversammlung explizit eine Kapitalerhöhung durch Umwandlung einer Gesellschafterforderung beschlossen. Mithin spricht einiges dafür, dass die Gesellschafter nur den Anforderungen in Form eines Hauptversammlungsbeschlusses, die die Rechtsprechung an eine Forderungseinbringung stellen, genügen wollten. Es ist folglich nicht ersichtlich, wieso gerade hier eine Sachkapitalerhöhung vorliegen sollte. Vielmehr bemängelt der Kassationshof, dass der Wert der Forderung im Rahmen des Einbringungsverfahrens nicht überprüft wurde. Damit ist allerdings noch nicht bestätigt, dass lediglich vollwertige Forderungen eingebracht werden können. Das Urteil selber geht auf diese Frage nicht weiter ein. Es erscheint deswegen auch möglich, berücksichtigt man den Sachverhalt, dass der Kassationshof lediglich die krassen Fälle, in denen missbräuchlich der Anschein einer Sanierung erweckt wird, sanktionieren wollte[184].

Lediglich ein weiteres Gericht stützt sich in einer Entscheidung erkennbar auf das Urteil des Kassationshofes. In dem dieser Entscheidung zugrunde liegenden Sachverhalt hatte der Inferent die Aufrechnung mit einer nicht vollwertigen

---

181 Cour de cassation, Chambre civil, Section commercial, 3. 2. 1976, Defrénois, 1976, Art. 31260, S. 1473.
182 *Andrieux/Direz*, Nr. 1320.
183 *Mercedal/Janin*, Nr. 2079.
184 *Hansen*, S. 165.

Kontokorrentforderung erklärt. Das Gericht forderte die Einschaltung eines Sacheinlageprüfers bei der Einbringung[185].

In der Literatur findet das Urteil teilweise Zustimmung: Es wird ähnlich wie im deutschen Recht darauf hingewiesen, dass der Gesellschaft kein reales Vermögen zukomme und die Gläubiger dadurch getäuscht werden. Wenn die finanzielle Situation der Gesellschaft allerdings gesund sein sollte, die Gesellschaft also solvent wäre, spricht nichts gegen die Einbringung einer Forderung. Wenn aber die Passiva der Gesellschaft größer als deren Aktiva sind, sollte eine Wertprüfung der Aufrechnung erfolgen. Teilweise wird gefordert, dass eine solche Forderungseinbringung nur als Sacheinlage erfolgen könnte[186]. Aber auch wenn die Forderung nicht als Sacheinlage eingebracht werden sollte, habe zumindest eine Bewertung der Forderung nach Vorschlag des Direktoriums der Gesellschaft durch Wirtschaftsprüfer stattzufinden. Über die Bewertung wäre eine Bescheinigung auszustellen (Art. D. 166). Anschließend sollte von den Wirtschaftsprüfern oder einem Notar gemäß Art. L225-146 Code de commerce festgestellt werden, dass eine Einzahlung durch Forderungseinbringung erfolgt ist[187].

(bb) Keine Vollwertigkeit der Forderung

Die wohl in Frankreich herrschende Meinung scheint eine solche Vollwertigkeit der Forderung nicht zu verlangen. Diese Meinung stützt sich insbesondere auf zwei Urteile des Kassationshofes. Im ersten Urteil aus dem Jahre 1972 beschloss eine überschuldete S. A. R. L. eine Barkapitalerhöhung, die durch teilweise Umwandlung des Kontokorrents der Mehrheitsgesellschafterin erfolgte. Eine Wertprüfung der Forderung fand nicht statt, die Sanierung der Gesellschaft verlief aber erfolgreich[188].

Teilweise wird die Ansicht vertreten, dass das Urteil nicht für die Zulässigkeit der Aufrechnung mit einer nicht vollwertigen Forderung spricht. Denn immerhin habe der Inferent neben seiner Forderung auch frisches Geld eingebracht. Neben der Kapitalerhöhung wurde auch eine Kapitalherabsetzung beschlossen. Es wird argumentiert, dass der Gesellschaft, wenn die Forderungen zu ihrem wirtschaftlichen Wert eingebracht worden wäre, im Ergebnis nicht mehr Kapital zum Gläubigerschutz zur Verfügung stehen würde. Zwar hätte das Kapital geringer erhöht werden müssen, aber auch die Kapitalherabsetzung wäre niedriger ausgefallen, weil ein Teil der Verluste bereits durch Einbringung der Forderung und damit Tilgung dieser Forderung gegen die Gesellschaft, ausgeglichen worden wäre. Im Übrigen sei die Sanierung der Gesellschaft erfolgreich verlaufen, so dass es nach Ansicht des Gerichts unbillig gewesen wäre, die Kapitalerhöhung

---

185 Versailles, 25. 10. 1990, Bulletin mensuel d'information des sociétés (Joly) 1991, 76 (78).

186 *Meilike/Recq*, Rev. trim. dr. europ. 1991, 587 (603).

187 *Guyon*, Nr. 436-1.

188 Cour de cassation, Chambre civil, Section commercial, 7. 2. 1972, Revue des sociétés 1973, 297.

wegen der Umgehung der Sacheinlagevorschriften für nichtig zu erklären und die Inferenten noch einmal zahlen zu lassen. Die Entscheidung des Gerichts sei also keine dogmatische, sondern aus praktischen Gesichtspunkten motiviert und nicht geeignet, die weiteren Anforderungen an die Einbringung von Forderungen zu bestimmen[189].

Allerdings bleibt zu erwähnen, dass bereits zu Beginn der Diskussion um die Einbringung einer nicht vollwertigen Forderung von einer Täuschung des Rechtsverkehrs gesprochen wurde, wenn das Kapital der Gesellschaft lediglich durch die Umwandlung der Forderung erhöht werden würde. Vielmehr müsse eine vorherige Kapitalherabsetzung erfolgen[190]. Genauso gingen die Gesellschafter in dem oben genannten Fall vor. Daraus kann durchaus geschlossen werden, dass sowohl die Gesellschafter als auch der Kassationshof mit dem Urteil genau diese Anforderungen an die Einbringung der Forderung stellen wollten.

Auch in einem zweiten Urteil des Kassationshofes aus dem Jahre 1994 wurde bei einem ähnlichen Sachverhalt, bei dem zunächst eine Kapitalherabsetzung und anschließend eine Erhöhung des Kapitals in Form der Forderungseinbringung erfolgte, diese Einbringung der an sich nicht vollwertigen Forderung zugelassen. Auch in diesem Fall erhielt die Gesellschaft noch andere Mittel und die Sanierung verlief erfolgreich[191].

Die französische Literatur scheint größtenteils mit diesen beiden Urteilen ebenfalls der Überzeugung zu sein, dass eine Vollwertigkeit der Forderung bei der Einbringung von Einlagen nicht verlangt werden könne. Die Sichtweise stützt sich zunächst auf den Wortlaut der Artt. 225-127 Absatz 2 und 225-146 Code de commerce, die die Vollwertigkeit der Forderung nicht verlangen und eine Wertprüfung lediglich für die Sacheinlagen vorsehen[192]. Es bestünde darüber hinaus kein Unterschied zwischen der Einzahlung der Bareinlage durch Aufrechnung mit einer Forderung und der Einzahlung der Einlage. Denn sowohl durch die Einzahlung als auch durch den Wegfall der Forderung aus der Bilanz verbessere sich die finanzielle Situation der Gesellschaft und somit die Lage der übrigen Gläubiger und Aktionäre[193]. Teilweise wird sogar die Umwandlung einer Forderung gegen die Gesellschaft gegenüber der Bareinlage als für die Sanierung vorzugswürdig angesehen. Denn erstens verliert der Inferent damit seinen Anspruch auf Rückzahlung des Fremdkapitals, und zweitens vergrößere sich damit die Haftungsgrundlage in Form des Eigenkapitals[194]. Müsste der Gläubiger dagegen

---

[189] *Andrieux/Direz*, Nr. 1320 ; *Bosvieux*, J. Soc. 1973, 122; *Hansen*, S. 162f.

[190] *Thaller*, Ann. 1907, 177 (183f., Fn. 1).

[191] Cour de cassation, Chambre civil, Section commercial, 17. 5. 1994, Jurisclasseur périodique. La semaine juridique 1994, IV, Art. 1826.

[192] *Pontavice*, Revue des sociétés 1973, 302 (304) ; *Storck*, Juriscl. soc., fasc. 102, Nr. 206.

[193] *Bosvieux*, J. Soc. 1973, 122 (126).

[194] *Pontavice*, Revue des sociétés 1973, 302 (305).

den Wert der Forderung herabsetzen, um sein Fremdkapital zum Eigenkapital zu machen, könne dies dazu führen, dass er sich weigert, die Forderung umzuwandeln. Dieses könne schwerlich den Gläubigern der Gesellschaft zugute kommen[195].

Grenze der Möglichkeit der Einlage durch Aufrechnung mit einer Forderung gegen die Gesellschaft besteht lediglich im Falle eines Rechts- oder Mehrheitsmissbrauchs. Ein solcher Missbrauch liegt vor, wenn eine Entscheidung der Aktionäre das Ziel hat, einem Aktionär das ihm unter normalen Umständen zustehende Recht aus seiner Mitgliedschaft zu entziehen[196].

(cc) Stellungnahme und Ausblick

Damit bleibt festzuhalten, dass im französischen Recht die Anforderungen an die Vollwertigkeit der Forderung auch von der Rechtsprechung nicht einheitlich beurteilt werden. Bei einer nicht vollwertigen Forderung sollte die Forderung im Wege der Sacheinlage in die Gesellschaft eingebracht werden, um das Risiko von Nachforderungen zu minimieren. Aber auch die vorherige Kapitalherabsetzung sollte ausreichen, um eine spätere Haftung des Inferenten auszuschließen[197].

Bei dieser Sichtweise wird deutlich, dass das Verständnis des Kapitals in der Gesellschaft im französischen Recht lediglich als Haftungsgrundlage, nicht aber als Anzeige der Beteiligung der Aktionäre an der Gesellschaft und folglich der Einflussnahmöglichkeit auf die Gesellschaft aufgefasst wird. Einen Schutz vor Verwässerung der Anteile der Gesellschafter strebt das französische Kapitalaufbringungsrecht nicht an. Minderheitenschutz wird vom französischen Recht vernachlässigt. Diese Sichtweise scheint einer modernen Auffassung des Kapitals der Kapitalgesellschaften nicht mehr gerecht. Es ist abzuwarten, inwieweit sich französische Gerichte in Zukunft anderes verhalten werden.

Festzuhalten ist aber, dass bei Bestehen der Vollwertigkeit der Forderung diese problemlos als Bareinlage eingezahlt werden können und folglich die Bewertungsvorschriften der Sacheinlagen nicht einzuhalten sind.

Nach der herrschenden Meinung werden die eingebrachten Forderungen eines Gesellschafters also auch dann Eigenkapital der Gesellschaft, wenn bereits eine Unterbilanz besteht[198]. Auch wenn die Verluste der Gesellschaft deren Vermögen bereits überschreiten, ist der Einleger der Forderung somit von seiner Einlageschuld befreit.

---

[195] *Cordier*, Nr. 1-97.
[196] Dictionnaire Joly, Augmentation de capital, Nr. 157.
[197] *Hansen*, S. 170.
[198] *Einsele*, NJW 1996, 2681 (2685).

(5) Keine Aufrechnung ab Zeitpunkt der mutmaßlichen Zahlungseinstellung

Die Tilgung der Einlageschuld durch Aufrechnung ist dann nicht mehr möglich, wenn erst nach der Eröffnung des Insolvenzverfahrens die Voraussetzungen für die Aufrechnung eintreten[199].

Aber auch die Aufrechnung, die vor Insolvenzeröffnung erklärt wurde, kann nichtig sein oder annulliert werden. Das Gericht setzt nämlich mit der Insolvenzeröffnung das Datum der mutmaßlichen Zahlungseinstellung fest. Dieses Datum kann bis zu 18 Monate vor der Eröffnung des Insolvenzverfahrens liegen. Anormale Zahlungen, die innerhalb dieses Zeitraums (période suspecte) getätigt wurden, und zu denen auch die Zahlungen im Rahmen einer vertraglichen Aufrechnungen gehören, sind gemäß Art. 107 Ldu 25. 1. 1985 verboten. Die gesetzliche Aufrechnung ist in dieser période suspecte nach Art. 108 Ldu 25. 1. 1985 nichtig, wenn der Aktionär von der Zahlungseinstellung Kenntnis gehabt hat.

d) Englischer Companies Act 1985

aa) Die Bareinlage

Die Einzahlung der Bareinlage im englischen Recht kann durch alle gesetzlichen Zahlungsmittel, sogar in ausländischer Währung, vorgenommen werden, s. 738 (2) und (4) Companies Act 1985. Die Einlage kann mit sämtlichen umlauffähigen Wertpapieren, die auf Geld lauten und einen Anspruch gegen ihren Anteilszeichner verbriefen, vorgenommen werden[200]. Die Erfüllungswirkung tritt mit tatsächlichen Zahlungen ein, ansonsten wird die Einzahlung mit Wirkung ex tunc nichtig und die Aktien der Gesellschaft werden als nicht eingezahlte Aktien (nil paid shares) oder zu einem geringeren Betrag eingezahlte Aktien (shares paid up to a lesser amount) bezeichnet[201]. Der Inferenten einer solchen Einlage haftet persönlich[202]. Die Einbringung einer Zahlungsforderung gegen einen Dritten ist allerdings keine Bareinlage. Für die Einbringung einer solchen Forderung sind die Anforderungen an eine Sacheinlage einzuhalten[203].

bb) Einbringung von Forderungen

Die Aufrechnung einer Bareinlageverpflichtung mit einer Geldschuld der Gesellschaft ist im englischen Recht möglich. Auch hier ist die Einbringung einer

---

199 Tribunal de commerce Seine, 29. 1. 1959, Le Quotidien juridique 1959, Nr. 62, S. 3 (4); Paris, 3. 11. 1982, Bulletin rapide de droit des affaires 1983/3, S. 12; *Meilicke*, DB 1989, 1067 (1070).

200 *Pennington*, S. 168.

201 *Pennington*, S. 172.

202 *Pennington*, S. 376f.

203 System Control plc v Munro Corporate plc (1990) BCLC 659; Pennington, S. 182.

Forderung eines Gesellschafters gegen die Gesellschaft Bareinlage[204]. Die Umwandlung einer Forderung in Eigenkapital der Gesellschaft ist in s. 738 (2) Companies Act 1985 auch gesetzlich geregelt. Die Forderung gegen die Gesellschaft kann aus jedem beliebigen Vertrag mit der Gesellschaft resultieren[205]. Das beinhaltet auch die Forderung eines Organs der Gesellschaft aus seinen Dienstleistungsverträgen[206]. Es ist nicht einmal notwendig, dass die Forderung gegen die Gesellschaft eine Forderung des Inferent ist. Ausreichend ist vielmehr, dass der Inhaber der Forderung sich mit der Gesellschaft einigt, dass seine Forderung als Einlage des Inferenten gelten soll[207].

(1) Anforderungen an die Forderung

Voraussetzung dafür ist allerdings wie im deutschen Recht, dass die Forderung des Gesellschafters liquide (unbestritten) und fällig ist. Darüber hinaus muss die Gesellschaft dieser Form der Einlageleistung zustimmen[208].

(a) Zustimmung der Gesellschaft

Zunächst ist das Erfordernis der Zustimmung der Gesellschaft zur Aufrechnung gegen eine Forderung der Gesellschaft näher zu betrachten. Was passiert also, wenn die Zustimmung der Gesellschaft unterbleibt? Solange die Gesellschaft der Einlage einer Forderung nicht zustimmt, kann sowohl die Gesellschaft, als auch der Verwalter in einer eventuellen Insolvenz der Gesellschaft, den Betrag der Einlage in voller Höhe einklagen.

Die Aufrechnungserklärung des Einlegers hätte folgende Wirkung: Bei einer Klage der solventen Gesellschaft auf Einzahlung des Einlagebetrages würde die Klage in Höhe der geschuldeten Forderung abgewiesen und die Einlage als in bar eingezahlt gelten. Es ist also nicht einmal erforderlich, dass eine Zustimmung der Gesellschaft zu der Einlage stattfindet. Nur der über die Forderung hinausgehende Betrag müsste eingezahlt werden, insofern hätte die Klage Erfolg. Bei der insolventen Gesellschaft oder der Gesellschaft in Liquidation würde der gesamte Einlagebetrag als nicht geleistet gelten[209]. Der Liquidator könnte also den gesamten Betrag der Einlage einfordern und der Einleger hätte in bar zu

---

[204] Re Harmony and Montague Tin and Copper Mining Co, Spargo's Case (1873) 8 Ch App 407, 412; Re Limehouse Works Co, Coates' Case (1873) LR 17 Eq 169; Larocque v Beauchemin [1897] AC 358; Pennington, S. 168f.

[205] Re Paraguassu Steam Tramway Co, Adamson's Case (1874) LR 18 Eq 670.

[206] Re Regent United Service Stores, ex p Bentley (1879) 12 ChD 850.

[207] Re Paraguassu Steam Tramroad Co, Ferrao's Case (1874) 9 Ch App 355; Re Barrow-in-Furness and Northern Counties Land and Investment Co (1880) 14 ChD 400; Re Jones, Lloyd & Co (1889) 41 ChD 159; North Sydney Investment and Tramway Co v Higgins [1899] AC 263; Pennington, S. 169.

[208] Re Government Security Fire Insurance Company, White's Case (1879) 12 ChD 511-522, 517.

[209] Re Hiram Maxim Lamp Co [1903] 1 Ch 70.

leisten[210]. Die Gefahr der Nichtvornahme einer Zustimmung der Gesellschaft zur Aufrechnung besteht also im Falle der Insolvenz der Gesellschaft. Möchte der Einleger nicht in die Verlegenheit kommen, seine Einlage noch einmal leisten zu müssen, wird er die Zustimmung der Gesellschaft anstreben.

(b) Fälligkeit der Forderungen

Die Forderung gegen die Gesellschaft hat fällig (immediately payable) zu sein. Die Verrechnungsabrede über eine nicht fällige Forderung gegen die Gesellschaft wurden als Sacheinlage gesehen, so dass die Verrechnungsvereinbarung beim Gesellschaftsregister zu hinterlegen wäre[211]. Durch die Aufnahme der Vorschriften über die Wertprüfung von Sacheinlagen in s. 738 (2) Companies Act 1985 als Umsetzung der Kapitalrichtlinie ins englische Recht wird teilweise vorgebracht, dass die Fälligkeit der Forderung gegen die Gesellschaft nicht mehr notwendig ist[212]. Für diese Sichtweise gibt der Wortlaut der Vorschrift aber nichts her. Nach allgemeiner Meinung ist die Forderung gegen die Gesellschaft weiterhin fällig zu stellen[213].

(c) Keine Vollwertigkeit der Forderung

Im Falle der Insolvenz oder Liquidation der Gesellschaft kann sich der Einleger hinsichtlich der noch nicht geleisteten Einlagen nicht auf die Verrechnungsabrede berufen. Die Resteinlagen sind in voller Höhe einzuzahlen[214]. Das bedeutet aber andererseits, dass die Vollwertigkeit der Forderung im Zeitpunkt der Aufrechnung nicht erforderlich ist. Einzig erforderlich ist die Zustimmung der Gesellschaft zur Aufrechnung mit einer fälligen Forderung. Es macht auch keinen Unterschied, zu welchem Zeitpunkt die Forderung entstanden ist[215].

(2) Keine Fälligkeit der Einlageverpflichtung

Nicht Voraussetzung für die Wirksamkeit der Verrechnungsabrede ist die Fälligkeit der Einlageverpflichtung. Bei einer Teilzahlungsvereinbarung, etwa bei Dienstleistungsverträgen, tritt die Fälligkeit im englischen Recht sukzessive mit der Fälligkeit der einzelnen Raten ein. Ansonsten stellen die zuständigen Organe (directors) die Einlagen durch Abruf der Zahlungen (called up capital) fällig. Besteht somit eine Verrechnungsabrede zwischen Gesellschaft und Einleger, so

---

210 Re Overend, Gurney & Co., Grissell's Case (1866) 1 Ch App 528-537; Re General Works Co., Gill's Case (1879) 12 ChD 755-758; Pennington, S. 169.

211 *Meilicke*, DB 1998, 1067 (1070, unter Berufung auf Re Johannisburg Hotel Co (1891) 1 Ch. 119, 129; Laroque v. Beauchemin (1897) A.C. 358; North Sydney Investments, etc. Co. v. Higgins (1899) A.C. 263.

212 *Meilicke*, DB 1998, 1067 (1070).

213 *Pennington*, S. 169.

214 Re Paraguassu Steam Tramroad Co, Black & Co's Case (1872) 8 Ch App 254; Re Johannesburg Hotel Co, ex p Zoutpansberg Prospecting Co [1891] 1 Ch 119.

215 *Gansen*, S. 37.

wird die Einlage beim Dauerschuldverhältnis mit Fälligkeit der einzelnen Beträge geleistet[216].

e) Analyse

Die Darstellung der unterschiedlichen Rechtskreise hat gezeigt, dass die Umsetzung der Kapitalrichtlinie nicht einheitlich erfolgt ist. Während nach der einheitlichen deutschen höchstrichterlichen Rechtsprechung die Einbringung von Forderungen gegen die Gesellschaft nur in Form der Sacheinlage vorzunehmen ist, ist in der französischen Rechtsprechung umstritten, ob eine solche Einbringung in Form der Bar- oder Sacheinlage zu erfolgen hat. Die herrschende Meinung in Rechtsprechung und Literatur geht allerdings bei der Einbringung von Forderungen von einer Bareinlage aus. In England schließlich kann eine Forderung stets als Bareinlage eingebracht werden. Das bedeutet gleichwohl nicht, dass die Umsetzung in einem der Mitgliedstaaten rechtsfehlerhaft geschehen ist. Denn, wie der BGH festgestellt[217] hat, stellt die Richtlinie nur einen Mindeststandard dar, so dass die Mitgliedstaaten insgesamt zu unterschiedlichen Regelungen kommen können, ohne gegen die Pflicht zur Umsetzung zu verstoßen. Diese, vor mehr als einem Jahrzehnt ausgiebig diskutierte Frage, kann als für den Moment entschieden gelten, auch wenn eine Entscheidung des EuGH noch aussteht. In Teilen der Literatur wird allerdings noch damit gerechnet, dass der BGH bei der nächsten Gelegenheit die Frage nach den Anforderungen, die die Kapitalrichtlinie an die gesetzlichen Regelungen der Mitgliedstaaten stellt, dem EuGH zur Vorentscheidung nach Art. 234 EGV vorliegen wird[218], so dass eine andere Sichtweise zumindest nicht ausgeschlossen werden kann.

Genauso wenig, wie in Deutschland eine Verletzung der Umsetzung der Kapitalrichtlinie angenommen werden kann, liegt eine solche Verletzung in einem anderen Mitgliedstaat vor. Die Richtlinie legt nicht zweifelsfrei fest, ob die Einbringung einer Forderung Bar- oder Sacheinlage ist. Von einer Verletzung der Mindestanforderungen in anderen Mitgliedstaaten ist also nicht auszugehen.

Auch nach Erlass der Kapitalrichtlinie bestehen also Unterschiede in den Regelungen der Kapitalaufbringung der nationalen Rechte der Mitgliedstaaten. Europarecht ist nicht verletzt, so dass eine Angleichung über den EuGH nicht zu erwarten ist. Mithin entwickelt sich das nationale Gesellschaftsrecht eines Mitgliedstaats zu einem Standortvorteil. Gerade jetzt, wo sich die Europäische Gesellschaftsform Societas Europaea dazu eignet, eine Europäische Unternehmung in einem beliebigen Mitgliedstaat zu gründen, und von dort aus im Europäischen Raum zu operieren, könnten sich diese Vorteile einzelner Mitgliedstaaten auswirken. Gegen diese Auswirkungen kann auch nicht argumentiert werden, dass eine andere Sichtweise einzelne Subjekte, etwa Gläubiger der Gesellschaft, um-

---

216 *Pennington*, S. 170.

217 BGH, 110, 47 (68ff.).

218 MüKoAktG-*Pentz*, § 27 Rn. 87.

fangreicher schützen würde. Denn die Gesellschaft kann auch in einem anderen Land der EU gegründet worden sein, und mithin das für den Unternehmer günstigere Recht der Kapitalaufbringung wahrgenommen haben. Ein Gläubigerschutz findet auch für den nationalen Gläubiger nicht mehr statt.
Gerade die in England bestehende Möglichkeit der Einbringung von Forderungen für Dienstleistungen gegen die Gesellschaft, die als Organ der Gesellschaft verrichtet wurden, markiert einen eklatanten Unterschied zum deutschen Kapitalaufbringungsrecht. Im deutschen Recht ist eine solche Forderung nicht einmal als Sacheinlage einzubringen, weil das Verbot der Einbringung von Dienstleistung auch bei diesen Forderungen eingreift[219]. Die Einbringung von Forderungen für Dienstleistungen kann aber sowohl für junge Start-up-Unternehmen, als auch für hochspezialisierte Unternehmen sehr attraktiv sein. Auch die Sanierungen von Gesellschaften erscheint durch die Möglichkeit der Forderungseinbringung sowohl in Frankreich als auch in Großbritannien deutlich attraktiver. Das Kapitalaufbringungsrecht kann somit zum Standortvorteil für die Gründung einer Societas Europaea innerhalb in der Europäischen Union werden.

3. Gründung durch Sacheinlage

a) Kapitalrichtlinie (77/91/EWG; Richtlinie)

Sacheinlagen sind Einlagen, die nicht Bareinlagen sind (Art. 9 Absatz 2 und Art. 10 Absatz 1 Richtlinie). Sacheinlageverpflichtungen sind auf die Erbringung anderer Leistungen gerichtet. Bei Sacheinlagen ist der Grundsatz der Kapitalaufbringung besonders gefährdet, weil eventuell Leistungen erbracht werden, die nicht werthaltig oder überbewertet sind[220].

aa) Begriff der Sacheinlage

Laut Art. 7 Richtlinie darf es sich auch bei diesen Einlagen nur um solche Vermögensgegenstände handeln, deren wirtschaftlicher Wert feststellbar ist, nicht aber Verpflichtungen zu Arbeits- oder Dienstleistungen. Die Regelung differenziert nicht zwischen Dienstleistungen des Gründers und solchen Dritter. Der Wortlaut umfasst somit sämtliche Dienstleistungen gleich welcher Personen. Eine solche weite Auslegung wird dem Schutzzweck der Norm am ehesten gerecht. Das Verbot umfasst also nicht nur Dienstleistung der Gründer, sondern auch solche Dritter. Auch gegen Dritte gerichtete Forderungen auf Erbringung von Diensten können mithin nicht eingebracht werden[221].

---

[219] Siehe unten: <u>C. III. 5. b) bb) (1) (c) Mittelverwertung für Dienstleistungsforderungen der Gründer (Neuforderungen)</u>, BGH, NJW 1979, 216.
[220] *Hüffer*, § 27 Rn. 1; *Schwarz*, EuropGesellR, Rn. 585.
[221] *Schwarz*, EuropGesellR, Rn. 586.

Wie die obige Darstellung[222] gezeigt hat, können aber sowohl in Frankreich, als auch in Großbritannien für die Dienstleistungen erlangten Vergütungsforderungen gegen die Gesellschaft als Forderungen eingebracht werden. In Großbritannien ist dies sogar unumstritten als Bareinlage möglich.

bb) Festsetzung in der Satzung

Der Gegenstand der Sacheinlagen, der Nennbetrag der Aktien oder die Zahl der Aktien, die als Gegenleistung für die Einlage ausgegeben werden, also der Einbringungswert und die Namen des Einlegers sind gemäß Art. 3 lit. h Richtlinie in die Satzung oder ein gesondertes Schriftstück aufzunehmen. Die Vereinbarung der Einbringung von Sacheinlagen ist also nicht notwendigerweise in die Satzung aufzunehmen. Die Satzung, sofern sie eine solche Vereinbarung enthält, oder das gesonderte Schriftstück ist dann aber gemäß Art. 3 Richtlinie nach Maßgabe des Art. 3 der Publizitätsrichtlinie zu veröffentlichen. Damit wird die Abweichung von dem Regelfall der Bargründung zum Schutze der Gläubiger und künftigen Aktionäre publik gemacht[223].

cc) Erbringung der Sacheinlagen

Sacheinlagen müssen gemäß Art. 9 Absatz 2 Richtlinie innerhalb von fünf Jahren nach der Gründung der Gesellschaft vollständig geleistet werden.

dd) Wertprüfung

Der Gegenstand der Sacheinlage ist nach Art. 10 Absatz 1 bis 3 Richtlinie einer unabhängigen und sachverständigen Wertprüfung zu unterziehen. Die Sachverständigen haben einen Bericht zu erstellen, der zu veröffentlichen ist. Dadurch soll zunächst sichergestellt werden, dass das Kapital durch mindestens gleichwertige Aktiva gedeckt ist. Sacheinlagen bergen aber auch für diejenigen Aktionäre, die Bareinlagen übernommen haben, Risiken. Die mitgliedschaftlichen Rechte in der Gesellschaft orientieren sich an der Höhe der übernommenen Einlage. Sollte eine Einlage durch eine Überbewertung des Sachwertes weniger Wert sein als eine andere Sacheinlage oder gar eine Bareinlage, hätte das den Effekt einer Quersubventionierung des Einlegers durch die anderen Aktionäre zur Folge[224]. Die Überprüfung der Sacheinlage und deren anschließende Publizität sorgt dafür, dass externe Gläubiger die Kapitallage der Gesellschaft besser bewerten können. Wenn aber die Prüfer den Wert der Einlagen nicht verbindlich feststellen dürfen, könnte der Schutz für die übrigen Aktionäre, vor allem die mit Minderheitsbeteiligungen, leer laufen. Erdenkbar ist etwa ein Vorgang, bei dem der Mehrheitsaktionär eine Sache einbringt, deren Bewertung angemessen,

---

[222] Siehe oben: C III. 2. c) bb) Aufrechnung der Einlageforderung und C. III. 2. d) bb) Einbringung von Forderungen

[223] *Habersack*, EuropGesellR, Rn. 147, 158.

[224] *Habersack*, EuropGesellR, Rn. 158.

deren letztendliche Festlegung in der Satzung aber, nach Gründungsversammlungsbeschluss (oder Hauptversammlungsbeschluss bei der Kapitalerhöhung) zu einem höheren Wert erfolgt. Der Anteil der übrigen Aktionäre wird damit verwässert.

b) Deutsches Aktiengesetz

Sacheinlagen sind nach deutschem Recht gemäß § 27 Absatz 1 Satz 1, 1. Fall solche Einlagen, die nicht durch Einzahlung des Ausgabebetrags zu erbringen sind.

aa) Begriff der Sacheinlage

Im deutschen Recht ist zunächst der Begriff der Sacheinlage näher zu betrachten.

(1) Differenzierung von Sacheinlagen und Sachübernahmen

Anders als die Richtlinie berücksichtigt das deutsche Recht neben den Sacheinlagen noch die Gründung durch Sachübernahme. Eine Sachübernahme ist gemäß § 27 Absatz 1 Satz 1, 2. Fall Aktiengesetz jede Übernahme von Vermögensgegenständen, wenn diese Übernahme gegen Vergütung erfolgt, nicht aber gegen Ausgabe von Aktien. Bei der Sachübernahme erhält der Einbringende eine andere Gegenleistung von der Gesellschaft als Aktien.
Bei der Unterscheidung zwischen Sacheinlagen und einer Sachübernahme kommt es nicht auf eine Verrechnungsabrede an. Eine solche Sachübernahme liegt nicht vor, wenn ein Aktionär von seiner Einlagepflicht etwa durch einverständliche Verwendung von Vergütungsforderungen befreit wird. Die Aufrechnung durch den Gesellschafter ist ohnehin gemäß § 66 Absatz 1 Satz 2 Aktiengesetz unzulässig. Eine Verrechnungsabrede oder Anrechnung der Vergütungsforderung gegen die Einlageverpflichtung gilt gemäß § 27 Absatz 1 Satz 2 Aktiengesetz bereits als Sacheinlage.
Sacheinlagen und Sachübernahmen unterscheiden sich aber in einem wesentlichen Punkt. Sachübernahmen sind nicht nur publizitätspflichtig, wenn sie mit Aktionären vereinbart sind, sondern auch dann, wenn eine solche Übernahme mit Dritten erfolgt. Der Gesetzeswortlaut stellt nämlich lediglich auf die Übernahme von Anlagen oder sonstigen Vermögensgegenständen ab, nicht aber auf eine Einlagen von solchen Gegenständen. Einlagen können nur Aktionäre tätigen. Übernehmen kann die Gesellschaft solche Gegenstände von jedem Dritten. Somit kann auch ein Dritter Partei einer solchen zu publizierenden Sachübernahmevereinbarung sein[225].
Somit sind bei der Gründung der Gesellschaft nicht nur Sacheinlagen der Gründer zu veröffentlichen, sondern auch Gegenstände, die von Dritten erworben

---

[225] BGHZ 28, 314 (318f.); KölnKomm-*Kraft*, § 27 Rn. 39, 44; MüKoAktG-*Pretz*, § 27 Rn. 61; Großkomm- *Röhricht*, § 27 Rn. 118; *Hüffer*, § 27 Rn. 5.

werden. Insofern gehen die Sachgründungsvorschriften in Deutschland über die Anforderungen den Richtlinie hinaus. Die Gründungsvorschriften erfassen mithin Sachverhalte, die nicht notwendigerweise zum Gründungsvorgang der Gesellschaft gehören. Würde die Gesellschaft die Gegenstände nach der Gründung erwerben, unterfällt der Erwerb nicht mehr den Gründungsvorschriften. Auch die Nachgründungsvorschriften sind erst ab einer Größenordnung von 10 Prozent des Grundkapitals anwendbar. Es ist mithin ein Leichtes, die Sachübernahmevorschriften durch ein zeitlich späteres Geschäft zu umgehen.
Aus diesem Grund wird die Einbeziehung der Übernahme von Vermögensgegenständen Dritter in den Tatbestand der Sachgründung auch kritisiert. Der Art. 11 Richtlinie enthält einen abstrakten Umgehungsschutz, der lediglich dann eingreift, wenn ein Erwerbspreis in Höhe von mindestens 10 Prozent des Grundkapitals erfasst wird. Diese Regelung der Voraussetzungen des Umgehungsschutzes ist abschließend. Niedrigere Anforderungen an eine sanktionsbewährte Umgehung dürfen demnach von den Mitgliedstaaten nicht gefordert werden. Die Sachübernahme gemäß § 27 Absatz 1 Satz 1 2. Fall Aktiengesetz ist dementsprechend auszulegen und nur dann in den Kreis der Sacheinlagen mit aufzunehmen, wenn der Erwerbspreis 10 Prozent des Grundkapitals erreicht[226].

(2) Dienstleistungen Dritter als Sacheinlagen

Die Behandlung von Dienstleistungen als Sacheinlage oder Gegenstand von Sachübernahmen bleibt im deutschen Recht auch nach Umsetzung der Richtlinie umstritten. Nach dem Wortlaut des § 27 Absatz 2, 2. Halbsatz Aktiengesetz können Dienstleistungen nicht Sacheinlagen oder Sachübernahmen sein. Diese Vorschrift wurde eingefügt, um die Richtlinie-Vorgaben in das deutsche Recht umzusetzen. Für Dienstleistungen von Gründern ist dabei unumstritten, dass eine Einlagefähigkeit nicht besteht[227]. Anders die Ansichten bei übertragbaren Dienstleistungsansprüchen gegen Dritte. Die herrschende Meinung hält auch Dienstleistungen gegen Dritte für einlageunfähig. Dienstleistungsansprüche unterliegen grundsätzlich einem Risiko in der Person des Dienstleistenden, das nicht abzuschätzen ist. Den schutzbedürftigen Gläubigern und anderen Aktionären ist ein solches Risiko nicht aufzuerlegen. Insofern unterscheidet sich die Dienstleistungen Dritter nicht von denen der Gründer. Eine Unterscheidung beider Dienstleistungen und deren Einlagefähigkeit ist auch dem Wortlaut der Vorschrift nicht zu entnehmen. Auch Dienstleistungen Dritter sind nicht einlagefähig[228].

---

[226] *Habersack*, EuropGesellR, Rn. 163 a. E.

[227] KölnKomm-*Kraft*, § 27 Rn. 13; MüKoAktG-*Pentz*, § 27 Rn. 33; Großkomm-*Röhricht*, § 27 Rn. 70; *Hüffer*, § 27 Rn. 29

[228] KölnKomm-*Kraft*, § 27 Rn. 13; MüKoAktG-*Pentz*, § 27 Rn. 33; Großkomm-*Röhricht*, § 27 Rn. 70.

bb) Wertprüfung

Im deutschen Recht ist die Verpflichtung zu einem Gründungsbericht in § 32 Aktiengesetz geregelt, während die Verpflichtung zu einer Gründungsprüfung in den §§ 33ff. Aktiengesetz geregelt wurde. Zu erinnern sei daran, dass bei einer Verschmelzung von Kapitalgesellschaften durch Neugründung der Gründungsbericht und eine Gründungsprüfung gemäß § 75 Absatz 2 Umwandlungsgesetz nicht erforderlich ist.

(1) Anpassungsbedürftigkeit der nationalen Normen für die Gründung einer SE

Bei der Gründung einer SE spricht einiges dafür, die Gründungsgesellschaften als Gründer im Sinne der aktienrechtlichen Gründungsvorschriften zu betrachten. Nach der Konzeption der SE-VO entscheiden nicht die einzelnen Anteilseigner der Gründungsgesellschaften über den Vorgang der Gründung, sondern stets die Organe der Gesellschaft. Auch der Art. 32 SE-VO sieht für den gesetzlich ausgeformten Gründungsvorgang der Holding-SE nicht den Gesellschaftern der Gründungsgesellschaften die bestimmende Rolle zu, sondern den Gründungsgesellschaften selber. Folglich sollten die Gesellschaften selber als Gründer angesehen, und mit den Gründungspflichten betraut werden. Für den Gründungsvorgang einer SE sollten dort, wo bestehende Gesellschaften als Gründer agieren - und das ist nach der Konzeption der SE-VO bei jeder Gründung einer SE der Fall -, die entsprechenden Regelungen des Umwandlungsgesetzes geändert werden. Der nationale Gesetzgeber sollte daher eine Regelung einführen, nach der die Gründungsgesellschaften als Gründer im Sinne der nationalen Kapitalaufbringungsvorschriften zu verstehen sind[229]. Unerheblich ist dabei, ob eine solche Regelung durch einen pauschalen Verweis wie in § 245 Absatz 1 Umwandlungsgesetz erfolgt, oder innerhalb der jeweiligen Norm eine ergänzende Formulierung aufgenommen wird, wie das etwa in den §§ 36 Absatz 2 Satz 2 und 135 Absatz 2 Satz 2 Umwandlungsgesetz der Fall ist.

(2) Inhalt des Gründungsberichts

Der Gründungsbericht hat sich gemäß § 32 Absatz 2 Aktiengesetz zunächst mit dem Hergang der Gründung zu befassen. Es sind zunächst alle rechtlich relevanten Vorgänge anzugeben, wie etwa die Angaben zur Vorbereitung der Gründung, zum Gründungsbeschluss, zum Tausch der Gesellschaftsanteile, zur neuen Firma und zur Bestellung der Organe für die neuzugründende SE. Insbesondere hat der Bericht die wesentlichen Umstände darzulegen, von denen die Angemessenheit der Leistungen für die Sacheinlagen abhängt. Aus dem Bericht muss sich ergeben, dass der Wert der Sacheinlagen den Ausgabebetrag der zu gewährenden Aktien entspricht, denn nur dann ist sichergestellt, dass das Grundkapital

[229] *Neun* in: Theisen/Wenz, S. 149.

der SE tatsächlich aufgebracht ist. Bei einzubringenden Gesellschaftsanteilen bedeutet das, dass Angaben über das Verhältnis der eingebrachten Geschäftsanteile und der dafür gewährten Aktien der SE zu machen sind.
Die in § 32 Absatz 2 Satz 2 Aktiengesetz aufgeführten Angaben sind bei der Darstellung der Angemessenheit im Gründungsbericht stets erforderlich und gegebenenfalls durch Fehlanzeige ausdrücklich zu verneinen[230].

(3) Gründungsprüfung

Neben dem Gründungsbericht hat gemäß § 33 Absatz 2 Nr. 4 Aktiengesetz auch eine Prüfung durch einen oder mehrere Prüfer (Gründungsprüfer) stattzufinden. Die Prüfer sind nach Anhörung der Industrie- und Handelskammer vom Gericht zu bestellen (§ 33 Absatz 3 Satz 1 Aktiengesetz). Als Prüfer kommen dabei nur Personen oder Prüfungsgesellschaften in Betracht, die über eine ausreichende Vorbildung und Erfahrung in der Buchführung verfügen (§ 33 Absatz 4 Aktiengesetz). Ausgeschlossen sind solche Gründungsprüfer, auf deren Geschäftsführung die Gründer oder Personen, für deren Rechnung Gründer Aktien übernommen haben, maßgeblichen Einfluss haben (§ 32 Absatz 5 Satz 2 Aktiengesetz).
Über ihre Prüfung haben Vorstand und Aufsichtsrat als auch der oder die Prüfer jeweils getrennt nach § 34 Absatz 2 Satz 1 Aktiengesetz einen schriftlichen Prüfungsbericht zu erstatten. Für die Sachgründung sind die Vorgaben des § 34 Absatz 2 Satz 2 Aktiengesetz zu beachten, wonach in dem Bericht der Gegenstand der Sacheinlage zu beschreiben ist und die für die Wertermittlung angewandten Bewertungsmethoden anzugeben sind. Bei der Einbringung von Gesellschaftsanteilen bedeutet das die Beschreibung der eingebrachten Aktien oder Geschäftsanteile und die Angabe der für die Bestimmung der Umtauschrelation angewandten Bewertungsmethode. Der Bericht der Gründungsprüfer ist beim Gericht und der Geschäftsführung der SE einzureichen (§ 34 Absatz 3 Satz 1 Aktiengesetz).
Der Umfang der Gründungsprüfung ist in § 34 Absatz 1 Aktiengesetz geregelt. Die gesetzliche Regelung umfasst dabei nur die wesentlichen Prüfungsgegenstände, der Prüfungsumfang ist nicht abschließend geregelt. Der Umfang der Gründungsprüfung orientiert sich an seinem Zweck, nämlich der ordnungsgemäßen Errichtung einer SE, die im Interesse der künftigen Gläubiger und Aktionäre die notwendigen Sicherungen erfüllt. Es sind folglich alle tatsächlichen und rechtlichen Vorgänge, die mit der Gründung zusammenhängen, zu prüfen[231].
Allerdings weist Neun darauf hin, dass die in § 34 Absatz 1 Nr. 1 Aktiengesetz geforderten Angaben des § 27 Absatz 1 Aktiengesetz in der Satzung, nämlich die Angaben über die Sacheinlagen und Sachübernahmen, bei der Gründung ei-

---

[230] *Hüffer*, § 33 Rn. 5.
[231] *Hüffer*, § 34 Rn. 2; für eine Übersicht der Prüfungsanforderungen aus betriebswirtschaftlicher Sicht vgl. *Angermeyer*, S. 53ff.; *Delmas*, S. 9f.

ner Holding-SE nicht gemacht werden können. Bei Sacheinlagen sollen nämlich in der Satzung Angaben über den Gegenstand der Sacheinlage, die Person des Einlegers, den Nennbetrag bei Nennbetragsaktien oder die Zahl der gewährenden Aktien bei Stückaktien gemacht werden. Die Satzung ist gemäß Art. 32 Absatz 2 Satz 3 in Verbindung mit Art. 20 Absatz 1 h) SE-VO zwingender Bestandteil des Gründungsplans. Dieser Gründungsplan ist wiederum zwingend vor der Hauptversammlung aufzustellen. Nach dem oben geschilderten Verfahren der Gründung einer Holding-SE steht zu diesem Zeitpunkt allerdings noch nicht fest, ob die Gründung überhaupt stattfindet und wer im Falle der Gründung Geschäftsanteile einbringen und damit Anteile an SE erhalten soll. Folglich können die entsprechenden Angaben nicht in die Satzung aufgenommen werden[232]. Auch hier ist zur Klarstellung ein Tätigwerden des Gesetzgebers wünschenswert.

cc) Erbringung der Sacheinlagen

In Deutschland ist die Anforderung an den Zeitraum der Erbringung der Sacheinlagen durch die Kapitalrichtlinie in Art. 36a Aktiengesetz umgesetzt. Nach dem Wortlaut des § 36a Absatz 2 Satz 1 Aktiengesetz sind Sacheinlagen vollständig zu leisten. Besteht die Sacheinlage in einer Verpflichtung, einen Vermögensgegenstand auf die Gesellschaft zu übertragen, muss dies gemäß § 36a Absatz 2 Satz 2 Aktiengesetz innerhalb von fünf Jahren nach der Eintragung der Gesellschaft in das Handelsregister erfolgen. Die Bestimmungen bezüglich des Zeitpunkts der Leistung sind unverständlich. Die Auslegung ist strittig[233].

(1) Strenge Auffassung

Einer Meinung nach sind die Sacheinlagen vor der Anmeldung zu leisten. Nach dieser strengen Auffassung ist § 36a Absatz 2 Satz 1 Aktiengesetz die Grundregel für die Sacheinlagen. Der zweite Satz der Regel betreffe nur den Fall, dass der Gegenstand der Sacheinlage ein Anspruch des Einlegers gegen einen Dritten ist. Ein derartiger Anspruch kommt als Einlage nur in Betracht, wenn der Dritte seine Leistungspflicht innerhalb von fünf Jahren zu bewirken habe. In diesem Fall ist die Sacheinlage die Forderung des Einlegers gegen einen Dritten und nicht, wie im Regelfall, der Gegenstand selbst.

Anderes gilt für alle übrigen Fälle, also auch dann, wenn Gegenstand der Sacheinlage ein schuldrechtlicher Anspruch gegen den Einleger auf Übertragung des Vermögensgegenstands ist. In diesem Fall ist die Sacheinlage nicht die Forderung gegen den Einleger, sondern der Gegenstand selbst. Der Gegenstand ist dann stets vor Anmeldung der Gesellschaft auf die Vor-AG zu übertragen. Eine Pflicht zur vollständigen Leistung der Sacheinlage ergibt sich aus dem Vergleich der Bestimmung des § 36a Absatz 2 Aktiengesetz zur Bareinlage. Beide Rege-

---

[232] *Neun* in: Theisen/Wenz, S. 152.

[233] KölnKomm-*Kraft*, § 36a Rn. 9ff.; Großkomm-*Röhricht*, § 36a Rn. 3ff.

lungen beziehen sich ihrem Wortlaut nach auf den gleichen Zeitpunkt. Sie unterscheiden sich nur im Umfang der zu erbringenden Leistung, nämlich 25 Prozent für Bareinlagen und vollständig für Sacheinlagen. Sacheinlagen unterliegen aber wegen der Wertschwankungen und der möglichen Notwendigkeit der Abschreibung höheren Risiken für die Gesellschaft und ihren Gläubigern. Würde eine Leistung der Sacheinlage erst nach fünf Jahren erfolgen, würde die bereits a priori unsicherere Sacheinlage darüber hinaus noch später geleistet werden können als die sicherere Bareinlage. Ein solcher Sinn steht der Regelung der Einlageleistung des § 36a Aktiengesetz entgegen. Die Bestimmung des § 36a Absatz 2 Satz 2 Aktiengesetz bezieht sich nur auf die dingliche Übertragung eines Vermögensgegenstandes aus einem schuldrechtlichen Anspruch[234].

(2) Auf Richtlinie gestützte Ansicht

Die wohl herrschende Literatur wendet demgegenüber § 36a Absatz 2 Satz 2 Aktiengesetz immer dann an, wenn die Sacheinlageverpflichtung die Leistung und dingliche Übertragung eines Vermögensgegenstandes zum Inhalt hat. Dies gilt nicht nur dann, wenn die Sacheinlageverpflichtung in Form einer Forderung gegen den Einleger besteht, sondern auch, wenn ein Anspruch gegen Dritte eingebracht werden soll. Eine solche Sichtweise entspricht der Regelung des Art. 9 Absatz 2 Richtlinie. Die vollständige Leistung der Sacheinlage vor Eintragung gemäß § 36a Absatz 2 Satz 1 Aktiengesetz ist demgegenüber im wesentlichen auf die Fälle der Gebrauchs- und Nutzungsüberlassung beschränkt. Dies begründe sich im Gegensatz zum Wortlaut aus der Entstehungsgeschichte der Vorschrift[235]. Praktisch ist damit Satz 2 die Regel, während Satz 1 im wesentlichen nur die Fälle der Gebrauchs- oder Nutzungsüberlassung betrifft, wenn die Einlageleistung also nur in der Bereitstellung der Gebrauchs- und Nutzungsmöglichkeit einer Sache besteht.

Welcher Meinung hier auch immer gefolgt wird, fest steht zumindest, dass die Anforderungen des deutschen Rechts höher sind, als die Anforderungen, die die Kapitalrichtlinie an den Zeitrahmen der Leistung der Sacheinlagen stellt. Trotzdem bleiben die Anforderungen an die zeitliche Leistung der Sacheinlage sehr gering. Das Registergericht kann die Einhaltung der Fünfjahresfrist bis zur Leistung der Sacheinlagen auch gar nicht überwachen. Bei der Nichteinhaltung besteht also zumindest aus registergerichtlicher Sicht keine rechtliche Handhabe. Nach Fristablauf wird aber die Gesellschaft auf Leistung klagen können. Gläubiger der Gesellschaft können den Anspruch der AG auf diesen Vermögensgegenstand bzw. die Forderung auf Übertragung pfänden und sich überweisen lassen[236].

---

[234] KölnKomm-*Kraft*, § 36a Rn. 10ff.

[235] MüKoAktG-*Pentz*, § 36a Rn. 10; Großkomm-*Röhricht*, § 36a Rn. 6ff; *Hüffer*, § 36a Rn. 4; *Schwarz*, EuropGesellR, Rn. 588.

[236] *Hüffer*, § 36a Rn. 4 a. E.; KölnKomm-*Kraft*, § 36a Rn. 14.

c) Französischer Code de commerce

aa) Begriff der Sacheinlage

Die in Sacheinlagen (apports en nature) im französischen Recht sind alle Investitionsgüter (biens de production) die keine Bareinlagen sind, aber auf die Gesellschaft übertragen werden können. Die Sacheinlage ist jeder Vermögenswert, der bewertbar ist. Der Inferent kann der Gesellschaft das Eigentum (propriété) an der Sache einräumen oder aber der Gesellschaft an dem Gegenstand einen Nießbrauch (apport en usufruit) bestellen. Ein solcher apport en usufruit hat denselben Effekt wie eine normale Sacheinlage, ohne dass die Gesellschaft den Gegenstand allerdings veräußern könnte. Allerdings kann die Gesellschaft den Gegenstand verleihen[237]. Darüber hinaus kann der Inferent in der Gesellschaft das Nutzungsrecht an einem Gegenstand gemäß Art. 1843-3 C. civ. einräumen, ohne ihr das Eigentum zu übertragen (apports en jouissance). Bei einer solchen vertraglichen Nutzungsüberlassung haftet der Inferent, wenn er nicht mit der notwendigen Sorgfalt darüber gewacht hat, dass der Gesellschaft nicht während der gesamten Vertragsdauer das Recht der Nutzung zusteht[238].
Die Vermögensgegenstände, die als Sacheinlage in das Eigenkapital der Gesellschaft eingebracht werden sollen, werden im traité d'apport vereinbart. Diese Vereinbarung ist im Satzungsentwurf enthalten[239].

bb) Wertprüfung

Wurden im Satzungsentwurf die Leistung von Sacheinlagen vereinbart, so unterliegen diese auch im französischen Recht der Bewertungsprüfung durch eine unabhängige Person (Art. L225-8 Code de commerce, Art. 80 L1966). Der Einlageprüfer, commissaire aux apports, wird vom Präsidenten des Gerichts für Handelssachen auf Antrag der Gründer bestellt. Die Anforderungen an den Inhalt des Prüfungsberichts sind in Art. 64-1 D. 1967 (für Gesellschaften sans appel public á l'épargne in Verbindung mit Art. 72 D. 1967) geregelt. Der Bericht muss den Wert der Sacheinlage, die Bewertungsmethode, als auch sämtliche weiteren Angaben, die für die Bewertung der Einlage von Bedeutung sein können, beinhalten. Der Bericht wird als Anlage zur Satzung aufgenommen[240].

(1) Verfahren

Die Festsetzung des Wertes der Einlage erfolgt nach unterschiedlichen Verfahren, je nachdem ob eine öffentliche Aufforderung zur Zeichnung erfolgt oder nicht.

---

[237] *Guyon*, Nr. 104.
[238] *Godon*, Revue des sociétés 1999, 795; *Peterka*, Defrénois, 2000, 1137.
[239] *Mercadal/Janin*, Rn. 798, 826.
[240] *Ripert/Roblot*, Nr. 1451ff.; *Ullrich*, DB 1990, 465.

(a) Gründung ohne Angebot an die Öffentlichkeit

Erfolgt die Zeichnung ohne vorherige öffentliche Aufforderung, wird der Wert der Sacheinlage in der Satzung festgesetzt[241]. Eine besondere Bewertungsmethode ist dabei nicht gesetzlich vorgesehen. Es wird zwar vom am Markt- oder Verkaufswert der Sache ausgegangen, allerdings kann auf andere objektive Kriterien zurückgegriffen werden. Der Prüfer muss die Umstände der Bewertung im Prüfungsbericht offen legen. Der Bericht muss gemäß Art. 73 D. 1967 drei Tage vor Aufstellung der Satzung bei der Geschäftsstelle des Gerichts am künftigen Sitz der Gesellschaft niedergelegt werden. Bei einer schuldhaften Überbewertung entsteht eine Schadensersatzpflicht des commissaire aux apports.

(b) Publikumsgesellschaften

Bei den Gesellschaften, die öffentlich zur Zeichnung auffordern, ist das Verfahren komplizierter. Nach der Vorlage des Prüfungsberichts durch den Einlageprüfer, wird in einer Gründungsversammlung, an der alle Zeichner teilnehmen können, über die Bewertung der Sacheinlage abgestimmt. Die Vorlage ist gemäß Art. 65 D. 1967 acht Tage vor der Gründungsversammlung bei der Geschäftsstelle des Gerichts am künftigen Sitz der Gesellschaft niederzulegen. Bei der Publikumsgesellschaft ist ein besonderes Augenmerk auf die Wahl des commissaire aux apports zu legen. Sollte die Benennungen unvereinbar mit den Anforderungen an ein solches Amt sein (Incompatibilité), so können die Beschlüsse der Gründungsversammlung gemäß Art. L225-227 Code de commerce nichtig sein[242]. Dies würde dazu führen, dass die Gesellschaft nicht wirksam gegründet worden wäre.

Der im Satzungsentwurf festgelegte Wert der Sacheinlage kann gemäß Art. L225-8 Absatz 3 Code de commerce nur einstimmig herabgesetzt werden. Der Inferent bleibt allerdings von der Abstimmung ausgeschlossen (Art. L225-10 Code de commerce). Allerdings muss auch dieser Gesellschafter bei dem Beschluss über die Gründungssatzung mitwirken, so dass eine Gesellschaftsgründung daran scheitern kann, dass keine Einigung zwischen den übrigen Gesellschaftern und dem Inferenten gefunden wird[243].

(aa) Stimmrechtsverbot der Inferenten

Bei der Abstimmung über die eigene Sacheinlage wird ein solcher Ausschluss lediglich teilweise kritisiert[244]. So sei eine objektive Bewertung der Sacheinlagen nur möglich, wenn auch verhindert wird, dass mögliche gegenseitige Gefälligkeitsvoten der unterschiedlichen Inferenten abgegeben werden[245]. Das würde

---

241 *Ullrich*, DB 1990, 465.

242 *Ripert/Roblot*, Nr. 1452 a. E.

243 *Ullrich*, DB 1990, 465 (466).

244 *Ripert/Roblot*, Nr. 1466.

245 *Ripert/Roblot*, Nr. 1466.

aber wiederum bedeuten, dass alle Gesellschafter oder zumindest die Mehrheitsgesellschafter Sacheinlagen einbringen, bei deren Wertfestsetzung sie auf Gefälligkeitsvoten angewiesen wären. Ist dies der Fall, so besteht zumindest aus dem Grunde des Schutzes der übrigen Aktionäre bei Gründung der Gesellschaft kein weiterer Ausschlussgrund. Daneben könnte bei solchen Gefälligkeitsvoten, die die Einlagen der übrigen (Minderheits-)Gesellschafter in ihrem Wert schmälern würden, die Gesellschaftsgründung durch Verweigerung der Mitwirkung am Beschluss der Gründungssatzung verhindert werden. Die Beschränkung des Stimmrechtsverbotes auf denjenigen Inferenten, dessen Einlage gerade zur Abstimmung steht, entspricht auch den Anforderungen der französischen Jurisprudenz[246].

(bb) Die Überbewertung der Sacheinlagen

Die Gründungsversammlung kann auch den festgelegten Wert der Sacheinlage erhöhen. Bei einer Überbewertung entsteht allerdings eine zivilrechtliche Haftung der Gründer[247]. Die absichtliche Überbewertung der Sacheinlagen stellt sogar ein Straftatbestand gemäß Art. L242-2 Code de commerce dar. Nach Einschätzung in der französischen Literatur dürfte es deswegen kaum zu einer solchen Erhöhung der Sacheinlagen in der Gründungsversammlung kommen. Allerdings wird darauf hingewiesen, dass bei der Fusion von Gesellschaften ein solches Verfahren durchaus vorkommt[248].

Es erscheint aber zunächst als ein wesentlicher Unterschied zum deutschen Recht, dass die Festsetzung des Wertes der Sacheinlage nicht durch den unabhängigen Einlageprüfer, sondern durch die übrigen Gründungsgesellschafter getroffen wird. Diese gesetzliche Konzeption, die ein Abweichen des Beschlusses der Gründungsversammlung von der Bewertung des Prüfers zulässt, wird weder von der französischen Rechtsprechung korrigiert, noch von der Literatur als unzulässig angesehen[249]. Könnten allerdings die Gründungsgesellschafter die Bewertung des unabhängigen Prüfers nach oben korrigieren, ist eine solche Regelung mit dem Verbot der Unterpariemission der Art. 8 Absatz 1, 10 Richtlinie unvereinbar[250]. Nicht verstoßen würde eine solche Regelung gegen die Bestimmungen des Art. 10 Absatz 1, 2 Richtlinie, die eine Bewertung der Sacheinlagen durch einen unabhängigen Sachverständigen vorsieht. Zwar hat eine Bewertung zu erfolgen, und diese Bewertung ist in einem Bericht festzuhalten. Der Wortlaut des Art. 10 Absatz 2 Richtlinie geht allerdings schon davon aus, dass eine Überbewertung erfolgen kann. Denn der Bericht muss feststellen, ob die Werte der Sacheinlagen wenigstens dem Nennbetrag oder dem rechnerischen Wert der

---

246 Cour de cassation, Chambre civile, Section civile, 20. 1. 1892, Dalloz 1892, I, Art. 229.
247 Dazu unten: C. III. 3. c) bb) (2) Rechtsfolgen der Wertprüfung
248 *Guyon*, Nr. 287.
249 *Guyon*, Nr. 287; *Ripert/Roblot*, Nr. 1454; *Mercadal/Janin*, Rn. 1163.
250 *Ullrich*, DB 1990, 465 (466).

auszugebenen Aktien entspricht. Nicht vorgesehen ist damit, dass der Wert dem Nennwert der Aktien entspricht. Gläubigerschutz wird dadurch erreicht, dass eine Offenlegung des Berichts zu erfolgen hat (Art. 10 Absatz 3 Richtlinie) und damit jedem neuen Gläubiger offengelegt wird, wenn eine solche Überbewertung der Sacheinlagen der Gesellschaft vorgenommen wurde.

- Verbot aus Art. L225-8 C. Comm

In der französischen Literatur wird deswegen vertreten, dass die Festlegung des Wertes der Sacheinlage nicht im Ermessen der Gründer stehen sollte[251]. Eine Gewährung eines Nachlasses auf die Einlageschuld soll demnach nicht möglich sein. Diese Ansicht wird insbesondere darauf gestützt, dass die Bestimmung des Art. L225-8 Code de commerce nur eine Abweichung nach unten zulässt, aber keine Überbewertung. Der Wortlaut der Vorschrift bestimmt, dass eine Abweichung von der Bewertung nach unten (réduire) nur durch einstimmigen Beschluss der Aktienzeichner herbeigeführt werden kann. Zu einer höheren Bewertung der Einlagen wird keine ausdrückliche Regelung getroffen. Aus diesem Grunde wird bereits aus der Vorschrift selber eine Zulässigkeit nur von Abweichungen nach unten geschlossen[252]. Anderseits könnte aber auch argumentiert werden, dass aufgrund des Schweigens der Vorschrift zu einer höheren Bewertung damit noch keine Regelung getroffen ist. Mangels eines ausdrücklichen Verbots in der Vorschrift kann eine solche höhere Bewertung vorgenommen werden.

- Verbot aus Art. L242-2 Code de commerce

Auch ohne ein entsprechendes Verbot im Wortlaut des Art. L225-8 Code de commerce wird aber die Zulässigkeit einer solchen Maßnahme durchweg abgesprochen. So wird anderenorts die Unzulässigkeit nicht aus der Vorschrift selber erkannt, sondern diese ergäbe sich, wie bereits Eingangs erwähnt, aus der Strafbarkeit der vorsätzlichen Überbewertung von Sacheinlagen[253]. Ein solcher Straftatbestand wurde in Art. 242-2 Code de commerce geschaffen. Wenn sich die Aktienzeichner nicht strafbar machen wollen, werden sie also auf die höhere Bewertung der Einlagen verzichten. Überdies ist das Leitungsorgan der Gesellschaft und der Abschlussprüfer (commissaire aux comptes) nach der Eintragung verpflichtet, bei einer Über- oder Unterbewertung der Einlagen entsprechende Reserven oder Rücklagen zu bilden. Ansonsten würden diese Organe der Gesellschaft ebenfalls eine Pflichtverletzung begehen[254].

Angesichts dieser Sanktionen bleibt äußerst fragwürdig, ob eine von der Bewertung des Einlageprüfers abweichende Festsetzung vorgenommen wird, auch

---

[251] *Blaise*, Nr. 456f.

[252] *Lacoste*, Nr. 84ff.

[253] *Guyon*, Nr. 287; *Mercadal/Janin*, Rn. 1163; *Trochu/Jeantin/Langé*, S. 11.

[254] *Trochu/Jeantin/Langé*, S. 11.

wenn nicht mit der ersten Ansicht die Möglichkeit dazu gänzlich abgesprochen wird. Das Problem der Vereinbarkeit der Regelung mit dem Verbot der Unterpariemission stellt sich somit praktisch nicht[255].

(2) Rechtsfolgen der Wertprüfung

Nach der Festsetzung des Wertes der Sacheinlage durch die Gründungsversammlung haftet der Inferent nicht für jede objektive Überbewertung der Einlage. Eine Differenzhaftung der Einleger kommt nur bei einer vorsätzlichen Überbewertung in Betracht. Bei einer solchen Überbewertung oder für den Fall, dass die Gründungsversammlung vom Inferenten über den wahren Wert der Einlage getäuscht wird, kommt eine doppelte Sanktion in Betracht: Zunächst gilt die Leistung als unwirksam und die Einlagepflicht besteht weiterhin[256]. Darüber hinaus machen sich die Verantwortlichen aber auch gemäß Art. 242-2 Code de commerce strafbar. Verantwortlich in diesem Sinne können nicht nur die Einleger, sondern auch die Einlageprüfer sein.

Diese harte Rechtsfolge der erneuten Einlagepflicht in voller Höhe wird teilweise als ungerechtfertigt bezeichnet[257]. Trotz der vorsätzlichen Überbewertung der Einlagen bleibt zu berücksichtigen, dass eine Einlage an die Gesellschaft geleistet wurde. Anstatt nun diese Einlageleistung aufgrund der vorsätzlichen Überbewertung vollkommen unberücksichtigt zu lassen, soll der Gesellschaft vielmehr ein Schadensersatzanspruch gegen die Einleger zustehen. Ein solcher Anspruch richtet sich nach dem allgemeinen Recht[258].

Es bleibt aber festzuhalten, dass auch die französische Rechtsprechung die Täuschung durch Unterlassung (mensonge par omission) über den Wert der Sacheinlage sanktioniert hat[259], so dass von einer bewussten Überbewertung dringend abgeraten werden muss. Auch wenn eine zivilrechtliche Sanktion in Form der erneuten vollen Einlageleistungen ausbleiben sollte, so besteht doch zumindest die Möglichkeit einer strafrechtlichen Verantwortung.

Für eine Überbewertung, deren vorsätzliche Ansetzung den Einlegern nicht nachzuweisen ist, kennt das französische Recht allerdings keine Differenzhaftung[260]. Diese Sichtweise erscheint in dem oben angesprochenen Fall der Fusion von Gesellschaften zu einer SE von Bedeutung. Die Unternehmensbewertung ist äußerst schwierig, und kaum an ausschließlich objektiven Kriterien festzumachen. So kann bei börsennotierten Unternehmen der Börsenkurs oder ein durchschnittlicher Börsenkurs berücksichtigt werden. Aufgrund von unterschiedlichen

---

[255] *Guyon*, Nr. 287; *Ullrich*, DB 1990, 465 (466).
[256] *Ripert/Roblot*, Nr. 1450; *Mercadal/Janin*, Rn. 1163; *Ullrich*, DB 1990, 465 (467).
[257] *Ripert/Roblot*, Rn. 1450.
[258] *Lacoste*, Nr. 90.
[259] Paris, 3. 5. 1975, Gazette du Palais, 1976. 1. 8.; *Ripert/Roblot*, Nr. 1450 m. w. N.
[260] Tribunal de commerce Paris, 16. 11. 1971, Jurisclasseur périodique. La semaine juridique 1971, II, Art. 16826; *Mercadal/Janin*, Rn. 1163.

öffentlichen Bewertungen von börsennotierten Unternehmen in verschiedenen Mitgliedstaaten, kann die Börsenbewertung eines Unternehmens aber auch vor der Fusion angepasst werden. Dabei sei hier nur am Rande darauf hingewiesen, dass die Börsenkapitalisierung britischer Unternehmen im Vergleich zum übrigen Europa relativ hoch ist, und eine solche Anpassung notwendig erscheint.
Aber auch bei nicht börsennotierten Unternehmen ist die Bewertung keinesfalls eindeutig. Es gibt keine allgemeine Aussage oder sogar gesetzliche Regelung darüber, mit einem welchen Wert die Gewinne eines Unternehmens vor Zinsen und Steuern (EBIT) multipliziert werden müssen. Im Übrigen kann es dem Geschmack von Käufern oder Verkäufern entsprechen, Gewinnaussichten oder andere immaterielle Werte eines Unternehmens höher zu bewerten.
Die französische Regelung der Wertfestsetzung von Sacheinlagen ermöglicht deswegen eine relativ flexible Bewertungsform von Unternehmen, die als Sacheinlage eingebracht werden können, ohne dass damit eine Täuschung von Gesellschaftern oder Dritten erfolgen sollte. Für die Fusion zu einer SE bietet sich folglich Frankreich als Sitzstaat der SE an.

cc) Erbringung der Sacheinlagen

Die Sacheinlagen müssen gemäß Art. 225-3 Abs. 3 Code de commerce noch vor der Eintragung vollständig erbracht werden. Die Anforderungen des französischen Rechts gehen damit über die Bestimmung des Art. 9 der Richtlinie und das Verständnis der herrschenden Meinung zu der Leistung der Sacheinlagen im deutschen Recht hinaus. Die französische Regelung wird allerdings weder von daher Jurisprudenz noch von der Literatur beanstandet[261].

d) Englischer Companies Act 1985

Die Regelungen der Einbringung von Sacheinlagen erscheinen zunächst viel weniger strikt als im deutschen Recht[262].

aa) Begriff der Sacheinlage

Der Begriff der Sacheinlage gemäß s. 739 (1) Companies Act 1985 umfasst grundsätzlich jeden Vermögensgegenstand als Gegenleistung für die Anteilszuteilung, der zur Verfolgung des Gesellschaftsgegenstandes dienlich sein kann. Einlagefähig sind gemäß s. 99 (1) Companies Act 1985 folglich Patentlizenzen, Marken oder Know-how[263]. Eine Ausnahme besteht zunächst für die Verpflichtung zu Dienstleistungen des Zeichners oder eines Dritten gegenüber der Gesellschaft (s. 99 (2) Companies Act 1985). In dieser Regelung wird nicht etwa eine Umsetzung der Kapitalrichtlinie gesehen, sondern, nach der Sichtweise von Pennington, erscheint diese Regelung einen anderen Zweck zu verfolgen: Ein

---

[261] *Hansen*, S. 100; *Ullrich*, DB 1990, 465.
[262] *Einsele*, NJW 1996, 2681 (2684).
[263] *Pennington*, S. 172.

solches Verbot soll ausschließen, dass die Gesellschaft die Emissionsbank ihrer Aktien durch die Ausstellung voll eingezahlter Aktien (fully paid shares) entlohnt, anstatt ihr die üblichen Provisionen für die Übernahme einer Effektenemission (underwriting commission) auszuzahlen[264]. Das Verbot wird also nicht, wie es im deutschen Recht der Fall ist, mit der Unsicherheit, die die Einbringung von Dienstleistungen mit sich bringt, begründet.
Sollte die Gesellschaft Aktien ausgeben und als Gegenleistung eine Einlage in Form von Dienstleistungen akzeptieren, oder aber die Gesellschaft die zulässigen Sacheinlagen nicht innerhalb einer Periode von fünf Jahren nach Zeichnung erhalten, so haften die Zeichner und alle Rechtsnachfolger für den Nominalwert der Aktien und eventuelle Aufgelder. Allerdings ergibt sich für die Haftung der Rechtsnachfolger zwei Einschränkungen.
Zunächst entsteht die Haftung des späteren Aktionärs erst, nachdem der Verstoß stattgefunden hat (s. 112 (1) Companies Act 1985). Wenn also der nachfolgende Aktionär die Aktien zu einem Zeitpunkt erwirbt, zu der die Sacheinlagen noch innerhalb der zulässigen fünf Jahre übertragen werden können, so haftet er gemäß s. 112 (2) Companies Act 1985 nicht.
Weiterhin kann der Nachfolger auch mit haftungsbefreiender Wirkung geltend machen, er habe die Aktien gutgläubig erworben, also ohne von dem Verstoß zu wissen (s. 112 (3) und (5) Companies Act 1985).
Im Übrigen ist es aber auch möglich, diese Forderung aus der Haftung des Aktionärs gegenüber der Gesellschaft mit Forderungen gegen die Gesellschaft aufzurechnen. Es ist folgende Konstellation denkbar: Trotz eines Verstoßes gegen die Sacheinlagevorschriften, etwa durch die Akzeptanz eines nicht einlagefähigen Gegenstandes, also beispielsweise Dienstleistungen, werden diese an die Gesellschaft geleistet. Die Gesellschaft hat dann ein Anspruch gegen den Einleger in Höhe des vereinbarten Nennbetrags und eines entsprechenden Aufgelds, wie oben dargelegt. Dieser Anspruch besteht zusätzlich zu dem eigentlichen Anspruch auf Einzahlung der Einlage[265]. Das heißt also, es besteht sogar gemäß s. 115 (1) Companies Act 1985, trotz des Verstoßes gegen die Vorschriften über die einlagefähigen Gegenstände, ein Anspruch der Gesellschaft auf Einbringung der vereinbarten Gegenstände[266]. Der Einleger kann dann aber auch seinen Anspruch gegen die Gesellschaft in Form der Vergütung für die Dienstleistung im späteren streitigen Verfahren geltend machen. Folglich geht das englische Recht davon aus, dass trotz dieses Verstoßes der Einleger nicht doppelt in Anspruch genommen werden sollte. Die Gesellschaft darf auf Grund dieses Verstoßes nicht schlechter gestellt werden, ihr wird also ein zusätzlicher Anspruch eingeräumt. Auf der anderen Seite soll dieser Verstoß aber auch nicht den Einleger sanktionenieren, der seiner Verpflichtung eigentlich nachgekommen ist. Diese

---

[264] *Pennington*, S. 172.
[265] *Pennington*, S. 175.
[266] *Pennington*, S. 174.

Rechtsfolge kann durch drei unterschiedliche Wege erreicht werden: Die Forderungen können durch Aufrechnung erlöschen oder aber im späteren streitigen Verfahren dem Anspruch des Einlegers auf Vergütung der Forderung der Gesellschaft entgegengehalten werden. Darüber hinaus kann der Einleger auch gemäß s. 113 Companies Act 1985 eine gerichtliche Entscheidung beantragen, dass eine Einlageverpflichtung nicht mehr, oder nur noch in Teilen besteht. Auf dieses Verfahren ist im späteren noch näher einzugehen[267].
Ob diese Möglichkeiten auch dem Rechtsnachfolger des Einlegers offen stehen, ist nicht ganz eindeutig, wird aber überwiegend bejaht. Denn die Situation bleibe die gleiche, wenn die Aktien veräußert werden[268]. Der Aktionär wird dann nämlich als Treuhänder des Anspruchs des Einlegers betrachtet werden können[269]. Kann eine solche Treuhandsituation allerdings nicht festgestellt werden, so besteht für den Aktionär keine Möglichkeit, sich gegen die Forderung der Gesellschaft zu wehren. Er hat sich dann an den Einleger zu halten.
Neben diesen gesetzlich normierten Bestimmung der Einlagefähigkeit bestehen aber auch noch solche der Rechtsprechung und aus der allgemeinen Lehre.
Insbesondere hat die Rechtsprechung die ultra-vires-doctrine geformt[270]. Nach dieser Lehre müssen sich die Einlagen im Rahmen des satzungsmäßig festgelegten Gegenstands der Gesellschaft halten. Eine zur Vermittlung von Versicherungen gegründete Gesellschaft kann demnach etwa keine Rohstoffe als Sacheinlagen akzeptieren[271]. Sollten die Einlagen nicht dem Gegenstand des Unternehmens entsprechen, überschreitet die Gesellschaft ihre satzungsmäßigen Kompetenzen (ultra vires). Nach der ultra-vires-doctrine sind solche Verträge nichtig (void) und werden weder durch die Hauptversammlung (general meeting), noch durch einstimmigen Beschluss der Gesellschafter (unanimous consent of its members) wirksam[272]. Dies galt allerdings nur, solange der Zeichner der Aktien die Überschreitung des Gesellschaftszweckes kannte[273]. Da die Einleger allerdings auch die Gründungssatzung (memorandum of association, s. 10 Companies Act 1985) festlegen und zum Erhalt der Gründungsbescheinigung (certificate of incorporation), die vom Amt für Kapitalgesellschaften (Companies House) ausgestellt wird, bei diesem Amt vorlegen und dort eintragen müssen[274], ist von der solchen Kenntnis auszugehen.
Die hat dazu geführt, dass die satzungsmäßigen Bestimmungen über den Gegenstand der Gesellschaft oft seitenlang und im Vergleich zum deutschen Recht

---

267 Siehe unten: C. III. 3. d) cc) (1) (b) Gerichtliche Entscheidung
268 *Pennington*, S. 174 Fn. 14.
269 Jones v Mossop (1844) 3 Hare 568 ; Bankes v Jarvis [1903] 1 KB 549.
270 Ashbury Railway Carriage and Iron Co. Ltd. v. Riche (1875) L.R. 7 H.L653.
271 Beispiel von *Gansen*, S. 52.
272 *Pennington*, S.108ff.
273 *Gansen*, S. 52.
274 *Triebel/Hodgson/Kellenter/Müller*, Rn. 589.

sehr detailliert waren. Neben dieser Doktrin ist zwar für die Umständlichkeit und Länge der Gegenstandsklauseln auch die in England übliche Wortlautinterpretation verantwortlich. Auch waren Bestimmungen möglich, nach denen die Gesellschaft jedes Geschäft abschließen konnte, dass nach Meinung der Direktoren für das Unternehmen vorteilhaft sei[275]. Aber ganz besonders das Argument, die Doktrin würde die Sicherheit des Rechtsverkehrs gefährden, führten zu einem Bestreben, die Lehre zu modifizieren[276]. Mit In-Kraft-Treten des Companies Act 1989 ist die ultra-vires-doctrine abgeschafft. Dies gilt allerdings nur für solche Geschäfte der Gesellschaft, die nach Außen wirken, nicht allerdings für interne Geschäfte[277].

Es ist auch nicht der Fall, dass jeder Vertrag, der keine Bareinlageverpflichtung vorsieht, eine Sacheinlage darstellt. Die Gesellschaft muss eine insgesamt bewertbare Gegenleistung erhalten. Verträge, durch die bereits erbrachte Dienstleistungen eingebracht werden sollen, stellen deswegen keine Sacheinlage dar, da die Gesellschaft keine neuen Wertgegenstände erhält[278]. Ebenso wenig möglich sind Vereinbarung, die den Einleger gegen die Verpflichtung, zukünftige Gewinne der Gesellschaft einzubringen, von seiner Einlagepflicht befreien sollen[279]. Auch hier ist die Einlage mit einer solchen Unsicherheit belastet, das eine Bewertbarkeit ausscheidet. Dasselbe soll nach Meinung Penningtons für jede Schuld oder Verpflichtung gelten, die nicht sofort zu zahlen oder vollstreckbar ist, auch wenn die Höhe dieser vermeintlichen Einlage bezifferbar wäre und die Zahlbarkeit oder Vollstreckbarkeit in Zukunft eintritt[280]. Das bedeutet gleichwohl nicht, dass, wie oben bereits geschildert, Vergütungsforderungen für zukünftige Dienstleistungen, also Forderung die zukünftig erst fällig und damit zahlbar werden, eingebracht werden können. Solche Forderungen können im Wege der Aufrechnung als Bareinlage eingebracht werden. Dadurch entfällt die Unsicherheit, denn es werden jeweils immer nur die Einlagen eingebracht, die bereits fällig sind. Sollten die Dienstleistungen nicht erbracht werden, wird die Vergütungsforderung auch nicht fällig und der Einleger muss seine Einlage in bar zahlen. Anders ist es hier, denn würde eine Forderung, die erst in Zukunft fällig wird, als Sacheinlage eingebracht werden können, entfiele damit der Anspruch der Gesellschaft. Die Forderung ist noch mit solchen Unsicherheiten behaftet, dass von einer wirksamen Kapitalaufbringung nicht geredet werden kann. Der Meinung Penningtons ist damit zu folgen, und Verpflichtungen, die erst in Zukunft fällig oder vollstreckbar werden, können nicht eingebracht werden.

---

[275] Bell Houses Ltd. v. City Wall Properties [1966] 2 Q.B. 656.
[276] *Triebel/Hodgson/Kellenter/Müller*, Rn. 621.
[277] *Pennington*, S. 111.
[278] Re Eddystone Marine Insurance Co [1893] 3 Ch 9.
[279] Bury v Famatina Development Corpn Ltd [1909] 1 Ch 754.
[280] *Pennington*, S. 173.

bb) Wertprüfung

Bei einer Public Limited Company besteht zunächst die Pflicht, eine Bewertung der Sacheinlage durch eine unabhängige Person (independent expert), etwa einem Wirtschaftsprüfer, vorzunehmen (ss. 103 (1), 108 (1) und (2) Companies Act 1985).

(1) Ausnahmen von der Bewertungspflicht

Von dieser Pflicht zur Bewertung der Sacheinlagen bestehen allerdings drei Ausnahmen.

(a) Einzahlung aus Gesellschaftsmitteln

Zunächst ist eine Bewertung dann nicht vorzunehmen, wenn die Einlagen in Form von thesaurierten Gewinnen, Gewinnvorträgen oder sonstigen Rücklagen bereitgestellt werden. Bei diesen Posten handelt es sich um bereits geprüfte Gelder, die allerdings Sacheinlagen im Sinne der s. 739 (1) Companies Act 1985 darstellen. Da ein erneutes Gutachten hier nicht erforderlich ist, wurde diese Ausnahme in s. 103 (2) Companies Act 1985 kodifiziert.

(b) Einzahlung mit Anteilen an einer anderen Gesellschaft

Eine weitere Ausnahme besteht bei einem Übernahmeangebot (takeover-bid) einer Gesellschaft für die Aktien oder eine Gruppe von Aktien einer anderen Gesellschaft, bei dem die anbietende Gesellschaft (offeror company) als Gegenleistung für die Übertragung oder die Einziehung der Anteile an der Übernahmegesellschaft eigene Aktien anbietet. Dabei ist es nicht notwendig, dass die neuen Aktien an der anbietenden Gesellschaft komplett den Aktionären der Übernahmegesellschaft zugeteilt werden. Die ausstellende und anbietende Gesellschaft kann also ihr eigenes Angebot zumindest teilweise übernehmen. Diese in s. 103 (3), (4) und (7) Companies Act 1985 normierte Ausnahme gilt sogar auch dann, wenn die neuausgestellten Aktien nicht ausschließlich gegen die Einbringung der Anteile an der Übernahmegesellschaft ausgegeben werden[281]. Eine Bewertung ist also nicht vorzunehmen, wenn Anteile an einer Übernahmegesellschaft gegen neue Anteile an der übernehmenden Gesellschaft transferiert werden. Ebenso wenig hat eine Bewertung zu erfolgen, wenn die Anteile an der Übernahmegesellschaft gegen die Zuteilung von Anteilen an der übernehmenden Gesellschaft von dieser eingezogen werden. Die Einziehung wird dann mit der Kapitalherabsetzung bei der Übernahmegesellschaft und der Zuteilung der neuen Aktien wirksam. Der Unterschied dieser beiden Varianten besteht lediglich darin, dass bei der ersten Variante die Gesellschafter der übernehmenden Gesellschaft die Anteile der übernommenen Gesellschaft halten, während bei der

[281] *Pennington*, S. 181.

zweiten Variante die Anteile von der übernehmenden Gesellschaft selber gehalten werden.

(c) Verschmelzung von Unternehmen

Eine dritte Ausnahme besteht im Falle der Verschmelzung zweier Unternehmen. Eine Bewertung von Einlagen hatte dann nicht zu erfolgen, wenn eine Gesellschaft das komplette Vermögen und die Verbindlichkeiten einer anderen Gesellschaft für die Ausgabe neuer Anteile an die Gesellschafter der anderen Gesellschaft ausgibt. Die Ausstellung der neuen Aktien kann mit oder ohne einer zusätzlichen Zahlung eines Geldbetrages erfolgen (s. 103 (5) Companies Act 1985). Dieser Ausnahmetatbestand ist eng begrenzt. Nicht von dem Tatbestand umfasst ist der Erwerb von Teilen des Vermögens der anderen Gesellschaft. Ebenso wenig umfasst ist die Übernahme des ganzen Unternehmens einer anderen Gesellschaft durch die Ausstellung von Anteilen für einige deren Gesellschafter und eine Barzahlung für andere Gesellschafter der anderen Gesellschaft. In diesen Fällen hat eine Bewertung der anderen Gesellschaft zu erfolgen[282].

(2) Bewertungsverfahren

Liegen keine diese Ausnahmen vor, sind die Sacheinlagen zu bewerten. Die für die Bewertung zuständige unabhängige Person muss zum Zeitpunkt der Stellung des Bewertungsgutachtens die Qualifikation zum Abschlussprüfer besitzen (s. 389 Companies Act 1985). Es kann sich dabei gemäß s. 384 Companies Act 1985 um den bereits für den Abschluss der Gesellschaft bestellten Wirtschaftsprüfer handeln.

Die Anforderungen an den Inhalt des Gutachtens sind in s. 108 (4) bis (6) Companies Act 1985 normiert[283].

cc) Haftung der Zeichner für Unregelmäßigkeiten bei der Bewertung

Die Regeln des Bewertungsverfahrens sind zwingend einzuhalten. Sollte eine Bewertung der Sacheinlagen nicht erfolgt oder andere Unregelmäßigkeiten im Verfahren aufgetreten sein, so haften sowohl der Vorstand der Gesellschaft (directors) auf Kompensation des entstandenen Schadens[284], als auch unter Umständen die Inferenten auf die Einzahlung des Einlagebetrages in bar[285].

(1) Haftungstatbestand und -folge

Hat so eine Wertprüfung stattgefunden, so hat der Zuteilungsempfänger nur bei Kenntnis oder Kennenmüssen eines fehlerhaften Verfahrens den Nominalwert der Anteile und eventuelle Aufgelder in voller Höhe zu leisten (s. 103 (6) Com-

[282] *Pennington*, S. 181.
[283] Übersicht bei *Gansen*, S. 64ff.
[284] *Pennington*, S. 183.
[285] *Pennington*, S. 184.

panies Act 1985). Die Einlage ist in diesem Falle sofort fällig (due) und zahlbar. Die Gesellschaft kann sofort gegen den Inferenten vorgehen[286]. Die Haftung trifft gemäß s. 112 (1) Companies Act 1985 auch den späteren Aktionär, wenn dieser beim Erwerb der Aktien nicht gutgläubig war oder dies nicht sein konnte[287]. Um seiner grundsätzlichen Verpflichtung zur Leistung seiner Einlage zu umgehen, muss er darüber hinaus die Aktien in dem Glauben erworben haben, die Einlagen wären bereits voll eingezahlt[288].
Im Falle der Haftung des Einlegers oder seines Rechtsnachfolgers kann der Verwalter des Vermögens der Gesellschaft in der Insolvenz die Einlage in voller Höhe einklagen[289].

(2) Ausschluss der Haftung

Besteht eine solche Haftung des Einlegers, und hat dieser seine Sacheinlage bereits geleistet, ist zweifelhaft, wie diese von dem Gesellschafter bereits geleistete Einlage rechtlich zu behandeln ist. Es bestehen zwei Lösungsansätze.

(a) An- oder Aufrechnung

Zunächst bestünde die Möglichkeit, die erbrachte Sacheinlage direkt auf die Bareinlageverpflichtung anzurechnen[290]. Wenn aber, etwa Mangels Einigung mit der Gesellschaft eine solche Anrechnung nicht stattfinden könnte, soll aber der Gründungsgesellschafter zumindest die Möglichkeit haben, mit einem gegen die Gesellschaft bestehenden Anspruch auf Vergütung der eingebrachten Sache gegen die Bareinlageforderung aufzurechnen[291]. Die Aufrechnungsmöglichkeit gilt nur für den Einleger selbst und keinen späteren Aktionär, also Rechtsnachfolger des Einlegers[292]. Denn es handelt sich um einen Anspruch des Einlegers gegen die Gesellschaft, den der spätere Aktionär, außer im Falle des treuhänderischen Haltens des Anspruchs, nicht für sich geltend machen kann.

(b) Gerichtliche Entscheidung

Zweitens kann jede Person, die nach dieser Regel haftbar ist, eine gerichtliche Entscheidung anstrengen, mit der das Gericht den Haftenden von seiner Haftung ganz oder teilweise entlasten kann (s. 113 (1) und (2) Companies Act 1985). Eine solche gerichtliche Entscheidung kann außerdem sowohl angestrengt werden, wenn ein Verstoß gegen das Verbot der Einbringung von Dienstleistungen oder

---

[286] Re Bradford Investments plc [1991] BCLC 224, [1990] BCC 740.
[287] *Pennington*, S. 184.
[288] Burkinshaw v Nicolls (1878) 3 App Cas 1004; Bloomenthal v Ford [1897] AC 156.
[289] Re Overend, Gurney & Co., Grissell's Case (1866) 1 Ch App 528 (537); Re General Works Co., Gill's Case (1879) 12 ChD 755 (758); *Pennington*, S. 169; *Einsele*, NJW 1996, 2681 (2685 Fn. 57).
[290] *Einsele*, NJW 1996, 2681 (2684).
[291] *Pennington*, S. 185.
[292] *Pennington*, S. 185.

anderer Sacheinbringungsvorschriften besteht, als auch, wenn ein Verstoß gegen Nachgründungsvorschriften vorliegt[293]. Der Gesellschafter wird dann von seiner Zahlungspflicht ganz oder teilweise befreit. Um eine solche Entscheidung treffen zu können, muss das Gericht Einblicke in die Haftung anderer und die Einzahlungen des Haftenden und anderer Personen haben (s. 113 (3) und (4) Companies Act 1985). Das Gericht muss sicherstellen, dass die Gesellschaft Bareinlagen oder Sacheinlagen, die zumindest dem Nominalwert der Aktien und einem eventuellen Aufgeld entsprechen (s. 113 (5) Companies Act 1985). Eine solche Haftungsbefreiung des Gründers oder Aktionärs spricht das Gericht also dann aus, wenn die Gesellschaft in Höhe des Nennwerts der Aktien und des möglichen Aufgelds (Agios) Vermögenswerte erhalten hat[294]. In einer Entscheidung wurde eine solche Befreiung ausgesprochen, nachdem der Gesellschafter, der seine Einlageverpflichtung durch die Veräußerung von Vermögensgegenständen an die Gesellschaft ohne Wertprüfung erbrachte, bewiesen hatte, dass diese Vermögensgegenstände wertmäßig den zugeteilten Wertanteilen entsprachen[295]. Das Gericht darf eine solche Haftungsbefreiung nicht aussprechen, wenn bei der Zeichnung das entsprechende Mindestkapital in Höhe von einem Viertel der Bareinlagen nicht eingezahlt wurde[296].

e) Analyse

Gerade die Darstellung der Handhabung der Kapitalaufbringung durch Sacheinlagen im englischen Recht zeigt, dass zwar das Verfahren der Aufbringung ähnlich dem deutschen Recht gehandhabt wird, dass aber die Sanktionen für die Nichtbefolgung des Verfahrens andere sind. Insbesondere fällt auf, dass eine gerichtliche Entscheidung die Haftung des Inferenten bei Unregelmäßigkeiten der Kapitalaufbringung ausschließen kann, wenn der Gesellschaft trotz dieser Unregelmäßigkeiten das vereinbarte Haftkapital zugeflossen ist. Damit wird deutlich, dass sich das englische Recht an dem Grundsatz der realen Kapitalaufbringung orientiert und anders als das deutsche Recht, dass den Inferenten bei Nichtbeachtung der entsprechenden Aufrechnungsvorschriften mit einer doppelten Haftung sanktioniert, einen Sanktionsgedanken für die Umgehung von Kapitalaufbringungsvorschriften nicht kennt.

Eine solche Sichtweise im englischen Recht verstößt auch nicht gegen den Grundgedanken der Kapitalrichtlinie, die ja gerade die reale Kapitalaufbringung sicherstellen will[297]. Der Kapitalrichtlinie kommt es auf die Sicherstellung der Aufbringung des Kapitals an. Das beinhaltet gleichwohl nicht, dass die Umge-

---

[293] Siehe unten: C. III. 4. d) bb) Korrektur der Rechtsfolge.

[294] Systems Control plc v Munro Corporate plc [1990] BCC 386; Re Bradford Investments plc (No 2) [1991] BCLC 688, [1991] BCC 379.

[295] Re Ossory Estates Plc (1988) BCLC 213 (216); *Einsele*, NJW 1996, 2681 (2684, Fn. 49).

[296] *Pennington*, S. 189.

[297] So aber *Gansen*, S. 66ff.

hung von Kapitalaufbringungsvorschriften - sei sie bewusst oder unbewusst - sanktioniert werden muss. Entscheidend ist, dass der Gesellschaft Kapital zugeflossen ist und nicht, dass entsprechende Verfahrensregeln eingehalten wurden. Es ist deswegen abermals nicht davon auszugehen, dass - bei einer entsprechenden Vorlage - der EuGH den britischen Gesetzgeber zu der Schaffung einer entsprechenden Sanktionierung auffordern wird.
Es bleibt also festzuhalten, dass die Kapitalaufbringungsvorschriften in den beiden Mitgliedstaaten Deutschland und England ohne einen Verstoß gegen die Kapitalrichtlinie unterschiedlich bleiben werden. Das flexiblere Recht wird damit zum Standortvorteil. Eine entsprechende Reform durch den deutschen Gesetzgeber erscheint angebracht[298].
Im französischen Recht findet die endgültige Wertfeststellung einer Sacheinlage in der Gründungsversammlung durch die Gründer selber statt. Zwar wird eine vorsätzliche Überbewertung sowohl zivilrechtlich als auch strafrechtlich sanktioniert. Das bedeutet aber gleichwohl nicht, dass jegliche Abweichung von der Bewertung der Sacheinlagen durch Prüfer zu unterlassen wäre. Insbesondere bei der Unternehmensbewertung, wenn Unternehmen als Sacheinlage in die SE eingebracht werden sollten, besteht in Frankreich eine größere Flexibilität der Gründer. Auch dieser Handhabung kann zum Standortvorteil etwa bei der Fusion zu einer SE werden.

4. Nachgründung

Die Gründung einer Gesellschaft im Wege der Aufbringung von Sacheinlagen ist deutlich umständlicher und damit teuerer als eine Gründung durch Einbringung von Barwerten. Bei Unternehmungen ist es häufig der Fall, möglichst schnell die Unternehmensform, in der operiert werden soll, entstehen zu lassen. Darüber hinaus ist eine kostengünstige Verwirklichung der Gesellschaftsgründung unternehmerisch sinnvoll. Ein Unternehmer wird deswegen aus betriebswirtschaftlichen Überlegungen heraus andere Möglichkeiten suchen, denselben Erfolg, nämlich eine Unternehmensgründung durch Einzahlung von Sachwerten, ohne eine aufwendige Gründungsprüfung durchzuführen, auf eine schnellere und kostengünstigere Art zu verwirklichen. Wenn ein solcher Weg gewählt wird, kann es zu Gründungen von Gesellschaften kommen, deren Kapital dasselbe Risiko für Aktionäre und Gläubiger in sich trägt, wie das Kapital bei einer Sachgründung, die aber formell durch Einzahlung von Barwerten gegründet wurden. Insbesondere ist das der Fall, wenn die Vorschriften zur Aufbringung von Sacheinlagen umgangen werden, indem eine Gründung durch Barwerte erfolgt und nach Eintragung der Gesellschaft Sachgegenstände von den Gründern gegen Zahlung eines Barbetrages übernommen werden. Ein solcher Sachverhalt gilt als Nachgründung. Die Nachgründung ist im deutschen Recht in § 52 Akti-

---

[298] Siehe dazu auch *Hüffer*, § 27 Rn. 9a.

engesetz geregelt. In dessen Anlehnung hat auch die Richtlinie einen Umgehungsschutz aufgenommen[299].

a) Kapitalrichtlinie (77/91/EWG; Richtlinie)

Nach Art. 11 Richtlinie muss der Erwerb jedes Vermögensgegenstands, der den Gründern gehört, einer Wertprüfung gemäß Art. 10 Richtlinie unterzogen werden, wenn der Gegenwert des Gegenstandes mindestens 10 Prozent des Grundkapitals entspricht. Darüber hinaus unterliegt der Erwerb der Zustimmung der Hauptversammlung, wenn er vor Ablauf einer Frist nach Gründung erfolgt, die nach den mitgliedstaatlichen Vorschriften mindestens zwei Jahre zu betragen hat. Die mitgliedstaatlichen Regeln können somit auch eine längere Frist vorsehen.

Den Mitgliedstaaten ist weiterhin explizit offen gelassen, die Vorschriften zur Nachgründung anzuwenden, wenn der Vermögensgegenstand einem Aktionär oder einer anderen Person gehört. Andererseits ist gemäß Art. 11 Absatz 2 Richtlinie die Nachgründungsvorschrift nicht anzuwenden, wenn der Erwerb im Rahmen der laufenden Geschäfte, an der Börse oder auf Anordnung oder unter Aufsicht einer Verwaltungsbehörde erfolgt.

Nicht weiter geregelt ist in der Richtlinie ein Schutz gegen die Umgehung dieser Nachgründungsvorschrift und der übrigen Regelungen über die Gründung durch Sacheinlagen. Solche Regelungen treffen aber einige Mitgliedstaaten. Ob die Richtlinie an sich aber Höchstanforderungen an die mitgliedstaatlichen Regelungen treffen, oder ob lediglich Mindestanforderungen gestellt werden, die somit von den nationalen Regelungen in ihrer Weite und Schärfe noch überboten werden können, war heftig umstritten. Mittlerweile dürfte aber zumindest nach der deutschen Rechtsprechung, die auch einen solchen Umgehungsschutz geschaffen hat, feststehen, dass die Richtlinie nur Mindestanforderungen an das nationale Recht stellt, wenn anderes nicht ausdrückliche erwähnt ist. Die Rechte der Mitgliedstaaten können somit über die Regelung der Richtlinie hinausgehen, auch wenn dies den Mitgliedstaaten nicht ausdrücklich vorbehalten wird[300].

b) Deutsches Aktiengesetz

aa) Tatbestand der Nachgründung

Das deutsche Aktienrecht regelt die Nachgründung in § 52 Aktiengesetz. Eine Nachgründung liegt auch dann vor, wenn ein Vertrag über einen Erwerb von Gegenständen mit Aktionären oder Dritten erfolgt, sobald die Gesellschaft als Gegenleistung mehr als ein Zehntel des Grundkapitals zum Zeitpunkt der Vereinbarung erbringen muss. Die Frist nach der Gründung, innerhalb derer jedes Geschäft dieser Größenordnung der Gesellschaft eine Bewertung unterliegt, be-

---

299 *Habersack*, EuropGesellR, Rn. 160; *Schwarz*, EuropGesellR, Rn. 590.

300 Dazu siehe unten: C) III. 5. a) Abschließende Regelung der Richtlinie?

trägt zwei Jahre (§ 52 Absatz 1 Satz 1 Aktiengesetz) und entspricht damit der Regelung der Richtlinie.
Die Aktionärseigenschaft des Vertragspartners wird von § 52 Absatz 1 Satz 1 Aktiengesetz nicht vorausgesetzt. Demnach unterfallen alle Geschäfte mit einem entsprechenden Umfang unter diese Vorschrift, also auch Drittgeschäfte[301]. Der Rechtsverkehr wird dadurch nicht unangemessen benachteiligt, weil die tatbestandlichen Voraussetzungen der Nachgründung den Handelsregistern entnommen werden können[302].

(1) Dienstleistungen als Vermögensgegenstände im Sinne des § 52 Aktiengesetz?

Problematisch ist weiterhin die Inanspruchnahme von Dienstleistungen. Dienstleistungen und die darauf gerichteten Ansprüche sind auch nach deutschem Recht keine Vermögensgegenstände im Sinne des § 27 Absatz 1 Satz 1 Aktiengesetz und nicht einlagefähig. Dies gilt nach ganz herrschender Meinung auch dann, wenn es sich um Dienste Dritter handelt[303].
Umstritten ist nun, ob aber die Nachgründungsvorschriften dann anzuwenden sind, wenn Dienstleistungsverträge mit den Gründern oder Aktionären im Sinne des § 52 Absatz 1 Satz 1 Aktiengesetz nach Eintragung eingegangen werden.

(a) Dienstleistungen sind keine Vermögensgegenstände im Sinne des § 52 Absatz 1 Satz 1 Aktiengesetz

Einer Meinung nach muss es sich bei den Verträgen, bei denen die Nachgründungsvorschriften anwendbar sind, dem Wortlaut des § 52 Absatz 1 Satz 1 Aktiengesetz um den Erwerb von Vermögensgegenständen handeln. Die Vorschrift bezieht sich dabei auf Vermögensgegenstände jeder Art, entsprechend denen bei den Vorschriften zu den Sacheinlagen oder Sachübernahmen[304]. Aus diesem Grund sollen auch die Nachgründungsvorschriften nicht anwendbar sein[305]. Im Übrigen spricht neben dem Wortlaut auch die Entstehungsgeschichte gegen die Einbeziehung von Dienstleistungsverträgen in den Tatbestand der Nachgründung[306].

(b) Einbeziehung der Dienstleistungen in den Nachgründungstatbestand

Anderer Meinung nach muss dem Zweck der Nachgründungsvorschriften größere Bedeutung zugemessen werden. Die Nachgründungsvorschriften sollen eine Umgehung der Vorschriften zur Einbringung von Sacheinlagen bewirken.

---

301 KölnKomm-*Kraft*, § 52 Rn. 6; MüKoAktG-*Pentz*, § 52 Rn. 14.
302 *Hüffer*, § 52 Rn. 2a.
303 Siehe oben: <u>C) III. 3. b) bb) Dienstleistungen als Sacheinlage</u>
304 *Hüffer*, § 52 Rn. 4.
305 KölnKomm-*Kraft*, § 52 Rn. 7; *Diekmann*, ZIP 1996, 2149 reSp.
306 KölnKomm-*Kraft*, § 52 Rn. 7.

Zweck dieses Umgehungsschutzes ist es, Gläubigern und Aktionären gegenüber zu gewährleisten, dass bei Sacheinlagen ein im Vergleich zu den Bareinlagen umfangreicheres Einbringungsverfahren erfolgt, damit eine angemessene Bewertung der Gegenstände stattfindet. Das Verfahren soll das Eigenkapital der Gesellschaft vor einer Überbewertung der Einlagen, aus denen das Eigenkapital gebildet werden soll, schützen. Ein solcher Schutz wird erst recht dann verfehlt, wenn solche Leistungen vergütet werden, die schon gar nicht einlage- oder übernahmefähig sind. Vom Zweck der Vorschrift ist der Begriff des Vermögensgegenstandes eigenständig auszulegen und entspricht nicht dem Begriff des Vermögensgegenstandes in § 27 Absatz 1 Satz 1 Aktiengesetz. Dem Anwendungsbereich des § 52 Aktiengesetz unterfallen deshalb auch Vermögensgegenstände, die nicht Gegenstand einer Sacheinlage oder Sachübernahme sein können[307]. Insofern ist der § 52 Aktiengesetz bei Verträgen über Dienstleistungen mit den Gründern oder Aktionären und sogar Dritten entsprechend anzuwenden. Der Regierungsentwurf zur Änderung der Nachgründungsvorschrift würde dem auch nicht entgegen stehen. Es sollte lediglich ein allgemeines Verbot von Dienstleistungsverträgen in den ersten beiden Jahren nach Eintragung der Gesellschaft verhindert werden. Ein solches Verbot würde eine zu starke Einschränkung der unternehmerischen Bewegungsfreiheit darstellen. Eine Ausnahme von Dienstleistungen aus der Nachgründungsvorschrift läßt sich der Begründung allerdings nicht entnehmen[308].

(2) Stellungnahme

Zweck der Nachgründungsvorschrift ist der Schutz vor Umgehung der Sacheinlagevorschriften. Es soll vermieden werden, dass ein einheitlicher Vorgang der Sachgründung rechtliche in eine Gründung durch Barmittel, für die anschließend Gegenstände übernommen werden, aufgespaltet wird. Wo keine Sacheinlagevorschriften umgangen werden können, weil die Gegenstände schon begrifflich nicht unter die Sacheinlagevorschriften fallen, findet auch keine Umgehung der Sacheinlagevorschriften statt.

Regelungszweck der Nachgründungsvorschrift ist neben dem Umgehungsschutz auch die Sicherung der Kapitalaufbringung[309]. Eine Gefahr für das Kapital der Gesellschaft besteht aber nur dann, wenn die erbrachten Dienstleistungen nicht angemessen, sondern erhöht bewertet werden. Bei einer angemessenen Bewertung wird zwar das Kapital der Gesellschaft aufgezehrt. Allerdings würde ein Verbrauch solcher Barmittel auch dann stattfinden, wenn eine Dienstleistung von Dritten in Anspruch genommen wird. Ein solcher Vorgang würde unstreitig nicht unter die Nachgründungsvorschriften fallen. Es kann aber nicht von den Nachgründungsvorschriften gewollt sein, die Mitarbeit der Gründungsgesell-

---

[307] MüKoAktG-*Pentz*, § 52 Rn. 16.

[308] MüKoAktG-*Pentz*, § 52 Rn. 17; *Krieger*, FS Claussen, 1997, 223 (226f.).

[309] *Hüffer*, § 52 Rn. 1.

schafter und Aktionäre zu unterbinden. Nicht verhindert werden sollen demnach Geschäfte der Gesellschaft mit ihren Aktionären. Sondern Ziel ist vielmehr sicherzustellen, dass die Gesellschaft lediglich eine adäquate Gegenleistung erbringt, damit das Kapital der Gesellschaft nicht ungerechtfertigt angegriffen wird. Ein solches Ziel wird dort, wo es nicht durch Sacheinlagen umgangen wird, eher von den Vorschriften zur Erhaltung des Kapitals wahrgenommen. Es ist deswegen bei einem solchen Sachverhalt auf die Kapitalerhaltungsvorschrift des § 57 Absatz 1 Satz 1 Aktiengesetz zurückzugreifen. Unter diesen Tatbestand fallen auch Leistungen, die in einem objektiven Missverhältnis zueinander stehen, wenn sich die Gesellschaft also auf Konditionen einlässt, die sie einem Dritten nicht gewährt hätte[310]. Mithin ist für die Ausdehnung der Nachgründungsvorschriften auch auf Dienstleistungen kein Raum. Die Anwendung der Nachgründungsvorschriften hat sich somit auf die Tatbestände zu beschränken, in denen Vermögensgegenstände im Sinne des § 27 Absatz 1 Satz 1 Aktiengesetz erworben werden.

bb) Ausnahmen einer Nachgründungssituation

Die Vorschriften zur Nachgründung gelten dann nicht, wenn zwar der Tatbestand einer Nachgründung erfüllt ist, aber die Ausnahmen des § 52 Absatz 9 Aktiengesetz vorliegen. Dieser Absatz wurde zur Umsetzung der Richtlinie in das deutsche Recht aufgenommen. Es sollen Geschäfte ausgenommen werden, die zwar formal einer Nachgründung entsprechen, aber keine Gefahr für die Gläubiger oder sonstigen Aktionäre der AG darstellen.

(1) Vom Satzungsgegenstand gedeckte Geschäfte

Das deutsche Recht geht dabei mit seinen Ausnahmen über diejenigen, die vom Wortlaut der Richtlinie und des § 52 Absatz 9 Aktiengesetz gefordert werden, hinaus[311]. Es bleibt bei der auch vor der Gesetzesänderung geltenden Ausnahme jedes von dem Unternehmensgegenstand gedeckten Erwerbs. Das sind nicht nur die Geschäfte, die den Erwerb im Rahmen der laufenden Geschäfte der Gesellschaft betreffen. Zwar sind natürlich die laufenden Geschäfte, die Alltagsgeschäfte, wie der Erwerb marktgängiger Güter, deren Erforderlichkeit für den Geschäftsbetrieb im Rechtsverkehr erkennbar ist, nachgründungsbefreit. Über den Wortlaut der Vorschrift hinaus sind im deutschen Recht aber auch etwa der Warenhandel, wenn dieser Unternehmensgegenstand ist. Ebenso ist der Erwerb von Grundbesitz durch Immobiliengesellschaften von den Vorschriften für eine Nachgründung befreit. Maßgeblich ist der in der Satzung gemäß § 23 Absatz 3 Nr. 2 Aktiengesetz angegebene Unternehmensgegenstand[312]. Der Erwerb von Immobilien ohne Anwendung der Nachgründungsvorschriften soll nach einer

---

[310] *Hüffer*, § 57 Rn. 8.
[311] *Habersack*, EuropGesellR, Rn. 160 a. E.
[312] *Hüffer*, § 52 Rn. 18.

sehr alten Rechtsprechung des Reichsgerichts zulässig sein, wenn der Satzungsgegenstand als die „Durchführung aller Art von geschäftlichen Unternehmungen in Immobilien" festgelegt ist[313]. Aber auch unter Berücksichtigung der neuesten Literatur ist kein anderes Ergebnis zu befürchten.

(a) Hilfsgeschäfte der Gesellschaft

Befreit sind demnach alle Arten von Hilfsgeschäften die im Zusammenhang mit dem Unternehmensgegenstand stehen. Hilfsgeschäfte in diesem Sinne sind solche Geschäfte, ohne die der Unternehmensgegenstand nicht verfolgt werden kann. Dafür ausreichend ist es, dass sich die Notwendigkeit des Geschäfts bei objektiver Auslegung aus der Satzung ergibt[314].

Umstritten ist dabei lediglich das Detail, ob die Aufnahme der Vornahme von Hilfsgeschäften in den Satzungsgegenstand dazu führt, dass diese immer zu einer Nichtanwendung der Vorschriften der Nachgründung führen[315]. Das hätte allerdings zur Folge, dass ähnlich wie in der ultra-vires-doctrine im englischen Recht, dort freilich aus anderen Gründen, diejenige Gesellschaft einen Vorteil gewinnt, die einen Gesellschaftszweck so umfassend und ausschweifend wie möglich in die Satzung aufnimmt. Das muss aber zunächst kein Nachteil sein. Die Gesellschafter sind lediglich dazu verpflichtet, den Unternehmenszweck so umfassend wie möglich festzuhalten. Die Gläubiger der Gesellschaft können sich dann aus der Satzung über die entsprechenden Risiken informieren. Der Publizitätspflicht der Risiken für das Haftkapital ist damit genüge getan. Allerdings liegt das Problem hier nicht wirklich in der Aufnahme von Hilfsgeschäften in den Wortlaut des Satzungsgegenstands. Vielmehr ist die Definition von Hilfsgeschäften maßgelblich. Demnach sind Hilfsgeschäfte solche, ohne die der Unternehmenszweck nicht verfolgt werden kann. Es ist folglich vollkommen unerheblich, ob der Wortlaut des Satzungsgegenstandes entsprechend ergänzt wird. Hilfsgeschäfte der Gesellschaft bleiben immer von den Nachgründungsvorschriften befreit[316].

Teilweise wird vertreten, die Vornahme von Hilfsgeschäften sei nicht von den Ausnahmen der Nachgründungsvorschriften umfasst[317]. Diese Sichtweise wendet sich aber lediglich gegen die Möglichkeit, sämtliche Hilfsgeschäfte durch die Aufnahme in die Satzung von den Nachgründungsvorschriften auszuschließen. Mit dem richtigen Verständnis der Hilfsgeschäfte, nämlich solche Geschäfte ohne die der Unternehmensgegenstand nicht vollzogen werden kann, kommt auch diese Meinung zu keinem abweichenden Ergebnis.

---

[313] RG, JW 1910, 800.

[314] MüKoAktG-*Pentz*, § 52 Rn. 56; *Krieger*, FS Claussen, 1997, 223 (232); *Koch*, Nachgründung, 2002, S. 91ff.

[315] *Diekmann*, ZIP 1996, 2149 (2150 reSp).

[316] *Hüffer*, § 52 Rn. 18.

[317] KölnKomm-*Kraft*, § 52 Rn. 56.

(b) Unternehmensbeteiligungen

Ein weiteres Problem stellt sich bei Holdinggesellschaften, deren Satzungsgegenstand ihrer Bestimmung nach die Beteiligung an Unternehmen ist. Angenommen, bei der neu zu gründenden Gesellschaft handelt es sich um eine Holding-SE. Konstituierter Unternehmenszweck ist das Halten der Unternehmensanteile an den Tochtergesellschaften. Fraglich und umstritten ist dabei, ob bei einem Erwerb weiterer Beteiligungen ein solches Hilfsgeschäft vorliegt, so dass die Regelungen über eine Nachgründung nicht anzuwenden wären.
Das Problem entspricht demjenigen bei Erwerb von Immobilien durch die Gesellschaft. Auch dort werden Gegenstände erworben, die eigentlich aufgrund ihrer Bedeutung, ihres Wertes und damit der Gefahr, die diese Gegenstände für das Kapital der Gesellschaft darstellen, den Sacheinlagen der Gesellschaft gleichzustellen sind und somit den Nachgründungsvorschriften unterliegen sollten[318]. Allerdings ist der Erwerb von Immobilien, soweit Gesellschaftszweck von den Nachgründungsvorschriften befreit. Nach der Änderung des Gesetzeswortlauts sollte aber keine Änderung des Zwecks der Vorschrift nach sich ziehen[319]. Demnach kann auch bei Holding-Gesellschaften, deren Gesellschaftszweck der Erwerb von Unternehmen ist, nichts anderes gelten. Auch diese sind von den Nachgründungsvorschriften befreit[320].

(2) Erwerb über die Börse

Das oben besprochene Problem des Unternehmenserwerbs stellt sich aber spätestens dann nicht mehr, wenn die Unternehmensbeteiligung im Rahmen eines share-deal über die Börse erfolgen. Auf diese Geschäfte sind nach dem eindeutigen Wortlaut der Vorschrift des § 52 Absatz 9 Aktiengesetz die Nachgründungsvorschriften nicht anzuwenden.

cc) Nachgründungsverfahren

Ist der Tatbestand der Nachgründung einmal erfüllt und liegt keine Ausnahme vor, ist ein Nachgründungvorgang zu absolvieren. Dabei ist vor einer Zustimmung der Hauptversammlung der Vertrag durch den Aufsichtsrat zu prüfen und ein Nachgründungsbericht zu erstellen (§ 52 Absatz 3 Satz 1 Aktiengesetz). Für diesen Bericht gelten gemäß § 52 Absatz 3 Satz 2 Aktiengesetz dieselben Anforderungen, die auch an den Gründungsbericht zu stellen sind. Es hat eine Prüfung durch Gründungsprüfer stattzufinden, für den ebenfalls die Anforderungen an die Gründungsprüfung gelten (§ 52 Absatz 4 Aktiengesetz). Die Zustimmung der Hauptversammlung bedarf einer Dreiviertelmehrheit.

---

[318] *Koch*, Nachgründung, 2002, S. 103ff.; *Hüffer*, § 52 Rn. 18 a. E.
[319] *Walter/Hald*, DB 2001, 1183 (1184f.).
[320] *Walter/Hald*, DB 2001, 1183 (1185).

dd) Rechtsfolge der Nichteinhaltung

Bis zu einer Eintragung ist der Vertrag als auch das Verpflichtungsgeschäft schwebend unwirksam[321]. Umstritten ist gewesen, ob der Geschäftsgegner, also der Gründer oder Aktionär, bis zu der Zustimmung der Hauptversammlung noch das Widerrufsrecht des § 178 BGB hat oder an den Vertrag gebunden ist.
Eine ältere Rechtsprechung nahm noch ein Widerrufsrecht des Aktionärs an[322]. Bereits die frühe Kritik an dieser Rechtsprechung[323] hat aber dazu geführt, dass diese Rechtsprechung durch neuere Urteile revidiert wurde und im Einklang mit der herrschenden Meinung in der Literatur dem Gründer oder Aktionär ein Widerrufsrecht abgesprochen wird[324]. Das Wirksamwerden des Vertrags hängt nur noch von der Zustimmung der Hauptversammlung ab. Die Aktiengesellschaft ist aber aus der Generalklausel des § 242 BGB, nach der die Leistung nach Treu und Glauben zu bewirken ist, verpflichtet, den Beschluss der Hauptversammlung in angemessener Zeit herbeizuführen und die Anmeldung zum Handelsregister vorzunehmen[325].
Der Vertrag wird endgültig unwirksam, wenn feststeht, dass eine Zustimmung der Hauptversammlung nicht zu erlangen ist, also ein ablehnender Beschluss ergeht[326]. Auch wenn die Zustimmung der Hauptversammlung nicht eingeholt oder eine Eintragung im Handelsregister nicht vorgenommen wird, sieht der § 52 Absatz 1 Satz 2 Aktiengesetz als Rechtsfolge die Unwirksamkeit der Rechtshandlungen, also Vertrag und Übertragung, vor.
Wird der Vertrag unwirksam, so sind bereits erbrachte Leistungen, also die Übertragungen, abzuwickeln. Eine Zahlung der AG an Aktionäre ist ohne die Nachgründung aktienrechtswidrig, so dass sie gemäß § 62 Absatz 1 Satz 1 Aktiengesetz zurückzugewähren sind. Dies gilt auch für den Fall, dass die Mitgliedschaft vor der Zahlung beendet ist oder wenn Zahlungen an Dritte fließen, aber wegen Umgehungsgeschäften den Aktionären zuzurechnen ist[327].

c) Französischer Code de commerce

aa) Tatbestand und Verfahren der Nachgründung

Eine Nachgründungsregelung in Umsetzung des Art. 11 Richtlinie ist im französischen Recht zunächst in Art. 157-1 des loi du 30 décembre 1981 erfolgt, der jetzt zu Art. L225-101 Code de commerce geworden ist. An den Fall, dass die

---

[321] *Hüffer*, § 52 Rn. 8f.
[322] RG, JW 1929, 2944 (2946).
[323] LG Hamburg, JW 1930, 2726.
[324] OLG Celle, AG 1996, 370 (371 liSp); KG OLGR 43, 307 (308); Großkomm-*Barz*, § 52 Rn. 4; MüKoAktG-*Pentz*, § 52 Rn. 44ff.; *Diekmann*, ZIP 1996, 2149 (2153 liSp).
[325] KölnKomm-*Kraft*, § 52 Rn. 51f.
[326] *Hüffer*, § 52 Rn. 8 a. E.
[327] *Hüffer*, § 52 Rn. 9.

Gesellschaft einen Vermögensgegenstand von einem Aktionär erwirbt, stellt somit auch das französische Recht besondere Anforderungen. Eine Bewertungsprüfung der Gegenstände hat zu erfolgen, wenn diese innerhalb von zwei Jahren nach Eintragung der Gesellschaft in das Handelsregister erworben werden und der Wert der Gegenstände mindestens ein Zehntel des Grundkapitals beträgt (Art. L225-101 Absatz 1 Code de commerce). Geschäfte mit Dritten fallen anderes als im deutschen Recht nicht unter den Tatbestand der Nachgründung. Auch Dienstleistungen fallen ebenso wie im deutschen Recht nach hier vertretener Meinung nicht unter die Erwerbsgegenstände im Sinne dieser Vorschrift[328].
Das Prüfungsverfahren gleicht dem bei der Einbringung einer Sacheinlage. Der Gegenstand wird von einem Einlageprüfer (commissaire) bewertet. Die endgültige Bewertung erfolgt durch die Zustimmung der Hauptversammlung zu dem Vertrag. Der Verkäufer hat in der Versammlung kein Stimmrecht (Art. L225-101 Absatz 2 Code de commerce).

bb) Ausnahmen von der Verpflichtung zur Einhaltung der Nachgründungsvorschriften

Erwerbungen über die Börse und solche im Rahmen der laufenden Geschäfte sind gemäß Art. L225-101 Absatz 3 Code de commerce von den Nachgründungsregeln ausgenommen.
Fraglich ist hierbei, ob die Erwerbungen im Rahmen der laufenden Geschäfte zu normalen Bedingungen (dans le cadre des opérations courantes de la société et conclues à des conditions normales) ähnlich weit wie im deutschen Recht verstanden werden, so dass der Erwerb von Immobilien oder - nach umstrittener Meinung - der Erwerb von Unternehmen durch Holding-Gesellschaften, unter diese Ausnahme fallen. Die französische Literatur hat sich - so weit ersichtlich - dazu noch nicht geäußert. Es ist auf die allgemeine Definition der laufenden Geschäfte zurückzugreifen[329].

(1) Allgemeine Definition der laufenden Geschäfte

Demnach handelte es sich um laufende Geschäfte, wenn die Operation von dem Gesellschaftszweck umfasst werden[330]. Unter normalen Bedingungen findet der Erwerb dann statt, wenn die Geschäfte mit Dritten vorgenommen werden, die im selben Geschäftsbereich (secteur d'activité) wie die Gesellschaft tätig sind[331]. Nach einer solchen sehr formalen Sichtweise könnte der Erwerb von Unternehmen und Immobilien für solche Gesellschaften, die auf diesem Sektor tätig sind unter die Ausnahme fallen. Dabei bleibt aber ähnlich wie im deutschen Recht

---

[328] *Pontavice*, B. C. N. C. C. 1988, 223 (224).
[329] *Ripert/Roblot*, Nr. 1456.
[330] Cour de cassation, Chambre civil, Section commercial, 21. 4. 1977, Dalloz-Sirey, 1977, I. R., 446; *Ripert/Roblot*, Nr. 1647.
[331] Paris, 7. 4. 1994, Droit des sociétés 1994, n° 194 ; *Ripert/Roblot*, Nr. 1647.

darauf hinzuweisen, dass der Erwerb von Geschäftsanteilen einer Tochtergesellschaft durch die Holding-SE, die eben noch von diesen Tochtergesellschaften gegründet wurde, nicht unbedingt als ein laufendes Geschäft aufgefasst werden könnte. Allerdings kann sich eine solche Betrachtungsweise rechtfertigen, wenn die Holding-SE im Rahmen ihrer normalen Geschäftstätigkeit in der Zeit nach ihrer Gründung auch andere Gesellschaften erwirbt. Es kommt hier auf den Einzelfall an, der Rückgriff auf die allgemeinen Regelungen kann nur den Rahmen grob umstecken.

(2) Zweck der Nachgründungsvorschrift

Möglicherweise kann aber zur Beantwortung der Frage, wie weit der Ausnahmetatbestand der Nachgründungsvorschrift im französischen Recht zu verstehen ist, auf die Bedeutung der Bestimmung in der französischen Jurisdiktion zurückgegriffen werden.

Die Regelung wird nicht als Gründungsvorschrift verstanden. Die Vorschrift befindet sich in dem Abschnitt, der die Zuständigkeit der Hauptversammlung der Gesellschaft regelt. Aus diesem systematischen Zusammenhang heraus, wird ein Zusammenhang zu den Sacheinlagen nicht gesehen. Der Zweck der Vorschrift wird nicht in der Sanktionierung der Umgehung der Sachgründungsvorschriften gesehen, sondern besteht nach Auffassung der französischen Lehre darin, die Zuwendung unausgeglichener Vorteile an die Aktionäre zu verhindern. Damit wird der Schwerpunkt der Vorschrift auf die Sicherstellung der Kapitalisierung der Gesellschaft gelegt. In den Hintergrund rückt die Sanktionierung verbotener Absprachen zur Umgehung der Kapitalaufbringungsvorschriften zwischen den Gründern und der Gesellschaft. Dies erscheint aus dem Gesichtspunkt sinnvoll, dass für das Kapital einer Gesellschaft kein Schaden entsteht, wenn die Leistung und Gegenleistung des Umgehungsgeschäfts in einem angemessenen Verhältnis stehen[332].

Aber auch aus diesem Verständnis heraus lässt sich die Zulässigkeit des Erwerbs von Unternehmen und Immobilien im Rahmen der laufenden Geschäfte nicht vorhersagen. Von einer planmäßigen Bargründung einer Holding-SE mit anschließender Übernahme der Tochtergesellschaften ohne Einhaltung der Nachgründungsvorschriften ist also dringend abzuraten. Möglicherweise könnte ein solcher Schritt allerdings vollzogen werden, wenn die neue Holding-SE nach ihrer Gründung mehrerer Gesellschaften im Rahmen ihrer laufenden Geschäfte übernimmt.

cc) Anfechtbarkeit der Zustimmung durch die Hauptversammlung

Ist die Zustimmung zu dem Erwerbsgeschäft erfolgt, besteht keine Sanktionsmöglichkeit gegen den Vertragspartner, auch wenn der Vertrag zu Lasten der

---

[332] *Bardoul*, Revue des sociétés 1983, 285.

Gesellschaft geht[333]. Allerdings ist der Beschluss dann anfechtbar, wenn in dem Erwerbsgeschäft eine Zuwendung von Sondervorteilen an einen Aktionär gesehen wird. Anfechtungsberechtigt ist dann jeder einzelne Aktionär. Anfechtungsgrund ist die unzulässige Zuwendung von Sondervorteilen (abus de majorité)[334]. Schutzrichtung einer solchen Sichtweise ist der Mitaktionär, der vor einer Verwässerung seiner Anteile geschützt werden soll. Nicht in den Kreis der Schutzwürdigkeit aufgenommen sind damit die Gläubiger der Gesellschaft. Da auch keine Publikationspflicht für eine Sachgründung besteht, sind die Gläubiger auf die Richtigkeit der Bewertung der Sacheinlage angewiesen.

d) Englischer Companies Act 1985

aa) Tatbestand und Rechtsfolge der Nachgründung

Im englischen Recht ist die Regelung zur Nachgründung in den ss. 104 (1) und (2), 109 (1) und (2) Companies Act 1985 umgesetzt. Die Nachgründungsvorschriften finden dann Anwendung, wenn Rechtsgeschäfte zum Erwerb eines Gegenstandes von Gründern durch die Gesellschaft innerhalb von zwei Jahren nach Ausstellung einer Gründungsbescheinigung im Sinne der s. 117 Companies Act 1985 vorgenommen wurden, und die vereinbarte Gegenleistung der Gesellschaft zum Zeitpunkt der Vereinbarung mindestens ein Zehntel des gezeichneten Anteilskapitals (allotted capital) ausmacht. Anders als im französischen und deutschen Recht, wo sogar Geschäfte mit Dritten unter den Tatbestand der Nachgründung fallen, sind nach der Regelung im englischen Recht also nur Geschäfte mit den Gründern der Gesellschaft, nicht aber mit anderen Aktionären zu überprüfen. Im Vergleich zu den beiden anderen Jurisdiktionen ist der personelle Anwendungsbereich der Nachgründungsvorschrift in Großbritannien folglich am engsten. Die Definition des Gegenstandes, der erworben wird, ist demgegenüber aber weiter als bei der Sacheinlage. Gegenstand im Sinne der Vorschrift umfast jedes Vermögen oder dingliches Recht am Vermögen, auch fremder Währung, und jede Art der Verpflichtung außer der Verpflichtung, eine fällige Zahlung in bar vorzunehmen[335].

Die Geschäfte unterliegen dann ebenfalls einer Prüfung durch eine unabhängige Person sowie der Zustimmung durch die Hauptversammlung (s. 104 (4) Companies Act 1985). Der Prüfungsbericht ist dem Leiter des Handelsregisters für Kapitalgesellschaften (Registrar of Companies) innerhalb von 15 Tagen nach Zustimmung durch die Hauptversammlung zuzustellen (s. 111 (2) Companies Act 1985). Dieser veröffentlicht sodann die Tatsache im Staatsanzeiger (London Gazette), dass ihm Kopien der Prüfungsberichte zugestellt wurden[336].

---

[333] *Ullrich*, DB 1990, 465 (467).
[334] *Guyon*, Nr. 455f.
[335] *Pennington*, S. 186.
[336] *Pennington*, S. 187.

In 104 (6) lit. a Companies Act 1985 sind als Umsetzung des Art. 11 Absatz 2 Richtlinie die Erwerbsmaßnahmen im Rahmen der laufenden Geschäfte der Gesellschaft, also die Verkehrsgeschäfte der Gesellschaft, ausgenommen. Ebenfalls ausgenommen ist ein Erwerb unter der Aufsicht des Gerichts im Sinne der s. 425 Companies Act 1985[337].
Erfolgt eine solche Prüfung des erworbenen Wertgegenstandes nicht, so gelten gemäß s. 105 (3) Companies Act 1985 dieselben Regelungen wie bei der ursprünglichen Nichtbeachtung des Bewertungserfordernisses. Die Inferenten haften also bei Kenntnis oder Kennenmüssen auf den entsprechenden Wert des Gegenstandes in bar[338]. Darüber hinaus ist das betreffende Rechtsgeschäft unwirksam, solange es noch nicht vollzogen ist. Die Gesellschaft kann dann die Gegenleistung für den Erwerb des Gegenstandes oder einen Betrag, der dem Wert der Gegenleistung entspricht, herausverlangen (s. 105 (1), (2) Companies Act 1985).

bb) Korrektur der Rechtsfolge

Aber auch in einem Fall des Verstoßes der Bewertungsverpflichtungen im Rahmen der Nachgründung wird ein Gericht auf Antrag den betreffenden Gesellschafter von der Nachzahlungsverpflichtung befreien, wenn es bewiesen ist, dass sich Leistung und Gegenleistung bei diesem Rechtsgeschäft entsprachen (s. 113 (1) und (2) Companies Act 1985)[339]. Der Gesellschafter kann demzufolge von der Leistung der Bareinlage befreit werden, wenn er nachweist, dass seine Sachleistung dem Wert entsprach, den die Gesellschaft bereits an ihn geleistet hat[340].

e) Analyse

Die Betrachtung zeigt zunächst, dass sie nach Gründungsvorschriften in Großbritannien lediglich Geschäfte mit den Gründern der Gesellschaft umfassen, nicht aber welche mit späteren Aktionären, wie das auch in Frankreich der Fall ist. Drittgeschäfte mit entsprechender Größe werden nur vom Tatbestand der Nachgründung im deutschen Recht umfasst. Von der Kapitalrichtlinie gefordert ist lediglich die Überprüfung eines Geschäftes mit einem Gründer der Gesellschaft, so dass ein Verstoß des englischen Rechts nicht ersichtlich ist. Nach Art. 11 Absatz 1 Satz 2 der Kapitalrichtlinie ist es den Mitgliedstaaten explizit vorbehalten, die Anwendung der Nachgründungsvorschrift auch vorzusehen, wenn Vermögensgegenstände von einem Aktionär oder einer anderen Person erworben werden. Diese Regelungen verstoßen somit nicht gegen die Richtlinie.
Im Übrigen ist wiederum den kontinentaleuropäischen Rechtsgebieten fremd, dass eine gerichtliche Haftungsbefreiung oder -reduzierung in Betracht kommt,

---

337 *Pennington*, S. 186.
338 Siehe oben: C. III. 3. d) cc) (1) Haftungstatbestand und –folge.
339 Gower, S. 242.
340 *Einsele*, NJW 1996, 2681 (2685).

wenn die Nachgründungsvorschriften nicht eingehalten wurden. Das den Gründern einer Gesellschaft eine solche Möglichkeit offen steht, ist grundsätzlich zu befürworten, steht sie doch der realen Kapitalaufbringung, die die Kapitalrichtlinie fordert, nicht entgegen. Es kann auf das oben Gesagte verwiesen werden[341].

5. Verdeckte Sacheinlagen

Die Richtlinie enthält außer den Vorschriften zur Nachgründung keinen weiteren Schutz vor Umgehungen der Sacheinlagevorschriften. Sicherlich können aber Mittel und Wege gefunden werden, das für die Einbringung von Sacheinlagen vorgesehene Verfahren zu umgehen. Eine Motivation, die Vorschriften zu den Sacheinlagen zu umgehen, ist insbesondere der Zeitaufwand, die Kosten für die Bewertungskontrolle und die Publizitätspflicht dieser Form der Aufbringung des Grundkapitals. In der Praxis kommen deshalb verdeckte Sacheinlagen überaus häufig vor[342].

a) Abschließende Regelung der Richtlinie?

Weiterhin fraglich, vor allem aber vor einer Dekade heftig umstritten war, ob die Richtlinie die Schutz- und Umgehungsvorschriften bei der Gründung durch Einbringung von Sacheinlagen abschließend regelt. Wäre dies der Fall, würden weitergehende nationale Vorschriften und die Auslegung des nationalen Rechts durch die Gerichte als richtlinienwidrig anzusehen sein. In diesem Fall wäre das Gebot der richtlinienkonformen Auslegung des innerstaatlichen Rechts aus Art. 10 EG-V verletzt. Die Pflicht zur richtlinienkonformen Auslegung obliegt allen Trägern öffentlicher Gewalt und damit auch den nationalen Gerichten[343]. Die nationalen Regelungen und die Rechtsprechung hätten sich dann der Maßgabe der Europäischen Richtlinie anzupassen und den Inhalt der Regelung und Entscheidung zu ändern.

Der BGH hat sich gegen die abschließende Regelung der Richtlinie ausgesprochen[344]. Der EuGH hat eine Entscheidung in der Sache abgelehnt. Es ist infolgedessen davon auszugehen, dass in Deutschland, wo ein über die Kapitalrichtlinie hinausgehender Umgehungsschutz Anwendung findet, der Streit bis auf eine weitere mögliche Entscheidung des EuGH entschieden ist. Ein Großteil der Literatur war entweder bereits vor der Entscheidung des BGH der Meinung, die Richtlinie stelle keine abschließende Regelung der Materie dar, oder stimmte der Entscheidung zu[345]. Neben der Möglichkeit der nationalen Gesetzgeber, weitere Regelungen zur Vermeidung der Umgehung des Verfahrens zu erlassen,

---

[341] Siehe oben: C. III. 3. e) Analyse.
[342] *Hüffer*, § 27 Rn. 9; *Schwarz*, EuropGesellR, Rn. 593.
[343] EuGHE 1984, 1891 (1909).
[344] BGHZ 110, 47 (68ff.); 118, 83 (103f.); 132, 133.
[345] Großkomm-*Röhricht*, § 27 Rn. 192; KölnKomm-*Lutter*, § 66 Rn. 31ff.; *ders./Gehling*, WM 1989, 1445, 1456ff.; *Hüffer*, § 27 Rn. 13; *Habersack*, EuropGesellR, Rn. 163.

wird darüber hinaus sogar angenommen, dass den Vorschriften des Art. 10 Richtlinie ein Umgehungsschutz immanent ist. Bereits aus Gründen des effet utile haben die Mitgliedstaaten dafür Sorge zu tragen, dass die Vorgaben der Richtlinie auch tatsächlich zur Geltung gebracht werden. Sie dürften sich deshalb nicht auf eine am Wortlaut der Richtlinie orientierte Auslegung beschränken[346]. Ein konkreter Schutz vor Umgehungen der Offenlegungs- und Wertprüfungsvorschriften sei deshalb nicht nur mit der Richtlinie vereinbar, sondern auch geboten[347].

Bedauerlich ist allerdings, dass der BGH diese Frage dem EuGH nach dessen ersten Unzuständigkeitsbeschluss nicht nochmals zur Entscheidung vorgelegt hat. In seiner Sichtweise zu dieser Problematik schließt die Richtlinie die Anwendung eines strengeren nationalen Rechts nicht aus, soweit die Vorschriften der Richtlinie keine ausdrücklichen Höchstregelungen treffen. Das ist sicherlich eine legitime Sichtweise, die keine Rechtsfehler erkennen lässt. Gleichwohl würde eine Vorlage zum EuGH eine verbindliche, europaweit geltende Rechtsprechung schaffen, die insgesamt der Rechtsklarheit dienlich wäre. In der Frage der Richtlinienkonformität einer materiellen Inhaltskontrolle des Bezugsrechtsausschlusses bei der Sachkapitalerhöhung hat der BGH auch einen solchen Weg gewählt und die Frage dem EuGH zur Entscheidung vorgelegt[348]. Bemerkenswert ist die uneinheitliche Behandlung solcher, die Vereinbarkeit des deutschen Rechts mit den Vorgaben der Richtlinie überprüfender Sachverhalte[349]. Eine einheitliche Behandlung wäre begrüßenswert.

Der Gegenmeinung, die sich für eine abschließende Regelung der Richtlinie ausgesprochen hat, merkt man an, dass es ihr nicht wirklich um die Beantwortung dieser Frage ging, sondern um die Vermeidung der ungleichen Regelungen einzelner Sachverhalte innerhalb der Mitgliedstaaten[350]. Eine solche Sichtweise ist sicherlich zu befürworten, allerdings wählten die Vertreter dieser Meinung den für den BGH unpassenden Weg. Inwieweit in der EuGH einer solchen Argumentation Folge leisten wird, bleibt abzuwarten.

b) Deutsches Aktiengesetz

Im deutschen Recht findet der Schutz vor der Umgehung der Sacheinlagevorschriften insbesondere durch die von der Rechtsprechung geschaffene Lehre der verdeckten Sacheinlage statt.

---

[346] *Habersack*, EuropGesellR, Rn. 37, 163.

[347] Großkomm-*Röhricht*, § 27 Rn. 192; *Drinkuth*, RiLi, 169ff.; *Habersack*, EuropGesellR, Rn. 37, 163.

[348] BGH, NJW 1995, 2656.

[349] *Schwarz*, EuropGesellR, Rn. 623.

[350] *Tesauro*, ZIP 1992, 1036ff.; *Joost*, ZIP 1992, 1033ff.; *Meilicke*, DB 1989, 1067ff.; *ders*., DB 1990, 1173ff.

Nach der Lehre der verdeckten Sacheinlage finden die Vorschriften über die Gründung durch Sacheinlage auch dann Anwendung, wenn ein Gründer zwar zunächst eine Bareinlage leistet, diese aber nach Absprache sodann im Rahmen eines Geschäfts mit der Gesellschaft wieder zurückerhält. Häufig handelt es sich dabei um ein einfaches Hin- und Herzahlen der Bareinlage. Es sind darüber hinaus auch andere Fälle denkbar, mit denen die Sachgründungsvorschriften umgangen werden könnten. Auch durch eine Leistung an Erfüllungs Statt oder durch Verrechnung kann aus einer geschuldeten Bareinlage ein Sacheinlageeffekt werden[351]. Eine solche Umgehung soll durch das Verbot einer verdeckten Sacheinlage verhindert werden. Der Tatbestand der Sacheinlage ist weiter als der der Nachgründung und umfasst jegliche vorabgesprochene Geschäfte zwischen der Gesellschaft und ihren Gründern, wenn dabei die Bareinlage zurückfließt.

Aber auch andere Überlegungen der Unternehmer führen dazu, dass der Tatbestand der verdeckten Sacheinlagen erfüllt werden kann. So ist folgender Sachverhalt denkbar: Eine Gruppe junger Unternehmer ist mit vielerlei ausgestattet: Intelligenz, unternehmerischerem Geschick, Flexibilität und der Bereitschaft, viel zu arbeiten. Dazu kommt nicht zuletzt die Idee zu einer Unternehmung. Nur eins hat diese Gruppe junger Unternehmer nicht: Geld. Deswegen werden sie auch in Zukunft auf die Ausschüttung von Gewinnen oder die Vergütung von Dienstleistungen angewiesen sein. Allerdings werden sie auch in der Folgezeit für das Unternehmen tätig werden, und das in übergebührender Weise. Wenn jetzt diese Gruppe Unternehmer die Geschicke ihrer Gesellschaft lenken wollen, und folglich die Vorstandsposten bekleiden, so können die Bezüge, die sie für diese Tätigkeit beziehen, nicht als Eigenkapital ausgewiesen werden: Eine Bargründung kommt, auch wenn die Aufrechnungsmöglichkeit der Gesellschaft bejaht werden sollte, nicht in Betracht, da die Forderung zwar vollwertig und liquide ist, bei Gründung der Gesellschaft aber noch nicht fällig. Wenn aber selbst ein solches Hindernis durch die Möglichkeit der sukzessiven Fälligstellung der Forderungen begegnet werden kann, so können die Forderungen trotzdem nicht eingebracht werden. Denn nach der einhelligen Meinung der deutschen Jurisprudenz kann eine Einlageverpflichtung nicht mit Lohnforderungen gegen die Gesellschaft getilgt werden[352]. Eine Sacheinlage kommt ebenfalls nicht in Betracht, weil Dienstleistungen von Gründern - und dazu gehören auch die Geschäftsbesorgungsverträge der Gründer als Verwaltungsorgan der Gesellschaft - keine Sacheinlage darstellen können. Weiterhin kommen auch die Nachgründungsvorschriften nicht zur Anwendung, weil sie nach hier vertretenen Auffassung nur auf den Schutz des Eigenkapitals bei Erwerb von Vermögensgegenständen beschränkt sind.

---

[351] *K. Schmidt*, GesellR, § 29 II. c).

[352] BGH, NJW 1979, 216.

Da solche Geschäftsbesorgungsverträge der Gesellschaft mit den Gründern nicht als Eigenkapital in den Bilanzen ausgewiesen werden darf, aber den entsprechenden Verwaltungsorganen der Gesellschaft, wenn diese auch Gründer und Gesellschafter sind, wohl schwerlich der Bezug von Gegenleistung für ihre Tätigkeit untersagt werden kann, werden die Vertragsparteien solche Verträge trotzdem schließen. Die Gesellschaft hat dann einen Anspruch auf die unternehmerische Tätigkeit der Gründer, und diese einen Anspruch auf eine entsprechende angemessene Vergütung. Wenn jetzt die Auszahlungen der angemessenen Vergütung an die Gründer das Eigenkapital der Gesellschaft angreift, so stellt sich die Frage, ob ein solches Verhalten unter den Tatbestand der verdeckten Sacheinlagen fällt.
Handelt es sich bei einem Vorgang um eine verdeckte Sacheinlage, so gelten wegen des Grundsatzes der realen Kapitalaufbringung die Vorschriften über die Sachgründung. Da eine Gründungsprüfung unterblieben ist, wurden die Vorschriften für die Einbringung von Sacheinlagen nicht beachtet, so dass die Vereinbarung einer Sacheinlage gemäß § 27 Absatz 3 Satz 1 Aktiengesetz unwirksam ist. Der Gründungsaktionär hat gemäß § 27 Absatz 3 Satz 3 Aktiengesetz ohne Rücksicht auf bereits erbrachte Leistungen seine Einlage noch einmal einzuzahlen. Das würde also bedeuten, dass nach dem Grundsatz der verdeckten Sacheinlagen die Gründer der Gesellschaft die Bezüge für die Dienstleistungen, die sie an der Gesellschaft verrichtet haben, zurückzahlen, oder besser gesagt, noch einmal leisten müssten. Diese Pflicht können sie auch nicht umgehen, Forderung aus Dienstleistungen dürfen nicht eingebracht werden, Dienstleistungen können nicht eingebracht werden. Werden die Gründer trotzdem für die Gesellschaft tätig, dürften nur die Forderung aus Dienstleistung ausgezahlt werden, die das Eigenkapital der Gesellschaft nicht angreifen.

aa) Anwendbarkeit nationaler Rechtsprechung für die Gründung der SE

Zunächst könnte bezweifelt werden, ob der Verweis der SE-VO auf nationales Recht auch die von der Rechtsprechung entwickelten Rechtsgrundsätze erfassen, oder sich lediglich auf die gesetzlichen Normen erstreckt. Dem Wortlaut nach würde sich der Verweis gemäß Art. 9 Absatz 1 SE-VO nur auf die Rechtsvorschriften der jeweiligen Mitgliedstaaten beziehen[353]. Das würde bedeuten, dass für die Kapitalaufbringung der SE nur die geschriebenen Normen der Kapitalaufbringung der Mitgliedstaaten heranzuziehen sind, nicht aber die richterliche Rechtsfortbildung in Form der Rechtsprechung zu den verdeckten Sacheinlagen. Eine solche Sichtweise würde im groben Maße die Bedeutung der Rechtsprechung in den Rechtskreisen, in denen Kodifikationen geschaffen wurden, missachten. Die richterliche Rechtsfortbildung wird nach der kontinentaleuropäischen Rechtsauffassung nicht als autonome Rechtsquelle verstanden. Es handelt

[353] *Schulz/Geismar*, DStR 2001, 1078 (1079); *Ullmer*, F. A. Z. vom 21. März 2001.

sich vielmehr um Rechtsanwendung, die an das geschriebene Recht gekoppelt ist[354]. Die Rechtsprechung füllt das kodifizierte Recht mit Leben aus. Die gesetzlichen Normen beschränken sich auf die abstrakte Regelung eines generellen Vorgangs. Dieser Vorgang muss auf den konkreten Einzelfall angewandt werden. Kein Lebenssachverhalt entspricht dem anderen. Die Anwendung der Normen hat in den kontinentaleuropäischen Rechtsordnungen die Gerichte auf Grundlage der Kodifikationen vorzunehmen. Würde die Rechtsprechung bei diesem also Verweis ausgesondert, würde das übrigbleibende rechtliche Gerüst nicht ausreichen, um eine befriedigende Rechtssicherheit zu gewährleisten. Schon alleine aus dieser Überlegung heraus muss der Verweis der SE-VO auf das nationale Recht auch die nationale Rechtsprechung erfassen.
Hinzu kommt ein weiteres Argument: Würde der Verweis der SE-VO auf das nationale Recht die Rechtsprechung nicht umfassen, ist die Zuständigkeit der Gerichte zur Auslegung des nationalen Rechts im Kern ausgeschlossen. Da das kodifizierte Recht aber alleine nicht ausreicht, müsste der Gerichtshof der Europäischen Gemeinschaften zu Auslegungsfragen des nationalen Rechts Stellung nehmen. Dies ist nicht beabsichtigt gewesen[355]. Für eine solche Stellungnahme würde dem EuGH auch die Kompetenz fehlen. Im Ergebnis wäre also der EuGH mangels Kompetenz zur Auslegung des nationalen Rechts nicht zuständig, während die Rechtsprechung der nationalen Gerichte mangels Verweis der SE-VO nicht heranzuziehen ist. Ein solches Ergebnis kann nicht überzeugen.

bb) Tatbestand der verdeckten Sacheinlage

(1) Objektive Voraussetzungen

Eine verdeckte Sacheinlage liegt vor, wenn ein wirtschaftlich einheitlicher Vorgang durch Zusammenfügung von Verkehrsgeschäften mit einer Bareinlage entsteht, die aber formal-rechtlich in getrennte Geschäfte aufgeteilt sind. In der Regel findet zunächst die Aufbringung und Einzahlung der Bareinlagen zur freien Verfügung der Gesellschaft statt. Dann erfolgt etwa der Erwerb von Sachen oder Rechten von einem Gründer der Gesellschaft. Das zunächst aufgebrachte Eigenkapital in Form der Barmittel fließt also an den Gründungsgesellschafter zurück, und statt dessen besteht das Haftungskapital der Gesellschaft nun aus den eingebrachten Vermögensgegenständen. Die Situation ist vergleichbar mit der Gründung durch Einbringung von Sacheinlagen.
Auch hier stellt sich wiederum die Frage, was alles unter den Begriff der Sacheinlage fallen soll. Insbesondere besteht eine Problematik bezüglich der Klassifizierung der Einbringung einer Forderung des Gesellschafters gegen die Gesellschaft[356]. Zwar liegt hier eine ähnliche Situation vor, wie bei der Frage, was un-

[354] *Teichmann*, ZGR 2002, 381 (399).
[355] *Teichmann*, ZGR 2002, 381 (398f.).
[356] *Schwarz*, EuropGesellR, Rn. 593.

ter den Begriff der Sacheinlagen bei der Nachgründungsvorschrift fällt. Allerdings kann nur sehr Eingeschränkt auf die Darstellung und Entscheidung diesbezüglich[357] hingewiesen werden. Fraglich ist also, was als Gegenstand des Erwerbsgeschäfts zu betrachten ist.

(a) Verrechnungsabrede mit Forderungen

Ein solcher wirtschaftlich einheitlicher Vorgang Geschäft der Gesellschaft mit ihren Gründern kann nach der Rechtsprechung die Umwandlung von Krediten in Haftungskapital betrachtet werden. So hat der BGH in folgendem Fall jeweils eine verdeckte Sacheinlage angenommen: Zunächst hatte eine Bank einen Kredit an eine AG finanziert. Diesen Kredit hat dann eine Drittbank abgelöst indem sie die ausstehende Kreditsumme an die Bank auszahlte. Die Bank zahlte daraufhin eine Bareinlage in Höhe der Kreditsumme ein und erhielt Aktien an der AG, die sie treuhänderisch hielt. Mit der Einlage wurde der Kredit gegenüber der Drittbank getilgt[358]. Die Einlage wurde also in Form einer Forderung gegen die Gesellschaft geleistet, die auf einer Kreditgewährung zu einem früheren Zeitpunkt fußte. Zum Zeitpunkt der Einlageleistung ist die Vollwertigkeit der Forderung nicht festgestellt worden. Es ist also möglich, dass die Forderung gegen die Gesellschaft mittlerweile völlig wertlos ist, weil die Insolvenz der Gesellschaft nicht mehr feststeht. Die Akzeptanz einer solchen Leistung als Kapitaleinlage gefährdet also das Eigenkapital der Gesellschaft. Es hätten die Regeln über die Einlagen von Sachgegenständen beachtet werden müssen.

(b) Vorübergehende Liquiditätszufuhr zur Forderungstilgung

Im früher liegenden IBH/Lemmertz-Urteil[359] hatte die IBH AG Schulden bei einer Lieferantin. Die Lieferantin schloss mit einer weiteren Gesellschaft einen Treuhandvertrag. Daraufhin leistete die Gesellschaft eine Bareinlage an die IBH AG und erhielt Aktien der AG. Die Einlage wurde zur Befriedigung der Kaufpreisforderung der Lieferantin verwendet. Hier handelt es sich nicht um die Einlageleistung eines Forderungsinhabers. Gefährdet ist das Eigenkapital also nicht durch die Forderung an sich. Die Gefährdung des Eigenkapitals liegt in der sofortigen Mittelverwendung für die offene Forderung gegenüber einer Dritten.
Es ist für die Erfüllung des Tatbestandes einer verdeckten Sacheinlage ausreichend, wenn aufgrund einer Vereinbarung, die dem Gesellschafter zugerechnet werden kann, eine Bareinlage geleistet wird, die aber sogleich wieder dem Ei-

[357] Siehe oben: C) III. 3. b) aa) Begriff der Sacheinlage und C) III. 4. b) aa) Tatbestand der Nachgründung.
[358] BGHZ 118, 83.
[359] BGHZ 110, 47.

genkapital der Gesellschaft entzogen wird und somit lediglich die Sicherheit einer Sacheinlage in sich bürgt[360].

(c) Mittelverwendung für Dienstleistungsforderungen der Gründer (Neuforderungen)

Schließlich stellt sich noch die Frage, ob Dienstleistungen von Gründungsgesellschaftern – anders als nach hier vertretener Auffassung bei den Nachgründungsvorschriften – als Sacheinlage im Sinne der Vorschriften zur verdeckten Sacheinlage betrachtet werden müssen. Dabei soll auf das Eingangsbeispiel zurückgekommen werden: Fraglich ist also, ob die Auszahlung von Vergütung an die Gründer der Gesellschaft, die gleichzeitig eine Vorstandsposition in der Gesellschaft beziehen und damit die unternehmerischen Geschicke der Gesellschaft lenken, eine verdeckte Sacheinlage darstellt, wenn die Auszahlung das Eigenkapital der Gesellschaft angreift. Anders als andere immaterielle Vermögensgegenstände, wie beispielsweise ein Firmenwert, sind Dienstleistungen nicht sacheinlagefähig. Die Gesellschafter hätten somit keine Sacheinlage verdeckt eingebracht, so dass die Anwendung der Grundsätze der Vorschriften zur verdeckten Sacheinlage zumindest fraglich ist.

Allerdings ist dieser von der Rechtsprechung geschaffene Grundsatz nur Ausdruck der Pflicht zur realen und effektiven Kapitalaufbringung. Anderes als bei den Vorschriften zur Nachgründung, die nur die Umgehung der Gründungsvorschriften schützen soll, ist diese Rechtsprechung darauf ausgelegt, die tatsächliche Aufbringung des Grundkapitals sicherzustellen. Soll dieses Rechtsinstitut der Rechtsprechung also richtig verstanden werden, ist es nicht als Umgehungsschutz, sondern als Gebot der realen Kapitalaufbringung zu verstehen. Der Tatbestand der verdeckten Sacheinlagen ist folglich insgesamt weiter zu fassen als der Tatbestand der Nachgründungsvorschriften. Er umfasst nicht nur alle immateriellen Vermögensgegenstände, die eine Sacheinlage darstellen können, sondern alle Gegenstände, Forderung und sonstigen Werte, für die die Gesellschaft Werte aufbringt, die deren Eigenkapital angreifen können. Nur so lässt sich garantieren, dass - die Notwendigkeit eines Gebotes der realen Kapitalaufbringung einmal vorausgesetzt - sämtliche Werte, die die Gesellschaft bilanzieren kann, und die folglich das Eigenkapital beeinträchtigen, auf ihren wirklichen Wert hin kontrolliert werden können. Der Tatbestand der verdeckten Sacheinlagen hat sich also nicht auf Sachgegenstände im Sinne des § 27 Aktiengesetz zu beschränken, sondern umfasst alle die Sachverhalte, mit denen durch Geschäfte mit den Gründern das Eigenkapital in der Nachgründungszeit angegriffen wird. Die Einlagefähigkeit des verdeckt eingebrachten Gegenstandes ist unerheblich. Es kommt nur darauf an, dass der Gesellschaft nach Abrede mit den Gründern

---

360 OLG Köln, ZIP 1984, 834 (835); KölnKomm-*Lutter*, § 66 Rn. 27ff. [36ff.]; *K. Schmidt*, GesellR, § 29 II. 1. c) aa); Hüffer, § 27 Rn. 10.

im wirtschaftlichen Ergebnis eine andere als die geschuldete Bareinlage zufließen soll[361]. Dieser Grundsatz gilt für alle Neuforderungen, also Forderungen eines Gründers der Gesellschaft, die nach Begründung der Bareinlageverpflichtung entstehen[362].

Diese Sichtweise zu Grunde gelegt, sind die Grundsätze der verdeckten Sacheinlage nach der Rechtsprechung des BGH[363] auch auf den Fall anzuwenden, in dem die Anrechnung von Vergütungsansprüchen für Leistung der Gründer abgesprochen war. Denn nach dem wirtschaftlichen Ergebnis handelt es sich nach Ansicht des BGH nicht um eine Einlage von Forderungen, sondern wegen der zugrundeliegenden Vorabsprache um eine Einlage der Dienste der Gründer. Es wäre nämlich „ungereimt", wenn die Gründe, die gegen die Einlagefähigkeit von Dienstleistungen sprechen, zufolge hätten, dass die vorabgesprochene Aufrechnung gegen die Lohnforderungen zulässig ist[364].

Auch wenn eine solche Begründung im Ergebnis nicht überzeugen kann[365], erfüllt der oben angesprochenen Sachverhalt der Auszahlung von Vergütungen an Gründer, die für die Gesellschaft tätig werden, den objektiven Tatbestand der verdeckten Sacheinlagen.

(2) Subjektive Komponente

Dieser wirtschaftlich einheitliche Vorgang muss darüber hinaus das Resultat von Vorabsprachen gewesen sein[366]. Neben der objektiven Komponente ist demnach auch ein weiteres, subjektives Element gefordert, dessen genaue Konkretisierung allerdings noch umstritten ist. Teilweise werden streng subjektive Elemente, nämlich eine Umgehungsabsicht gefordert[367]. Anderenorts wird lediglich eine formal-objektive, auf Fristen abstellende Lösung gefordert, oder auf den rein objektiv nahen Zusammenhang abgestellt[368].

---

361 MüKoAktG-*Pentz*, § 27 Rn. 92f. m.w.N.; Im Ergebnis so auch: *Brüggemann*, S. 57.

362 MüKoAktG-*Pentz*, § 27 Rn. 116.

363 BGH, NJW 1979, 216.

364 BGH, NJW 1979, 216.

365 Dienstleistungen können nämlich deshalb nicht eingebracht werden, weil die Erbringung mit der Unsicherheit behaftet ist, ob und in welchem Umfang die Dienste wirklich erbracht werden. Zum Zeitpunkt der Gründung ist nämlich nicht ersichtlich, wie lange ein Gründer eine entsprechende Position für die Gesellschaft ausüben wird, und in welchem Umfang er im Rahmen dieser Position für die Gesellschaft tätig wird. Diese Unsicherheit entfällt allerdings, wenn die Dienste erbracht sind, und dem Gründer eine angemessene Vergütung zusteht. Zu diesem Zeitpunkt ist die Einlage mit keiner Unsicherheit mehr behaftet, so dass aus diesem Gesichtspunkt eigentlich nichts gegen die Einbringung einer Vergütungsforderung spricht.

366 *Habersack*, EuropGesellR, Rn. 161,

367 RGZ 121, 99 (101); 152, 292 (300f.); 157, 213 (224); 167, 99 (108); EuGH, WM 1992, 1567ff = ZIP 1992, 1033.

368 *Lutter/Gehling*, WM 1989, 1445, 1452f.; KölnKomm-*Lutter*, § 66 Rn. 32ff.

Zunächst sollte feststehen, dass es einerseits nicht auf subjektive Vorwerfbarkeit ankommen kann, da es sich um einen Kapitalaufbringungsschutz handelt, der die reale Aufbringung des Kapitals sicherstellen soll. Auf eine verwerfliche Gesinnung der Gründer kann es deswegen nicht ankommen. Die bloße zeitliche Nähe kann andererseits für sich alleine auch nicht ausreichend sein, um einen Zurechnungszusammenhang zwischen Bareinlage und verdecktem Geschäft zu begründen, denn dann dürfte der Bareinleger der Gesellschaft grundsätzlich keine Verträge zur Übertragung von Vermögenswerten auf die Gesellschaft vornehmen. Dass dies hingegen möglich sein muss, zeigt schon die Vorschrift zur Nachgründung. Denn zumindest der objektive Tatbestand der verdeckten Sacheinlagen ist weiter als der Tatbestand der Nachgründung. Mit anderen Worten unterfallen alle die Sachverhalte, die auch eine Nachgründung darstellen, unter den Tatbestand der verdeckten Sacheinlagen. Wenn für eine Nachgründung ein entsprechendes Verfahren in § 52 Aktiengesetz vorgesehen ist, wäre es widersinnig, über die Lehre der verdeckten Sacheinlage auch ein solches Geschäft zu verbieten. Denn damit wäre Tatbestand und Rechtsfolge der Nachgründung komplett ausgeschlossen, und lediglich der Tatbestand der verdeckten Sacheinlage mit den entsprechenden Rechtsfolgen anzuwenden. Die Vorschriften über die Nachgründung müssen aber anwendbar bleiben. Andererseits müssten Verträge mit einer Umgehungsabsicht hingenommen werden, wenn die geplante Verrechnung zum Schaden von Gläubigern und anderen Aktionären nach Ablauf einer Frist geschlossen oder durchgeführt wird[369].
Eine von den Beteiligten gewollte Verknüpfung von Bareinlage und Umgehungsgeschäft ist also unentbehrlich, da im Rahmen der unternehmerischen Tätigkeit Übertragungen von Vermögensgegenständen von Gesellschaftern auf die Gesellschaft möglich sein sollen. Es genügt zumindest, dass eine von den Beteiligten beabsichtigte Einbringung von nicht in Geld bestehenden Vermögenswerten bereits feste Gestalt angenommen hat[370]. Erst recht ausreichend ist natürlich das Vorliegen einer Absprache. Eine solche wird durch einen sachlichen als auch einen zeitlichen Zusammenhang indiziert. Die Beweislast ist also zum Nachteil des Einlegers umgekehrt[371].

cc) Rechtsfolge der verdeckten Sacheinlage

Die Rechtsfolgen verdeckter Sacheinlagen können für den Einleger katastrophal[372] sein.

---

[369] *K. Schmidt*, GesellR, § 29 II. 1. c) aa.
[370] RGZ 167, 99 (108).
[371] BGHZ 132, 133 (zur GmbH).
[372] KölnKomm-*Lutter*, § 66 Rn. 31; *Hüffer*, § 27 Rn. 9; *Lutter/Gehling*, WM 1989, 1445 (1446).

(1) Einzahlungspflicht des Inferenten

Die Fortdauer der Geldleistungspflicht gemäß § 27 Absatz 3 Satz 3 Aktiengesetz ohne die Rücksicht auf erbrachte Leistungen kann insbesondere in der Insolvenz der Gesellschaft dazu führen, dass bereits erbrachte Leistungen noch einmal voll zu zahlen sind[373]. Der Bereicherungsanspruch gegen die Gesellschaft auf Rückgewähr der geleisteten Einlage ist eine einfache Insolvenzforderung, die mit der Insolvenzquote zu befriedigen ist. Dieser Umgehungsschutz kann unter Umstände also zu einer unverhältnismäßigen Härte führen. Nicht haltbar ist diese Rechtsfolge dort, wo eine verbotene Transaktion eventuell keinen Schaden am Gesellschaftsvermögen verursacht hat und die Aktionäre selbst dann zur Zahlung verpflichtet sind, wenn sie ursprünglich eine vollwertige Sache eingebracht haben. Sie haben dann zwar bezüglich der Sacheinlage einen Kondiktionsanspruch, der aber gegen die nunmehr insolvente Gesellschaft nicht zu realisieren ist. Der Einleger müsste also doppelt bezahlen und die Insolvenzmasse und Gläubiger erhalten mehr, als ihnen zusteht.

(2) Bestehende Heilungsmöglichkeiten

Diese Rechtsfolgen sind nach geltendem Recht nur durch zwei Vorgehensweisen zu verhindern: Die Vornahme einer Satzungsänderung vor der Eintragung der Gesellschaft, und die Vornahme einer Nachgründung, soweit die verdeckten Sacheinlagen auch den Tatbestand einer Nachgründung erfüllen.

(a) Satzungsänderung vor Eintragung

Die Unwirksamkeit der Sacheinlage als Rechtsfolge des § 27 Absatz 3 Satz 1 Aktiengesetz kann nach geltendem Recht durch eine Satzungsänderung nur bis zur Eintragung der Gründung der Gesellschaft ins Handelsregister geheilt werden. Die Heilung nach der Eintragung durch eine Satzungsänderung ist wegen der gesetzlichen Bestimmung des § 27 Absatz 4 Aktiengesetz nicht möglich. Grund für eine solche Regelung ist, das ansonsten die Gründungskontrolle durch das Registergericht unterlaufen werden könnte[374]. Diese Ansicht des BGH ist umstritten. Gegen ein gesetzliches Verbot wird argumentiert, dass die Bestimmung lediglich für eine direkte Umgehung der Sacheinlagevorschriften des § 27 Aktiengesetz, nicht aber für die indirekte Umgehung im Wege des Tatbestands der verdeckten Sacheinlagen, die lediglich die reale Kapitalaufbringung sicherstellen sollen, gelten soll[375]. Allerdings erscheint sowohl die Sichtweise des BGH, als auch der Wortlaut der Bestimmung des § 27 Absatz 4 Aktiengesetz als schlagende Argumente dafür, dass eine Heilungsmöglichkeit der verdeckten Sacheinlage ohne eine Gesetzesänderung nicht möglich erscheint. Es ist damit

---

[373] BGHZ 110, 47; 118, 83, 93ff.; OLG Düsseldorf, AG 1991, 149; KölnKomm-*Lutter*, § 66 Rn. 31.

[374] BGHZ 132, 141 (150); *Krieger*, ZGR 1996, 674 (691); *Hüffer*, § 27 Rn. 31.

[375] Großkomm-*Röhricht*, § 27 Rn. 219.

keiner Unternehmung zu empfehlen, auf eine solche Heilungsmöglichkeit zu vertrauen.

(b) Heilung durch Nachgründung

Ist allerdings der Tatbestand der Nachgründung erfüllt, so kann die Heilung der Nichteinhaltung der Sacheinlagevorschriften im Wege der Nachgründung erfolgen[376]. Nach der Vorschrift des § 52 Absatz 10 Aktiengesetz sind Vereinbarungen bei Sacheinlagen und Sachübernahmen, die wegen der Umgehung der Sacheinlagevorschriften gemäß § 27 Absatz 1 und 3 Aktiengesetz unwirksam sind, zwar nicht durch eine Satzungsänderung heilbar, aber doch durch Vornahme des Vorgangs der Nachgründung im Sinne des § 52 Aktiengesetz[377]. Für das Verfahren kann auf die obigen Ausführungen verwiesen werden[378].

dd) Reformüberlegungen zur Rechtsfolge

Die Härte der Rechtsfolge hat zu Reformüberlegungen geführt. Die beiden bestehenden Heilungsmöglichkeiten werden zu Recht als nicht ausreichend betrachtet. So werden insbesondere drei verschiedene Wege vorgeschlagen, die strengen Rechtsfolgen der verdeckten Sacheinlagen abzumildern: Es wird eine Differenzhaftung des Sacheinlegers statt der Verpflichtung zur nochmaligen vollen Leistung, eine weitere Heilungsmöglichkeit, auch wenn der Tatbestand der Nachgründung nicht erfüllt ist, und schließlich die Ausklammerung des Sonderfalls, dass eine kapitalerhöhende Einlage im Wege des „Schütt-Aus-Hol-Zurück-Verfahrens“ aus Dividendenzahlungen erbracht wird[379].

(1) Differenzhaftung

Zur Begründung einer Differenzhaftung wird angeführt, dass sich eine solche Folge lediglich als eine Strafsanktion erklären ließe, die aber im Privatbereich systemwidrig ist. Statt einer Verpflichtung zur nochmaligen vollen Leistung sei folglich einzig eine Differenzhaftung des Sacheinlegers angebracht[380]. Die Verpflichtung der Einleger auf Barzahlung der Differenz des Wertes der Sacheinlage zu den Nennbeträgen der Aktien sei ausreichend.

Dieser erste Vorschlag zur Reformierung der Rechtsfolgen der verdeckten Sacheinlagen scheint der einzige zu sein, der in der Literatur kritisiert wird. Eine Differenzhaftung des Sacheinlegers wird als bedenklich angesehen, weil sie den Zahlungsanspruch des Insolvenzverwalters mit einer Wertdiskussion belastet,

---

[376] KölnKomm-*Kraft*, § 27 Rn. 94; *Hüffer*, § 27 Rn. 31; *Lutter/Gehling*, WM 1989, 1445, 1454; *Ulmer*, ZHR 154 [1990], 128 (143).

[377] *Hüffer*, § 52 Rn. 21.

[378] Siehe oben: C. III. 4. b) cc) Nachgründungsverfahren.

[379] *Hüffer*, § 27 Rn. 9a; DAV-Handelsrechtsausschuss, NJW 1996 Heft 32 S. XIV.

[380] *Grunewald*, FS Rohwedder, 1994, 111ff; *Brandner*, FS Boujong, 1996, 37 (44ff.).

die das Insolvenzverfahrens in die Länge ziehen würde[381]. Im Übrigen bestünden keine festgelegten Bewertungsregeln, nach denen der Wert einer verdeckten Sacheinlage festgestellt werden sollte. Es sollte sich demnach damit begnügt werden, eine Haftungsbegrenzung durch Übernahme einer Verjährungsfrist ähnlich des § 9 Absatz 2 GmbHG, der den Anspruch der Gesellschaft auf Differenzhaftung bei Sacheinlagen gegen den Gesellschafter auf fünf Jahre nach Eintragung beschränkt, einzuführen[382].

(2) Heilungsmöglichkeit

Sollte eine solche Differenz zwischen dem Wert des Gegenstandes der verdeckten Sacheinlage und der Höhe der Einlage nicht bestehen, muss nach nahezu einhelliger Meinung in der Literatur den Einlegern die Möglichkeit der Heilung eingeräumt werden. Umstritten ist aber noch, ob eine solche Heilungsmöglichkeit nach dem geltenden Recht schon gegeben ist. Ein Teil der Literatur[383] nimmt dabei an, dass bei Durchführung des Nachgründungsverfahrens im Sinne des § 52 Aktiengesetz eine Heilung eingetreten wäre.

Wenn demnach eine komplett vollwertige Sacheinlage eingebracht wird, so soll eine nachträgliche Heilung durch satzungsändernden Mehrheitsbeschluss, in dem die von den Gesellschaftern eingebrachten Vermögensgegenstände genau anzugeben sind, zulässig sein. Auch wenn bei Vorliegen des Sachverhalts einer verdeckten Sacheinlage der Tatbestand einer Nachgründung nicht erfüllt wäre, das ist immer dann, wenn die Absprache ein Geschäft nach Ablauf der Zweijahresfrist vorsieht oder der übernommene Vermögensgegenstand keinen Wert von 10 Prozent des Grundkapitals erreicht, wird der § 52 Aktiengesetz analog angewandt. Neben der Heilungsmöglichkeit durch Beschluss der Aktionäre müssen also auch die Regelungen einer Nachgründung gemäß § 52 Aktiengesetz erfüllt sein. Es wäre folglich, neben einem Hauptversammlungsbeschluss, insbesondere eine zusätzliche Gründungsprüfung vorzunehmen, die die Vollwertigkeit der Vermögensstände festzustellen hat.

Sicherlich lässt sich eine solche analoge Anwendung diskutieren, verhindert sie doch, dass die Gesellschaft Einlagen unter Wert verteilt und sichert somit die reale Kapitalaufbringung. Allerdings bleibt festzuhalten, dass der BGH[384] diesen Weg nicht gegangen ist, weil der Gesetzeswortlaut des § 27 Absatz 4 Aktiengesetz dagegen spricht. Es hätte somit eine auf die Heilung der Verletzung von Kapitalaufbringungsvorschriften zielende Gesetzesänderung zu erfolgen[385]. Nach dem geltenden Recht ist eine Heilung des Tatbestandes der verdeckten

[381] *Boujong*, Jahrbuch der Fachanwälte für Steuerrecht 1996/97, S. 51 (58).
[382] So auch *Hüffer*, § 27 Rn. 9a.
[383] *Lutter/Gehling*, WM 1989, 1445 (1449); *Ulmer*, ZHR 154 (1990), 128 (143); *Joost*, ZIP 1990, 549 (562).
[384] BGHZ 132, 142 (150).
[385] *Hüffer*, § 27 Rn. 31.

Sacheinlagen - außer in den oben genannten Sonderfällen vor Eintragung der Gesellschaft und Nachgründung - nicht möglich.

c) Französischer Code de commerce

Eine gesetzliche Regelung oder nur Rechtsprechung zur verdeckten Sacheinlage gibt es im französischen Recht nicht[386]. Die Nachgründungsvorschrift aus Art. L225-101 Code de commerce wird als abschließende Regelung der Umgehung der Sachgründungsvorschriften verstanden. Eine darüber hinausgehende Kontrolle von Verkehrsgeschäften wird nicht in Betracht gezogen[387]. Nur einige sehr alte Urteile des Cour de cassation nahmen einen Verstoß gegen die Überprüfungsvorschriften der Sacheinlagen an, wenn eine Umgehungsabsicht vorlag, und stellten fest, dass eine wirksame Einzahlung der Mindesteinlage nicht erfolgt sei. Rechtsfolge der Umgehung der Sacheinlagevorschriften war die Nichtigkeit der Gesellschaft. Zunächst lagen der französischen Rechtsprechung allerdings nur Sachverhalte zu Grunde, in denen keine Einzahlung des Mindestkapitals erfolgt ist, sondern immer eine Aufrechnung mit einer Forderung gegen die Gesellschaft erklärt wurde[388]. Später aber wurden auch solche Sachverhalte, die dem Tatbestand der verdeckten Sacheinlagen entsprechen, als unzulässige Gesetzesverletzung deklariert. Voraussetzung war stets die Umgehungsabsicht der Vertragsparteien. Die Absicht wurde aufgrund von tatsächlichen Umständen festgestellt. Stets wurde das Verkehrsgeschäft zusammen mit der Gründung oder spätestens innerhalb der folgenden Monate abgeschlossen[389].

Schon bald darauf wurde diese Rechtsprechung eingeschränkt. Der Cour de cassation[390] hielt einem Aktionär für berechtigt, Patente an die Gesellschaft zu verkaufen und in Höhe des Kaufpreises Aktien zu erhalten. Aus der wirksamen Einzahlung der Mindesteinlage folgert das Gericht, dass die Gesellschaft ordnungsgemäß gegründet worden sei. Eine Umgehungsabsicht nahm das Gericht nicht an. In einer weiteren Entscheidung[391] lag zwar bei Gründung der Gesellschaft die Absicht vor, mit dieser einen Kaufvertrag abzuschließen, gleichwohl aber lehnte der Tribunal de commerce einen Zusammenhang zwischen den beiden Geschäften ab. Denn, so argumentierte das Gericht, zwischen den beiden Geschäften Gründung der Gesellschaft und Kaufvertrag der Gesellschaft mit seinem Gründer handele es sich um zwei unterschiedliche Verträge, die nicht im Zusammenhang stehen. Nach der französischen Rechtsprechung liegt demnach

---

[386] *Schwarz*, EuropGesellR, Rn. 594; *Einsele*, NJW 1996, 2681 (2685).

[387] *Bardoul*, Revue des sociétés 1983, 285ff.; *Guyon*, Jurisclasseur périodique. La semaine juridique 1982, I, Art. 3067 Rn. 27f.; *Mercadal/Janin*, Rn. 1938.

[388] Cour de cassation, Chambre civile, Section civile, 27. 1. 1873, Recueil de Sirey 1873, I, 163; Cour de cassation, Chambre civile, Section civile, 13. 3. 1976, Dalloz 1877, I, 49.

[389] vgl. Übersich bei *Hansen*, S. 239f.

[390] Chambre des requêtes, 22. 3. 1926, Journal des Sociétés 1927, 210, 215f.

[391] Tribunal de commerce Seine, 17. 12. 1926, Journal des Sociétés 1926, 378.

eine ordnungsgemäße Gründung vor, wenn die Leistung der Mindesteinlage erfolgt ist. Eine weitere Kontrolle von verdeckten Sacheinlagen, (apport déguisé) findet nicht statt[392].
Das bedeutet gleichwohl nicht, dass Sanktionen ähnlich der deutschen verdeckten Sacheinlage überhaupt nicht diskutiert werden. Bei der dabei stattfindenden Diskussion scheint aber schon der Anknüpfungspunkt ein anderer zu sein. Sanktioniert wird zunächst die Umgehungsabsicht, eine betrügerische Absicht[393], als solche. Allerdings sind feste Kriterien, die eine solche Absicht ausmachen, nicht auszumachen. Nur der Übersicht halber erfolgt hier die verkürzte Darstellung der dazu bestehenden Diskussion[394]:
Teilweise wird als den Tatbestand erfüllende Handlung die ordnungsgemäße Einzahlung der Mindesteinlage und anschließender Rückzahlung an den Einleger betrachtet. Diese Hin- und Herzahlung müsste gleichzeitig erfolgt sein. Dem Gesellschafter solle es nämlich verwehrt bleiben, Sachen an die Gesellschaft zu verkaufen, die er auch hätte einbringen können[395]. Teilweise wird eine solche Umgehungsabsicht auch noch in einem späteren Kaufvertrag erkannt. Ein Verbot der Gesellschaft aber, mit ihren Gründern Kaufverträge abzuschließen, wird ausdrücklich abgelehnt[396]. Uneinigkeit besteht ebenfalls bei den Rechtsfolgen. So wird neben der Nichtigkeit der Gesellschaft eine Schadensersatzpflicht wegen Betrugs[397] oder apports fictives[398], fiktiven Einlagen, nach Art. L225-249 Code de commerce[399] und eine Strafbarkeit nach Art. L242-2 und L242-4 Code de commerce[400] angenommen. Teilweise wird auch lediglich angenommen, dass die Einzahlung der Einlage fehle[401].
Auch in der neuesten französischen Literatur[402] wird erkannt und darauf hingewiesen, dass die Kapitalaufbringungsvorschriften für Sacheinlagen einfach durch die Tatbestände der Nachgründung und der verdeckten Sacheinlagen umgangen werden können. Neben der französischen Nachgründungsvorschrift in Art. 225-101 Code de commerce wird aber keine weitere Notwendigkeit einer Restriktion eben dieses Verhaltens gesehen. Zwar wurde die Theorie und die Problematik für ein einheitliches europäisches Kapitalaufbringungsrecht bereits durch Lutter[403] in Frankreich vorgestellt, eine Auseinandersetzung in der franzö-

---

392 *Hansen*, S. 237ff.
393 *Escarra/Escarra/Rault*, Nr. 659.
394 vgl. ausführlichere Übersicht bei *Hansen*, S. 242ff.
395 Lacoste, Nr. 25.
396 *Escarra/Escarra/Rault*, Nr. 659.
397 *Hémard/Terré/Mabilat*, III, Nr. 724.
398 *Lacoste*, Nr. 25.
399 *Hémard/Terré/Mabilat*, III, Nr. 724.
400 *Hémard/Terré/Mabilat*, I, Nr. 716 ; *Lacoste*, Nr. 26.
401 *Lacoste*, aaO.
402 *Ripert/Roblot*, Nr. 1456; *Bardoul*, Revue des sociétés, 1983, 285.
403 *Lutter*, Revue des sociétés, 1991, 331.

sischen Rechtsprechung fand leider nicht statt. Auch die Lehre hat nicht auf diese Vorstellungen reagiert. Es wird sogar davon gesprochen, dass die Regelung der Sachgründungsvorschriften einfach umgangen werden können, ohne dass ein Mechanismus die Geschädigten davor bewahrt, einen erhöhten Kaufpreis festzusetzen[404]. Der französischen Lehre fehlt für diesen Vorgang das Problemenbewusstsein.

Die ganze Diskussion zeigt, dass ein einheitlicher Tatbestand für den Sachverhalt der in Deutschland unter den Begriff der verdeckten Sacheinlagen zusammengefasst ist, nie gefunden werden konnte und von der Sanktionierung eines solchen Tatbestandes nicht auszugehen ist.

aa) Heranziehung der Kapitalerhaltungsvorschriften

Das Problem, dass der Gesellschaft nicht ausreichend Haftkapital zur Verfügung stehen könnte, wird nicht an dem Vorliegen eines Umgehungszusammenhangs festgemacht. Eine Umgehung der Kapitalaufbringungsvorschriften ist für den Gläubigerschutz unerheblich. Wichtiger ist vielmehr, dass die Gesellschaft insgesamt ihrer Kapitalisierungspflicht nachkommt. Eine ausreichende Kapitalisierung der Gesellschaft ist aber nicht nur durch Vorschriften zur Kapitalaufbringung, sondern ebenso durch Regelungen zur Kapitalerhaltung sicherzustellen. Wenn Einlagen, die zunächst der Gesellschaft zur Verfügung standen, an die Gesellschafter zurückfließen, kommt es deswegen im wesentlichen darauf an, ob dies ein unausgeglichener Vorteil des Gesellschafters ist. Mehr als auf einen Umgehungszusammenhang ist deswegen das Kapital der Gesellschaft im Auge zu behalten. Sind die Geschäfte zwischen Gesellschaft und Gesellschafter ausgeglichen oder sogar vorteilhaft für die Gesellschaft, besteht für das Kapital der Gesellschaft aus diesem Grund keine Gefahr. Anstatt eine Umgehungsprüfung in der Kapitalaufbringung vorzunehmen, ist eine Prüfung der Kapitalerhaltung vorzunehmen. Denn aus gesellschaftsrechtlicher Sicht ist nur das Kapital der Gesellschaft schützenswert und nicht die Gesinnung der Gesellschafter. Die Prüfung der Ausgeglichenheit der Leistungen ist daher sinnvoller als zu versuchen, die Absichten der Gesellschaftern aufzudecken[405].

bb) Kontrolle der Gesellschaft nach der Gründung

Die Kontrolle des Gesellschaftskapitals während der Lebenszeit einer Gesellschaft ist im französischen Recht sehr viel ausgeprägter. Rechtsgeschäfte der Gesellschaft mit den Gesellschaftern unterliegen einer scharfen Kontrolle, um zu vermeiden, dass ungerechtfertigte Leistungen aus dem Gesellschaftsvermögen erbracht werden[406].

---

[404] *Guyon*, Nr. 105 a.E.

[405] *Mercadal/Janin*, Rn. 1938 – 1 ; *Guyon*, Jurisclasseur périodique. La semaine juridique 1982, I, Art. 3067 Rn. 28.

[406] *Ullrich*, DB 1990, 465 (467).

Die Gesellschaft ist gemäß Art. L225-218 Code de commerce dazu verpflichtet, einen commissaire aux comptes zu bestellen. Ein solches Amt besteht also fortwährend und nicht nur bei der Einlage von Gegenständen. Es obliegt diesem darauf zu achten, dass die Geschäftsleitung keine Rechtsgeschäfte mit Aktionären tätigt, die der Gesellschaft schaden könnten. Der commissaire aux comptes ist damit nicht nur Abschlussprüfer, sondern auch eine unabhängige Kontrollstelle. Inhalt der Kontrolle ist gemäß Art. L225-236, L225-237 Absatz 1 Code de commerce die Überwachung der Geschäftsführung auf die von ihr getätigten Geschäfte mit den Aktionären. Bei drohender Schädigung der Gesellschaft ist er verpflichtet, die Hauptversammlung zu informieren, schlimmstenfalls Anzeige an die Staatsanwaltschaft zu erstatten[407]. Wird ein Geschäft abgeschlossen, zu dem die Zustimmung der Hauptversammlung vorliegen muss, erstellt er vor der Abstimmung einen Bericht, in dem er auf die Vor- und Nachteile des Geschäfts für das Gesellschaftsvermögen hinweist. In dem Bericht soll gemäß Art. 35, 92 Décr. 23 mars 1967 insbesondere auf das Verhältnis von Leistung und Gegenleistung eingegangen werden. Das Verfahren ist allerdings nur für die Geschäfte vorgesehen, die mit Aktionären vorgenommen werden, die Mitglieder des Leitungsorgans der Gesellschaft sind. Von einer starken Meinung in der Literatur wird aber die Einführung eines solchen Kontrollverfahrens mit entsprechenden Offenlegungspflichten auch für Geschäfte mit Aktionären, die nicht Mitglieder der Geschäftsleistung sind, gefordert[408].

d) Englischer Companies Act 1985

Auch im englischen Recht gibt es kein Gesetz oder keine Jurisprudenz, die die Umgehung der Sacheinlagevorschriften in ähnlicher Form wie die deutsche Rechtsprechung den Tatbestand der verdeckten Sacheinlagen handhabt, regeln würde[409].

aa) Flexiblere Kapitalaufbringungsvorschriften

Die Praxis der Kapitalaufbringung in englischen Gesellschaften geht viel weiter. Wie die Darstellung zu der Möglichkeit der Aufrechnung gegenseitiger Zahlungsforderungen, die im englischen Recht anstandslos als Bareinlage eingebracht werden können, gezeigt hat, sind die Fälle kombinierter Bareinlagen mit Verkehrsgeschäften, die nicht den Tatbestand der Nachgründung erfassen, geradezu vorgezeichnet. Mit der Akzeptanz der Aufrechnung dieser Forderungen entfällt gleichzeitig der Charakter der Umgebung der Sacheinlagevorschriften, der einem solchen Sachverhalt nach Sichtweise der deutschen Rechtsprechung anhaftet: Wenn nämlich akzeptiert wird, dass eine Forderung gegen die Gesell-

---

[407] *Ullrich*, aaO.
[408] *Guyon*, Jurisclasseur périodique. La semaine juridique 1982, I, Art. 3067 Rn. 28.; *Urbain-Parléani*, Rn. 141.
[409] *Einsele*, NJW 1996, 2681 (2685); *Schwarz*, EuropGesellR, Rn. 594.

schaft, die nach der Gründung entstanden ist, als Bareinlage eingebracht werden kann, wird schwerlich nachzuweisen sein, dass bei einer Verabredung der Einbringung dieser Forderung zum Zeitpunkt der Gründung eine Umgehung der Sacheinlagevorschriften vorliegt. Im englischen Recht besteht somit die Möglichkeit der Leistung von Sacheinlagegegenständen ohne Vornahme einer Sacheinlageprüfung[410].

bb) Anderweitige Kontrollmöglichkeiten

Zu untersuchen ist aber ebenso wie im französischen Recht, ob der Tatbestand einer verdeckten Sacheinlage nicht durch andere Regelung des englischen Rechts oder der englischen Rechtsprechung sanktioniert werden kann.
In aller Deutlichkeit ist dabei zunächst noch einmal darauf hinzuweisen, dass der Begriff der Sacheinlage nicht so umfassend verstanden wird wie im deutschen Recht. Eine Sacheinlage liegt nur dann vor, wenn die Übernahme eines Gegenstands im Sinne der Sacheinlagevorschriften zwischen der Gesellschaft und dem Gründer vereinbart werden, so dass weder die Gesellschaft einen Anspruch auf Zahlung einer Bareinlage, noch der Einleger einen Anspruch auf Zahlung des Gegenstands hat. Nicht unter den Begriff der Sacheinlage unterfallen damit Verträge, nach denen ein Gründer seine Einlage in bar zu erbringen hat, und die Gesellschaft einem Gegenstand von einem Gründer erwirbt. Solche Geschäfte werden zunächst einmal als unabhängig voneinander betrachtet. Sie geben den beiden Parteien lediglich gegenseitige Zahlungsansprüche. Eine Sacheinlage liegt aber dann vor, wenn zu keinem Zeitpunkt der Gründer einen Anspruch auf Zahlung gegen die Gesellschaft, und diese nur einen Anspruch auf Übertragung des Gegenstandes gegen den Gründer hat[411].
Diese strikt differenzierende Sichtweise macht deutlich, dass der Tatbestand einer verdeckten Sacheinlage im englischen Recht wohl kaum existieren kann. Wenn nämlich der Begriff der Sacheinlage schon streng formal gesehen wird, so ist für einen Umgehungstatbestand schon kein Raum mehr.

(1) Scheingeschäft

Fraglich ist aber, ob der Tatbestand der verdeckten Sacheinlagen im englischen Recht unter das Institut des Scheingeschäfts zu subsumieren wäre. Ein Scheingeschäft liegt vor, wenn durch Vorgänge gegenüber Dritten oder dem Gericht der Eindruck hervorgerufen werden soll, es würden Rechte - Scheingeschäfte - begründet, die aber von den tatsächlich gewollten Rechten abweichen[412]. Allerdings sollen bei einer Umgehung der Sacheinlagevorschriften durch die Aufspaltung in eine Bareinlagevereinbarung und ein Verkehrsgeschäft keine abweichenden Rechte oder Ansprüche begründet werden. Es findet kein verdecktes

---

[410] So deutlich auch: *Gansen*, S. 173.
[411] *Pennington*, S. 172f.
[412] Diplock LJ in Snook v London & West Riding Investments (1967) 2 QB 786 (802).

Scheingeschäft statt. Es wird sowohl eine Bareinlagevereinbarung gewollt, als auch ein Verkehrsgeschäft. Nach dem Institut des Scheingeschäfts würden deswegen wohl schwerlich die Anforderungen des Gesetzes an eine Sacheinlage anzuwenden sein[413].

(2) Allgemeine Rechtsgrundsätze

Auch aufgrund allgemeiner Rechtsinstitute des englischen Vertrags- und Gesellschaftsrechts wird eine Rechtsfolge ähnlich der deutschen verdeckten Sacheinlagen - die Nichtigkeit des Verkehrsgeschäfts - nicht erreicht werden. Das gilt sowohl für die ultra-vires-doctrine, so weit diese im Innenverhältnis der Gesellschaft noch gilt, als auch für das Gebot der Gleichbehandlung der Aktionäre (ss. 459 et seq. Companies Act 1985).

(a) Verstoß gegen die öffentliche Sicherheit und Ordnung

Eine Ausnahme bestünde nur für einen Verstoß der beiden Leistung gegen die öffentliche Sicherheit und Ordnung. Würde ein solcher Verstoß bestehen, ist der gesamte Vertrag rechtswidrig und nichtig. Voraussetzungen wäre dafür aber ein Verstoß gegen die öffentliche Sicherheit und Ordnung, etwa durch einen Anteilskauf zum Zweck der Stimulierung einer öffentlichen Nachfrage[414] oder der Erwerb einer wirkungslosen Konzession zu dem einzigen Zweck, mit diesem Erwerb weitere Anteilszeichner zu locken[415]. Ein solcher Tatbestand hat mit denjenigen der verdeckten Sacheinlage nichts gemein, so dass von einer Sanktionierung der Umgehung der Sacheinlagevorschriften im englischen Recht nicht gesprochen werden kann[416].

(b) Umgehungsabsicht

Schließlich erscheint es noch fraglich, ob nicht die Umgehung der Sacheinlagevorschriften als Umgehung einer gesetzlichen Bestimmung in Zukunft sanktioniert werden können, denn bisher wurde über einen Tatbestand vergleichbar dem der deutschen verdeckten Sacheinlagen so weit ersichtlich noch nicht entschieden. Eine solche Sanktionierung würde zwei Dinge voraussetzen. Zunächst müssten die nationalen Gerichte die britischen Rechtsvorschriften sowohl nach dem Wortlaut, als auch nach der Zielsetzung der jeweiligen europäischen Richtlinie, auf denen diese Vorschriften basieren, auslegen. Zweitens müssen die Zielsetzungen und Zwecke der Kapitalrichtlinie eine Umgehung der Sacheinlagevorschriften nicht nur vermeiden, sondern auch Sanktionieren wollen. Und zwar mit der Sanktion der Nichtigkeit des Verkehrsgeschäfts.

---

413 So auch *Gansen*, S. 175.

414 Scott v Brown, Doering MacNab & Co (1892) 2 QB 724.

415 Begbie v Phosphate Sewage Co (1875) LR 10 QB 491.

416 Vgl. Untersuchung bei *Gansen*, S. 175ff.

(aa) Teleologische Auslegung

Bereits die erste Voraussetzung bereitet Schwierigkeiten. Unbestritten sind die englischen Gerichte bestrebt, die europäischen Vorgaben zur Harmonisierung der nationalen Rechte in Form der jeweiligen Richtlinien zu beachten, und in ihrer Rechtsprechung umzusetzen. Sollte das nationale Recht eine Lücke aufweisen, muss diese Lücke auch unter Berücksichtigung des Sinn und Zwecks der Richtlinie so gefüllt werden, wie diese nach den europäischen Harmonisierungsvorgaben gefüllt werden sollte[417]. Allerdings ist Gansen der Ansicht, dass, selbst wenn der Kapitalrichtlinie eine solche Umgehungssanktion immanent wäre, die englische Rechtsprechung diese nicht auf das nationale Recht ausdehnen würde. Denn zum einen wären die kontinentaleuropäischen Kapitalschutzvorschriften dem englischen Gericht aufgrund ihres restriktiven Charakters und der Gläubigerschutzfunktion unbekannt und wesensfremd. Zum anderen, so Gansen, sei der englische Richter in der Technik der über den Wortlaut hinausgehenden Auslegung völlig ungeübt. Bei der Anwendung des englischen Rechts ginge das Gericht über die Wortlautauslegung einer Vorschrift regelmäßig nicht hinaus. Eine über den Wortlaut hinausgehende Auslegung gelte als Überschreitung der rechtsprechenden Gewalt. So weit eine Auslegung nicht durch den Wortlaut des Gesetzes erfasst ist, bliebe es allein dem Gesetzgeber überlassen, diese Lücke zu schließen[418].

Diese Sichtweise legt dabei den Finger in die Wunde: Der Harmonisierung der nationalen Vorschriften der Mitgliedstaaten wird auch in Zukunft die unterschiedliche Rechtskultur der Nationen der EU entgegenstehen. Wenn die britische Jurisprudenz bisher am Wortlaut einer Vorschrift haften blieb, so wird es ihr auch in Zukunft schwer fallen, diese Wortlautinterpretation hinter sich zu lassen. Dazu wäre nämlich einmal die Flexibilität und die Bereitschaft notwendig, bisherige Vorgehensweisen mit neuen zu ergänzen, als auch die Einsicht, dass eine solche neue Vorgehensweise notwendig ist. Fehlt eine solche Bereitschaft oder die Einsicht, wird es die europäische Harmonisierung des nationalen Rechts um einiges schwerer haben.

Das gilt natürlich nicht nur für die englische Jurisprudenz, sondern für die Rechtsprechung aller europäischer Mitgliedstaaten, auch für die deutsche Rechtsprechung zu den verdeckten Sacheinlagen. Darüber, ob die englische Rechtsprechung in einem solchen Fall über ihren Schatten springen wird, lässt sich allerdings nur spekulieren.

(bb) Sanktionierung der Umgehungsabsicht ist der Richtlinie immanent

Allerdings erscheint es aus einem zweiten Grund sehr unwahrscheinlich, dass ein englisches Gericht den Tatbestand der verdeckten Sacheinlagen sanktionie-

---

[417] H.B.Bulmer Ltd. and Another v Bollinger and Others (1974) 3 WLR 202 (216).

[418] *Gansen*, S. 177f.

ren würde. Denn die zweite Voraussetzung, die Sanktionierung der Umgehung der Kapitalaufbringungsvorschriften in der Kapitalrichtlinie, erscheint äußerst fragwürdig. In dem Bewusstsein der Unterschiede der nationalen Rechte, und somit auch in Kenntnis der Wortlautinterpretation der englischen Jurisprudenz, fehlt der Kapitalrichtlinie eine Regelung der Umgehung, die über den Tatbestand der Nachgründung hinausgeht. Wenn der europäische Richtliniengeber wirklich die Anpassung der nationalen Rechte im Sinne der deutschen Rechtsprechung der verdeckten Sacheinlagen gewollt hätte, so hätte er die Umgehungssanktionierung in der Richtlinie festhalten können. Er tat dies nicht.
Die Frage, ob damit die deutsche Rechtsprechung gegen die Anforderungen der Richtlinie verstößt, ist ausgiebig diskutiert worden. Die Richtlinie wird als eine Mindestanforderung verstanden, die von Regelungen des nationalen Rechts übertroffen werden können. Das bedeutet damit aber gleichwohl auch, dass eine Sanktionierung der Umgehung der Sacheinlagevorschriften dem Zweck der Richtlinie nicht immanent ist. Selbst wenn ein englischer Richter also begeistert von den Vorschriften der Europäischen Union sein sollte, und nicht abwarten kann, diese endlich dem antiquierten nationalen Recht einzuverleiben, fehlt es an einer solchen ausdrücklichen Vorschrift in Form einer Richtlinie.
Der englische Richter könnte sich also nicht auf eine Vorschrift aus einer europäischen Richtlinie berufen, sondern müsste die Sichtweise der Rechtsprechung eines anderen Mitgliedstaats heranziehen. Das ist zwar nicht unmöglich, und ganz im Gegenteil teilweise auch zu fordern, nämlich dort wo die nationale Rechtsprechung anderer Mitgliedstaaten deutlich praktikabler ist. Allerdings ist die Wahrscheinlichkeit, dass ein englisches Gericht die deutsche Rechtsprechung zu den verdeckten Sacheinlagen als praktikabel einordnet, äußerst gering. Es ist somit auch in Zukunft nicht von einer Sanktionierung des Tatbestands der verdeckten Sacheinlagen im englischen Recht auszugehen.

e) Analyse

Die Darstellung der deutschen Rechtsprechung zu den verdeckten Sacheinlagen hat gezeigt, dass die Jurisprudenz bei ihrer eigentlichen Intention, nämlich die Sicherstellung der realen Kapitalaufbringung, über das Ziel hinaus geschossen ist. Zwar wird die Kapitalaufbringung gesichert, allerdings auf ungerechtfertigte Weise auf Kosten der Gründer und Unternehmer. Selbst in Deutschland besteht mittlerweile die fast einhellige Meinung, das für den Tatbestand der verdeckten Sacheinlagen Heilungsmöglichkeiten bestehen müssten, wenn das Kapital der Gesellschaft nicht wirklich gefährdet ist. Das ist der Fall, wenn der Gesellschaft Gegenstände und Forderungen zu ihrem wirtschaftlichen Wert zufließen.
Interessant ist dabei die Behandlung des Problems in Frankreich. Während eine starke Kontrolle der Kapitalaufbringung nicht erfolgt, findet eine solche Kontrolle fortwährend, während der gesamten Lebenszeit der Gesellschaft, statt. Das bedeutet zwar einerseits ein Mehraufwand für die Gesellschaft, andererseits aber

eine erhöhte Sicherheit für die Gläubiger der Gesellschaft. Insgesamt erscheint eine Solvenzprüfung einer Unternehmung erheblich erfolgversprechender, als die starre Festsetzung der Ausprägung eines Kapitals in bestimmter Höhe. So zeigen die Insolvenzquoten deutscher Kapitalgesellschaften, dass durch die ordnungsgemäße Aufbringung des Gesellschaftskapitals noch nichts gewonnen ist. Andererseits verbauen die starren Aufbringungsregelungen eine wünschenswerte einfache Gründung einer Gesellschaft. Ein solches System erscheint gegenüber dem deutschen erheblich vorteilhafter.

IV. Die Kapitalerhöhung bei Gründung einer SE

Die Kapitalerhöhungsvorschriften sind bei der Gründung durch Umwandlung einer nationalen AG zu einer SE und bei einer Verschmelzung durch Aufnahme zu beachten.

1. Kapitalrichtlinie (77/91/EWG; Richtlinie)

Die Arten, Voraussetzungen und Rechtsfolgen von Kapitalveränderungen sind in den Art. 25 bis 39 Richtlinie geregelt, wobei die Art. 25 bis 29 Richtlinie der Kapitalerhöhung gewidmet sind.

a) Beschluss der Hauptversammlung

Bei der Kapitalerhöhung sind vor allem die Interessen der Altaktionäre zu berücksichtigen. Insofern ist in Art. 25 Absatz 1 Richtlinie die Zuständigkeit der Hauptversammlung zwingend vorgeschrieben. Sind mehrere Aktiengattungen vorhanden und von der Kapitalerhöhung berührt, ist ein gesonderter Beschluss der betreffenden Gattungen notwendig (Art. 25 Absatz 3 Richtlinie). Um ein bestimmtes Einflusspotential zu halten, muss ein Aktionär bei einer Kapitalerhöhung neue Aktien zeichnen. Über die Hauptversammlung steht ihm somit ein Organ zur Verfügung, über das er Einfluss ausüben kann.
Der Art. 25 Absatz 1 SE-VO schreibt nicht vor, welche Mehrheit für einen Kapitalerhöhungsbeschluss nötig ist. Allerdings bestimmt der Art. 40 Absatz 1 SE-VO für welche der vorgesehenen Beschlüsse mindestens eine Zweidrittelmehrheit erforderlich ist. Der Beschluss zur Kapitalerhöhung wird nicht aufgezählt, so dass für diesen Beschluss eine einfache Mehrheit ausreichend sein wird. Dabei handelt es sich aber um eine Mindestregelung. Nationale Anforderungen können über das Erfordernis der einfachen Mehrheit hinausgehen. Kapitalmaßnahmen können somit als Satzungsänderung qualifiziert werden und eine satzungsändernde Mehrheit vorschreiben[419]. Der Beschluss zur Umwandlung in eine SE benötigt aber nach Art. 37 Absatz 7 SE-VO in Verbindung mit Art. 7 Absatz 1 Satz 1 Fusionsrichtlinie bereits eine Mehrheit von zwei Dritteln der

---

[419] *Meilicke*, DB 1996, 513 (517); *Habersack*, EuropGesellR, Rn. 190; *Drinkuth*, RiLi, S. 224ff.

Stimmen. Dieselben Mehrheitserfordernisse gelten nach Art. 7 Absatz 1 Satz 2 Fusionsrichtlinie auch für die Verschmelzung. Die Errichtung einer SE ohne die Zweidrittelmehrheit der Stimmen ist also ausgeschlossen, auch wenn eine Kapitalerhöhung mit einer geringeren Mehrheit beschlossen werden könnte.
Der Kapitalerhöhungsbeschluss und die Durchführung der Erhöhung ist nach Maßgabe des Art. 3 der Publizitätsrichtlinie offen zu legen (Art. 25 Absatz 1 Satz 2 Richtlinie). Durch die gesonderte Offenlegung der Durchführung der Kapitalerhöhung wird ersichtlich, inwieweit neue Einlageverpflichtungen begründet werden. Dem Kapitalerhöhungsbeschluss lässt sich eine Verpflichtung zur Einlage nicht entnehmen[420].

aa) Ausnahmen von der Zuständigkeit der Hauptversammlung?

Möglicherweise könnten in Ausnahmefällen andere Organe der Gesellschaft zum Erhöhungsbeschluss berechtigt sein. Eine solche Möglichkeit könnte aufgrund der Vorschrift des Art. 41 Absatz 1 Richtlinie bestehen, der die Mitgliedstaaten zu der Schaffung einer von Art. 25 Absatz 1 Richtlinie abweichenden Regelung ermächtigt. Der EuGH hat die Reichweite dieser Vorschrift allerdings bereits mehrmals abgesteckt. Weder das Leitungs-, noch das Verwaltungsorgan einer Gesellschaft kann nach einer mitgliedstaatlichen Regelung dazu ermächtigt werden, anstelle der Hauptversammlung über die Kapitalerhöhung zu beschließen. Dies gilt für solche Gesetze, die zur Sicherung des Fortbestands und der Fortsetzung des Betriebs von Unternehmen, die wirtschaftlich und gesellschaftlich für das Gemeinwesen besonders wichtig sind und sich wegen ihrer Überschuldung in einer außergewöhnlichen Lage befinden, vorsieht, dass die Entscheidung über die Kapitalerhöhung dem Geschäftsführungsorgan auferlegt wird. Dies gilt selbst dann, wenn das Bezugsrecht der bisherigen Aktionäre bei der Ausgabe der neuen Aktien unberührt bleibt[421]. Eine Ausnahme von der Zuständigkeit der Hauptversammlung darf es trotz der Bestimmung des Art. 41 Absatz 1 Richtlinie nicht geben.
Besonderheiten gelten aber für die Möglichkeit der Einführung eines genehmigten Kapitals gemäß Art. 25 Absatz 2 Richtlinie. Die Ermächtigung des Verwaltungs- oder Leitungsorgans, eine Kapitalerhöhung in einem vorher abgesteckten Rahmen herbeizuführen, kann demnach sowohl durch die Hauptversammlung, als auch durch Satzung oder den Gründungsakt erfolgen. Hier besteht also eine Ausnahme von der Allzuständigkeit der Hauptversammlung zu jeder Kapitalerhöhung, damit das die Geschäfte führende Organ schnell und flexibel auf die Notwendigkeit der Kapitalbeschaffung reagieren kann[422].

---

420 *Habersack*, EuropGesellR, Rn. 193.
421 EuGH, Urteil v. 12. 11. 1992, Rs. C-134/91 und C-135/91, Slg. 1992, 5699, 5719 Rn. 17f., 21; *Schwarz*, EuropGesellR, Rn. 616.
422 *Habersack*, EuropGesellR, Rn. 192.

Freilich wird mit dieser Ausnahme zwar die Zuständigkeit der Hauptversammlung für die konkrete Herbeiführung der jetzigen Kapitalerhöhung umgangen, das bedeutet aber gleichwohl nicht, dass eine Entscheidung über die Kapitalerhöhung den Gesellschaftern gänzlich entzogen wäre. Grundlage für den Entschluss des Verwaltungsorgans ist die Entscheidung der Gründer oder Gesellschafter, eine solche Kapitalerhöhung bei Bedarf zuzulassen. Diese Entscheidung wird in der Satzung oder dem Gründungsakt festgehalten. Auch hier sind die Gesellschafter also nicht entmündigt, lediglich die unternehmerische Entscheidung über die Notwendigkeit einer Kapitalerhöhung ist zulässigerweise dem Leitungsorgan überlassen.

bb) Einwand des Rechtsmissbrauchs gegen klagenden Aktionär

Ein Aktionär, der mit dem Kapitalerhöhungsbeschluss oder dem gesamten Umwandlungsbeschluss der Hauptversammlung nicht einverstanden ist, könnte Klage einreichen und Formverletzungen geltend machen. Dies würde zu einer Verzögerung der Kapitalerhöhung führen. Fraglich ist ob und unter welchen Voraussetzungen einem klagenden Aktionär der Einwand des Rechtsmissbrauchs entgegengehalten werden kann und folglich eine Klage unzulässig werden würde.

Nach Ansicht des EuGH soll ein solcher Einwand nur in gesondert gelagerten Ausnahmefällen möglich sein. Ein Rechtsmissbrauch ergibt sich demnach nicht bereits daraus, dass die von dem Aktionär bekämpfte Kapitalerhöhung die finanziellen Schwierigkeiten der Gesellschaft nicht sicher beheben werde. Genauso wenig kann dem Aktionär entgegengehalten werden, dass er von seinem im Art. 29 Absatz 1 Richtlinie vorgesehenen Bezugsrecht für die neuen Aktien, die für die streitige Kapitalerhöhung ausgegeben werden, keinen Gebrauch macht[423].

b) Kapitalaufbringung

Jede Kapitalerhöhung ist immer eine Zusatzgründung[424]. Alleine aus diesem Grund sind wie bei der Gründung die Regeln zur Aufbringung des Kapitals zu beachten. Bei einer Kapitalerhöhung im Rahmen der Umwandlung einer nationalen Aktiengesellschaft in eine SE entsteht sogar eine neue Gesellschaft, so dass die Notwendigkeit der Anwendung der Kapitalaufbringungsregeln auf der Hand liegt. Die Aufbringung des Kapitals erfolgt dann auch gemäß Art. 26 und 27 Richtlinie. Die Vorschriften unterscheiden zwischen Bar- (Art. 26 Richtlinie) und Sacheinlagen (Art. 27 Richtlinie) und entsprechen im Übrigen weitgehend den Art. 9 und 10 Richtlinie zur Aufbringung des Gründungskapitals. So be-

---

[423] EuGH, Urteil v. 12. 5. 1998, Rs. C-367/96 (Kefalas), Slg. 1998, I-2843, 2870 Rn. 24, 26; Urteil v. 12. 3. 1996, Rs. C-441/93 (Pafitis), Slg. 1996, I-1347, 1382 Rn. 70; *Schwarz*, EuropGesellR, Rn. 617.

[424] *Schwarz*, EuropGesellR, Rn. 618.

stimmt Art. 26 Richtlinie, dass die Einlagen auf Aktien, die bei einer Erhöhung des gezeichneten Kapitals ausgegeben werden, mindestens zu einem Viertel des Nennbetrags der Aktien geleistet werden müssen. Ist ein Mehrbetrag vorgesehen, muss auch dieser in voller Höhe eingezahlt werden. Im Rahmen der Sachgründung wird ausdrücklich nicht auf die Nachgründungsvorschrift verwiesen (Art. 11 Richtlinie). Die Mitgliedstaaten sind zwar berechtigt, aber mangels einer solchen Verweisung nicht verpflichtet, die Vorschriften über die Nachgründung auf Kapitalerhöhungen, die nach Ablauf von zwei Jahren nach Gründung erfolgen, zur Anwendung zu bringen[425].

c) Genehmigtes Kapital

Die Hauptversammlung oder sogar die Satzung oder der Errichtungsakt kann gemäß Art. 25 Absatz 2 Richtlinie die Verwaltung zu einer Erhöhung des gezeichneten Betrags bis zu einem durch die nationalen Gesetze festgelegten Höchstbetrag ermächtigen. Auch dieser Beschluss bedarf lediglich einer einfachen Mehrheit. Diese geringere Anforderung gegenüber der Dreiviertelmehrheit beim Umwandlungsbeschluss erscheint bei der Gründung einer SE hier ebenfalls von geringer Bedeutung. Beschließt die Gesellschaft bereits durch eine dreiviertel Mehrheit der Stimmen, so wird auch die Kapitalerhöhung beschlossen werden können. Eine Erhöhung im Rahmen des genehmigten Kapitals mag zwar möglich sein, ist aber wohl von keiner praktischen Bedeutung bei der Gründung einer SE.

Das einzelstaatliche Recht kann die Voraussetzungen für das genehmigte Kapital weiter einschränken, etwa die Ausübungsfrist von fünf Jahren verkürzen oder die Verlängerungsmöglichkeit durch die Hauptversammlung ausschließen. Die Mitgliedstaaten können auch weitere Voraussetzungen einführen oder ein genehmigtes Kapital überhaupt nicht zulassen[426].

d) Bezugsrecht

aa) Zweck des Bezugsrechts

Die bei der Kapitalerhöhung gemäß Art. 25 Absatz 1 Richtlinie zwingend vorgeschriebene Zuständigkeit der Hauptversammlung kann aber nicht verhindern, dass sich Minderheitsaktionäre einer von ihnen nicht gewollten Kapitalerhöhung ausgesetzt sehen. Selbst wenn für die Erhöhung eine satzungsändernde Mehrheit vorgeschrieben sein sollte, ist es durchaus möglich, dass die Kapitalerhöhung gegen den Willen nicht unerheblicher Teile der Aktionäre beschlossen wird. Wenn eine solche Kapitalerhöhung und auch die Umwandlung in eine SE entgegen dem Willen solcher Minderheitsaktionäre erfolgt, soll den Aktionären

---

[425] *Habersack*, EuropGesellR, Rn. 195.

[426] *Drinkuth*, RiLi, S. 228ff.; *Schwarz*, EuropGesellR, Rn. 619; *Habersack*, EuropGesellR, Rn. 195.

zumindest ein Bezugsrecht an den neuen Aktien zustehen, damit sie ihre Beteiligungsquote wahren können. Nach Art. 29 Absatz 1 Richtlinie steht aus diesem Grund den Aktionären zumindest bei der Barkapitalerhöhung ein Bezugsrecht auf die neuen Aktien im Verhältnis ihrer bereits bestehenden Beteiligungen zu. Darüber hinaus soll das Bezugsrecht vor einer Quersubventionierung durch die Aktionäre und somit eines Wertverlustes der alten Aktien schützen. Ein solcher Wertverlust würde dann nämlich entstehen, wenn der Emissionskurs der neuen Aktien unter dem Wert der alten liegt. Aufgrund des Bezugsrechts haben die Aktionäre die Möglichkeit, den Wert ihres Anteils an der Gesellschaft auch für den Fall eines unterschiedlichen Emissionskurses in unveränderter Höhe zu halten.

bb) Publizität des Bezugsrechts

Das Angebot an die Altaktionäre zur einer vorgezogenen Zeichnung der neuen Aktien, als auch die Frist von mindestens zwei Wochen, innerhalb derer die Zeichnung zu erfolgen hat, sind gemäß Art. 29 Absatz 3 Richtlinie bekannt zu machen. Etwas anderes gilt nur dann, wenn sämtliche Aktien der Gesellschaft Namensaktien sind. Dann genügt eine schriftliche Benachrichtigung der Aktionäre.

cc) Ausschluss des Bezugsrechts

Das gesetzliche Bezugsrecht kann ausgeschlossen oder begrenzt werden.

(1) Verfahren des Bezugsrechtsausschlusses

Für einen Ausschluss des Bezugsrechts ist ein Hauptversammlungsbeschluss notwendig (Art. 29 Absatz 4 Satz 2 Richtlinie). Ein Ausschluss durch Bestimmungen in der Satzung ist unzulässig (Art. 29 Absatz 4 Satz 1 Richtlinie). Der Beschluss der Hauptversammlung bedarf der Dreiviertelmehrheit (Art. 29 Absatz 4 Satz 4 i. V. m. Art. 40 Richtlinie). Über die Gründe eines Ausschlusses durch Hauptversammlungsbeschluss hat das Verwaltungs- oder Leitungsorgan schriftlich zu berichten. Der vorgeschlagene Ausgabekurs ist zu begründen (Art. 29 Absatz 4 Satz 3 Richtlinie). Mit dieser Vorschrift soll eine sachgerechte Entscheidung der Hauptversammlung ermöglicht werden[427].

Das Bezugsrecht der Aktionäre wird gemäß Art. 29 Absatz 7 Richtlinie nicht dadurch ausgeschlossen, dass die neuen Aktien nach dem Beschluss über die Kapitalerhöhung an Banken oder andere Finanzinstitute ausgegeben werden, und diese die Aktien dann dem berechtigten Personenkreis anbieten. Das mittelbare Bezugsrecht an den Aktien nach Angebot durch die übernehmenden Banken ist somit dem unmittelbaren gleichgestellt[428]. Dass die Aktiengesellschaften

[427] *Schwarz*, EuropGesellR, Rn. 622.

[428] *Habersack*, EuropGesellR, Rn. 198.

Europas Emissionsbanken einschalten, die die neuen Aktien den Altaktionären anbieten, ist gängige Praxis und fand deswegen Berücksichtigung[429].

(2) Über den Wortlaut der Richtlinie hinausgehende materielle Anforderungen

Der Wortlaut des Art. 29 Richtlinie sagt nichts darüber, ob neben den formellen Anforderungen an den Bezugsrechtsausschluss auch materielle Voraussetzungen erfüllt sein müssen. Aus der Berichtspflicht des Vorstands nach Art. 29 Absatz 4 Satz 3 Richtlinie kann aber entnommen werden, dass als (materieller) Grund für den Ausschluss überhaupt nur das Interesse der Gesellschaft in Betracht kommt. Darüber hinaus muss gerade bei der Kapitalerhöhung der Grundsatz der Gleichbehandlung nach Art. 42 Richtlinie beachtet werden. Durch die Berichts- und Begründungsfrist soll sowohl die Einflusswahrung der Aktionäre, als auch die Garantie der Wertgleichheit gewährleistet sein. Die Bestimmung soll somit beide Ziele des Bezugsrechts vor einer Umgehung schützen[430].

Fraglich ist aber, ob die materiellen Voraussetzungen an den Ausschluss der Aktionäre durch die Bestimmungen der Richtlinie vorgegeben werden.

(a) Materielle Anforderungen aus Richtlinie

Einer Meinung nach sind die materiell-inhaltlichen Anforderungen der Richtlinie selbst zu entnehmen. Aus der Berichtspflicht des Vorstands und der Notwendigkeit der Beachtung des Gleichbehandlungsgrundsatzes ist ersichtlich, dass an einen solchen Ausschluss nicht nur formelle, sondern auch materielle Anforderungen gestellt sind[431]. Es genüge aber, wenn der Ausschluss des Bezugsrechts im Gesellschaftsinteresse liege und der Gleichbehandlungsgrundsatz berücksichtigt ist[432].

(b) Materielle Anforderungen aus nationalen Regelungen

Anderer Meinung nach enthält die Richtlinie keine Vorgabe der materiellen Voraussetzungen an den Ausschluss. Allein der Gleichbehandlungsgrundsatz des Art. 42 Richtlinie enthält eine zwingende inhaltliche Vorgabe. Im Übrigen ist es Sache der Mitgliedstaaten, die inhaltlichen Schranken des Bezugsrechtsausschlusses zu konkretisieren. Dabei hat das einzelstaatliche Recht lediglich zu berücksichtigen, dass dem Bezugsrecht nach der Richtlinie der Charakter eines mitgliedschaftlichen Individualrechts zukommt[433].

---

[429] *Schwarz*, EuropGesellR, Rn. 621.

[430] *Drinkuth*, RiLi S. 243f.; *Habersack*, EuropGesellR, Rn. 199.

[431] *Lutter*, EuropUnternR, S. 52f.; *Hirte*, WM 1994, 321 (324); *ders.*, Bezugsrechtsausschluss, S. 85ff.; *Kindler*, ZHR 158 (1994), 339 (357ff.).

[432] *Kindler*, ZHR 158 (1994), 339 (357ff.).

[433] *Natterer*, ZIP 1995, 1481 (1487f.); *Drinkuth*, RiLi, S. 245ff.; *Habersack*, EuropGesellR, Rn. 200; *Schwarz*, EuropGesellR, Rn. 622.

(3) Ausnahmen für genehmigtes Kapital

Ein Bezugsrechtsausschluss kann gemäß Art. 29 Absatz 5 Richtlinie für das genehmigte Kapital auch durch Beschluss des Vorstands erfolgen. Die Regelung sieht vor, dass die Mitgliedstaaten es zulassen können, dass die Gesellschaft durch Satzung, Errichtungsakt oder Hauptversammlung dem Vorstand die Befugnis einräumt, das Bezugsrecht bei der Erhöhung durch genehmigtes Kapital zu beschränken oder auszuschließen. Nicht eindeutig ersichtlich ist dabei, ob sich die in Art. 29 Absatz 4 Richtlinie gestellten Voraussetzungen einer sachlichen Rechtfertigung des Ausschlusses auf die Vorstandsentscheidung gemäß Art. 29 Absatz 5 Richtlinie oder auf die Ermächtigung des Vorstands durch die Hauptversammlung beziehen[434]. Zunächst dürfte feststehen, dass für das genehmigte Kapital keine anderen Anforderungen gelten dürfen als für eine reguläre Kapitalerhöhung. Denn ansonsten hätte es die Stimmenmehrheit in der Hand durch den Modus der Kapitalerhöhung die Anforderungen an den Ausschluss zu bestimmen[435].

Zur Beantwortung der Frage, ob die Inhaltskontrolle des Ausschlusses für die Vorstandsentscheidung oder den Beschluss der Hauptversammlung gilt, ist auf die Berichtspflicht des Vorstands gegenüber der Hauptversammlung abzustellen. Bei der Entscheidung über den Bezugsrechtsausschluss bei der Kapitalerhöhung durch genehmigtes Kapital hat dieser Bericht nicht denselben Informationsgehalt wie bei dem Ausschluss im Rahmen einer gewöhnlichen Kapitalerhöhung. Der Bericht kann nur sehr generelle Angaben enthalten, da die Ausschlussgründe für den künftigen Bezugsrechtsausschluss noch gar nicht feststehen können[436]. Diesem Unstand trägt die Vorschrift des Art. 29 Absatz 5 Richtlinie Rechnung, indem sie lediglich auf die die Beschlussfähigkeit, Mehrheitserfordernisse und Offenlegung betreffenden Vorschriften des Absatzes 4 verweist, nicht aber auf die Berichtspflicht des Vorstands. Beim Ausschluss des Bezugsrechts bei der Erhöhung durch genehmigtes Kapital wird also von der Berichtspflicht des Vorstands abgesehen. Die Entscheidung über den Ausschluss wird folglich dem Vorstand überlassen. Die sachlichen Abwägungen trifft demnach nur der Vorstand. Aus diesem Grunde kann alleine diese Entscheidung der Inhaltskontrolle unterliegen[437].

Das nationale Recht kann allerdings einen weitergehenden Aktionärsschutz fordern[438].

---

[434] *Habersack*, EuropGesellR, Rn. 201.

[435] *Kindler*, ZHR 158 (1994), 339 (362).

[436] *Kindler*, ZHR 158 (1994), 339 (363).

[437] *Kindler*, ZHR 158 (1994), 339 (363f.).

[438] *Drinkuth*, RiLi, S. 251f.; *Habersack*, EuropGesellR, Rn. 201; a. A. *Kindler*, ZHR 158 (1994), 339 (365).

(4) Kein Bezugsrecht bei der Sachkapitalerhöhung

Für eine Sachkapitalerhöhung sieht Art. 29 Richtlinie kein Bezugsrecht der Altaktionäre vor. Die Vorschrift geht davon aus, dass Sacheinlageverpflichtungen schlichtweg nicht von jedermann erfüllt werden können. Es würde dem Sinn einer Sachkapitalerhöhung, die gerade gewählt wird um einen Gegenstand in die Gesellschaft einzulegen, widersprechen, wenn auch bei einer solchen Kapitalveränderung ein Bezugsrecht der Altaktionäre entstehen würde.
Die Regelung geht somit auf die Notwendigkeiten der Praxis ein. Würde bei der Sachkapitalerhöhung ein Bezugsrecht der Altaktionäre entstehen, so müsste die Erhöhung immer mit einer Barkapitalerhöhung kombiniert werden. Das ist sicherlich komplizierter und entspricht oftmals, etwa bei der Übernahme von Unternehmen, nicht dem Willen der Gesellschaft. Deswegen muss zumindest die Möglichkeit bestehen, bei der Sachkapitalerhöhung auf ein Bezugsrecht zu verzichten. Ob dies generell nicht notwendig ist, erscheint allerdings zweifelhaft, ist doch die Schutzbedürftigkeit der Minderheitsaktionäre dieselbe.

2. Deutsches Aktiengesetz

In Deutschland gibt es vier Formen der Kapitalerhöhung: Die Kapitalerhöhung gegen Einlagen (§§ 182 ff. Aktiengesetz), die bedingte Kapitalerhöhung (§§ 192 ff. Aktiengesetz), die Kapitalerhöhung aus genehmigtem Kapital (§§ 202 ff. Aktiengesetz) und die Kapitalerhöhung aus Gesellschaftsmitteln (§§ 207 ff. Aktiengesetz).

a) Zuständigkeit der Hauptversammlung

Nach deutschem Recht ist für den Beschluss, eine Kapitalerhöhung herbeizuführen, ebenfalls die Hauptversammlung zuständig. Allerdings ist für den Beschluss eine Mehrheit von Dreivierteln der Stimmen gemäß § 182 Absatz 1 Satz 1 Aktiengesetz notwendig. Dabei ist aber zu beachten, dass für den Umwandlungsbeschluss zu einer SE zumindest eine Zweidrittelmehrheit erforderlich ist (Art. 37 Absatz 7 SE-VO in Verbindung mit Art. 7 Absatz 1 Fusionsrichtlinie). Dasselbe gilt für den Verschmelzungsbeschluss gemäß Art. 7 Absatz 1 Fusionsrichtlinie. Das deutsche Recht stellt höhere Anforderungen an den Umwandlungs- und Verschmelzungsbeschluss. Die Verschmelzung muss gemäß § 65 Absatz 1 Satz 1 Umwandlungsgesetz von einer Mehrheit von Dreivierteln des vertretenen Grundkapitals beschlossen werden. Auch für die Umwandlung zu einer deutschen AG ist nach § 240 Absatz 1 Umwandlungsgesetz eine Dreiviertelmehrheit erforderlich.
Allerdings ist zu beachten, dass diese Mehrheitserfordernisse noch nicht für eine Umwandlung oder eine Verschmelzung zu einer SE gelten. Nach § 1 Absatz 1 Umwandlungsgesetz können nur inländische Rechtsträger auf eine inländische Gesellschaftsform umgewandelt werden. Es bleibt abzuwarten, welche Anforderungen der deutsche Gesetzgeber an die Beschlussmehrheiten der Hauptver-

sammlungen stellt. Sollte er die Mehrheitserfordernisse beibehalten, wovon hier stets ausgegangen wird, bedarf eine solche Änderung der Gesellschaftsform einhergehend mit einer entsprechenden Kapitalveränderung somit derselben Mehrheitserfordernisse. Wird schon die Mehrheit für den Umwandlungs- oder Verschmelzungsbeschluss verfehlt, so ist auch die Kapitalerhöhung hinfällig. Das deutsche Recht bestimmt also im Bezug auf die Gründung einer SE keine wirklich höheren Anforderungen. Abweichungen (§ 182 Absatz 1 Satz 2 Aktiengesetz) und Ergänzungen (§ 182 Absatz 1 Satz 3 Aktiengesetz) können durch die Satzung festgelegt werden. Die Festlegung einer kleineren Mehrheit ist aber für die Gründung einer SE faktisch ohne Bedeutung, da eine Umwandlung nach den Mindestanforderungen der Fusionsrichtlinie nur bei wenigstens einer Zweidrittelmehrheit in der Hauptversammlung beschlossen werden kann.
Das genehmigte Kapital wird im deutschen Recht in § 202 Aktiengesetz zugelassen und unterliegt strengeren Voraussetzungen als die Vorgaben aus Art. 25 Richtlinie. Der Ermächtigungsbeschluss braucht auch hier grundsätzlich einer Dreiviertelmehrheit (§ 202 Absatz 2 Satz 1 Aktiengesetz). Der Nennbetrag des genehmigten Kapitals darf die Hälfte des Grundkapitals nicht übersteigen (§ 202 Absatz 2 Satz 2 Aktiengesetz) und die Satzung kann weitere Erfordernisse bestimmen (§ 202 Absatz 2 Satz 2 Aktiengesetz).
Die Pflicht zur Publizität der Kapitalerhöhung ist in den §§ 184, 188 und 203 Aktiengesetz geregelt. Auch für die Offenlegung gilt, dass sie neben die Publizitätspflicht im Rahmen der Umwandlung einer SE tritt.

b) Kapitalaufbringung

aa) Einlageverpflichtung

Bei der Kapitalaufbringung gegen Einlagen erfolgt die Zeichnung der neuen Aktien durch einen Zeichnungsschein, eine schriftliche Erklärung (§ 185 Aktiengesetz). Die Kapitalaufbringungsregeln gelten im vollen Umfang auch bei der Kapitalerhöhung. Insbesondere muss auf Bareinlagen ein Mindestbetrag von einem Viertel des Nennbetrags bereits bei der Anmeldung eingefordert sein und eingezahlt zur freien Verfügung des Vorstands stehen (§§ 188 Absatz 2 Satz 1, 36, 36a, 37 Aktiengesetz).
Bei einer Kapitalerhöhung gegen Sacheinlagen hat gemäß § 183 Absatz 3 Aktiengesetz eine Prüfung durch einen oder mehrere Prüfer stattzufinden. Die Vorschriften über die Gründungsprüfung (§§ 33ff. Aktiengesetz) werden entsprechend angewendet. Das gilt auch für die bedingte Kapitalerhöhung mit Sacheinlagen (§§ 194 Absatz 4, 195 Absatz 2 Nr. 1 Aktiengesetz) und für das genehmigte Kapital bei der Ausgabe von Aktien gegen Sacheinlagen (§ 205 Absatz 3 Aktiengesetz). Der Prüfungsbericht ist der Registeranmeldung beizufügen (§§ 184 Absatz 1 Satz 2 Aktiengesetz; 195 Absatz 2 Nr. 1, 196 Satz 1 Aktiengesetz). Verdeckte Sacheinlagen sind ebenso wie bei der Neugründung verboten

und befreien nicht von der Bareinlageschuld. Gefährlich, darauf sei hier noch einmal hingewiesen, ist insbesondere die Umwandlung von Forderungen in haftendes Eigenkapital. Dies ist nur in Form einer Sachkapitalerhöhung möglich, und auch nur dann, wenn die Forderung vollwertig ist, also nicht in der Krise der Gesellschaft[439].

bb) Prüfung des Wertes der Sacheinlagen

In dem Verweis der entsprechenden Vorschriften für die Sachkapitalerhöhung auf die zu prüfenden Gründungsvorschriften ist ein ausdrücklicher Verweis auf § 34 Absatz 1 Nr. 2 Aktiengesetz nicht aufgeführt. Der § 34 Absatz 1 Nr. 2 Aktiengesetz entspricht der Vorschrift der Art. 27 Absatz 2 Satz 3, 10 Absatz 2 Richtlinie, nach der der Sachverständigenbericht angeben muss, ob der Nennbetrag inklusive des eventuellen Mehrbetrags oder der rechnerische Wert der auszugebenen Aktien erreicht wird. Die Wertprüfung hat sich gemäß Art. 10 Absatz 2 Richtlinie auch auf ein solches Aufgeld zu beziehen. Somit ist vor allem im Interesse der Altaktionäre zu prüfen, ob die Sacheinlagen den Ausgabebetrag der jungen Aktien deckt, da es sonst zu einer unerwünschten Quersubventionierung des neuen Sacheinlegers durch die Altaktionäre kommen würde. Umstritten ist nun, wie die Nichtaufzählung der Norm zu bewerten ist.

(1) Prüfung nur auf Nennwert

Einer Meinung nach erfolgt die Nichtaufzählung des § 34 Absatz 1 Nr. 2 Aktiengesetz absichtlich. Der Verweis in den §§ 183 Absatz 3 Satz 2, 194 Absatz 4 Satz 2, 205 Absatz 3 Satz 2 Aktiengesetz ist damit abschließend. Im Falle einer Kapitalerhöhung kann sich die Wertprüfung auf die Feststellung beschränken, dass der Nennwert oder der rechnerische Wert der jungen Aktien gedeckt sei. Die Prüfung erstreckt sich somit nicht auf den höheren Ausgabebetrag. Die Prüfung diene halt nicht dem Schutz der Altaktionäre, sondern hat nur den Zweck, einen Verstoß gegen § 9 Absatz 1 Aktiengesetz auszuschließen[440].

(2) Prüfung auch auf Aufgeld

Dagegen wird vorgebracht, dass sich der Sachverständigenbericht, um den Anforderungen der Art. 27, 10 Absatz 2 Richtlinie zu genügen, auch auf ein eventuelles Aufgeld erstrecken muss. Der Bericht müsse angeben, ob die Sacheinlage dem Ausgabebetrag der neuen Aktien entspreche, ansonsten würde das deutsche Aktienrecht nicht den Vorgaben der Richtlinie genügen[441].

---

[439] *K. Schmidt*, GesellR, § 29 III 2. a.

[440] KölnKomm-*Lutter*, § 183 Rn. 52; *Hüffer*, § 183 Rn. 16; *Schwarz*, EuropGesellR, Rn. 618 a.E.

[441] *Hirte*, DB 1995, 1113 (1114f.); *Meilicke*, DB 1996, 513 (514); *Habersack*, EuropGesellR, Rn. 194.

c) Bezugsrecht

Im deutschen Recht der Aktiengesellschaft ist das Bezugsrecht in § 186 Aktiengesetz geregelt. Die Vorschrift geht über die Vorgabe des Art. 29 Richtlinie hinaus[442]. Das Bezugsrecht der Altaktionäre gilt dabei nicht nur bei der Barkapitalerhöhung, sondern auch bei der Sachkapitalerhöhung. Zwar ist die Kapitalerhöhung mit einer Sacheinlage regelmäßig mit einem Bezugsrechtsausschluss verbunden[443]. Allerdings gelten die gesetzlichen Bestimmungen zum Bezugsrecht genauso für die Sachkapitalerhöhung und ein Ausschluss muss den Anforderungen an diesen genügen[444].

aa) Ausschluss des Bezugsrechts

Der Ausschluss des Bezugsrechts der Altaktionäre ist in § 186 Absatz 3 und 4 Aktiengesetz geregelt. Das Bezugsrecht kann gänzlich oder teilweise im Kapitalerhöhungsbeschluss ausgeschlossen werden (§ 186 Absatz 3 Satz 1 Aktiengesetz). Zwar ist es dem nationalen Gesetzgeber überlassen, die materiellen Anforderungen an einen Bezugsrechtsausschluss zu regeln[445], die Bestimmung des deutschen Aktienrechts regelt solche Voraussetzungen aber nicht ausdrücklich[446]. Trotzdem besteht Einigkeit darüber, dass der Ausschluss des Bezugsrechts aufgrund der Schwere des Eingriffs in die Mitgliedschaft des Aktionärs einer sachlichen Rechtfertigung bedarf[447].

(1) Inhaltskontrolle

Nach der Rechtsprechung des BGH unterliegt der Ausschluss des Bezugsrechts einer strengen, an dem Grundsatz der Verhältnismäßigkeit orientierten Inhaltskontrolle. Der Bezugsrechtsausschluss muss bei gebührender Berücksichtigung der Folgen für die vom Bezugsrecht ausgeschlossenen Aktionäre durch sachliche Gründe gerechtfertigt sein. Die Prüfung dieser sachlichen Wirksamkeitsvoraussetzungen schließt dabei eine Abwägung der Gesellschafts- und Aktionärsinteressen und der Verhältnismäßigkeit von Mittel und Zweck ein. Der Bezugsrechtsausschluss muss einem Zweck dienen, der im Interesse der Gesellschaft liegt, zur Erreichung des beabsichtigten Zwecks geeignet und überdies erforderlich und schließlich verhältnismäßig im engeren Sinne ist[448]. Einer sachlichen

---

[442] *Kindler*, ZHR 158 (1994), 339 (360); *Schwarz*, EuropGesellR, Rn. 622.
[443] *Hüffer*, § 183 Rn. 8.
[444] *Hüffer*, § 183 Rn. 34.
[445] *Drinkuth*, RiLi, S. 243f.; *Natterer*, ZIP 1995, 1481 (1487f.); *Habersack*, EuropGesellR, Rn. 200.
[446] *Hüffer*, § 186 Rn. 25; *Schwarz*, EuropGesellR, Rn. 622.
[447] BGHZ 71, 40 (43ff.); 83, 319 (321); 120, 141 (145); 125, 239 (241); KölnKomm-*Lutter*, § 186 Rn. 61ff., *Hüffer*, § 186 Rn. 25ff.
[448] BGHZ, 71, 40 (46).

Rechtfertigung bedarf es dann aber nicht, wenn alle betroffenen Aktionäre dem Ausschluss des Bezugsrechts zustimmen[449].

Die Inhaltskontrolle gilt wie oben bereits festgestellt auch für die Sachkapitalerhöhung, da ein Bezugsrecht auch den Aktionären in diesem Fall gesetzlich zusteht. Die Gesellschaft muss ein hinreichendes Interesse am Erwerb des Einlagegegenstands haben[450]. Erforderlichkeit ist nur dann gegeben, wenn der Gegenstand nicht unter Einsatz von Barmitteln, also im Wege der Barkapitalerhöhung, durch einfachen Kaufvertrag zu vergleichbaren Konditionen erworben werden kann. Das gilt auch dann, wenn Gegenstand der Sacheinlage ein Unternehmen oder eine Beteiligung an einem Unternehmen ist[451]. Soll also eine SE durch die Aufnahme eines Unternehmens entstehen, so ist nach deutschem Recht sachlich zu rechtfertigen, warum eine damit einhergehende Kapitalerhöhung nicht durch Barmittel und einem nachfolgenden Kaufvertrag entstehen kann. Die Notwendigkeit, eine SE auf eine der durch die SE-VO vorgeschriebenen Wege zu gründen, könnte die Sachkapitalerhöhung allerdings erforderlich machen: Wenn es nur möglich ist, die SE durch Verschmelzung zu gründen, weil nur dann der nötige Auslandsbezug entsteht, ist die Kapitalerhöhung durch Sacheinlagen erforderlich. Damit würde ein hinreichendes Interesse an dem Erwerb des Unternehmens und an einem notwendigen Ausschluss des Bezugsrechts der Altaktionäre entstehen.

(2) Gesetzliche Erleichterungen

Die Zulässigkeit des Bezugsrechtsausschlusses, also dessen sachliche Rechtfertigung, soll gemäß § 186 Absatz 3 Satz 4 Aktiengesetz dann gegeben sein, wenn bei einer Kapitalerhöhung mit Bareinlagen die Erhöhung nicht mehr als 10 Prozent des Grundkapitals erreicht und der Ausgabebetrag den Börsenpreis nicht wesentlich unterschreitet. Damit soll die Unternehmensfinanzierung durch Eigenkapitalaufnahme erleichtert werden[452]. Der Hauptversammlungsbeschluss soll in diesen Fällen nicht wegen einer Verletzung der mitgliedschaftlichen Treuepflicht gemäß § 243 Absatz 1 Aktiengesetz anfechtbar sein. Eine solche, auf § 255 Absatz 2 Satz 1 Aktiengesetz gestützte Klage wird dann scheitern, weil die Anforderung dieser Vorschrift, dass der Börsenkurs unangemessen niedrig ist, nicht erfüllt ist.

Diese Vermutung des § 186 Absatz 3 Satz 4 Aktiengesetz soll allerdings widerlegt werden können. Denn nicht der Börsenkurs sei maßgeblich, sondern der innere Wert und diese beiden Werte können deutlich voneinander abweichen. Entscheidend soll die aus dem Unternehmenswert abgeleitete Aktienbewertung

[449] *Hüffer*, § 186 Rn. 25.
[450] BGHZ 71, 40 (46f.).
[451] *Hüffer*, § 186 Rn. 34.
[452] *Hüffer*, § 186 Rn. 39a.

sein[453]. Wenn der Börsenpreis nun stark von diesem inneren Wert abweicht, besteht für die Aktionäre die Möglichkeit trotz der Vorschrift des § 186 Absatz 3 Satz 4 Aktiengesetz auf dem Weg der Klage gemäß §§ 243 Absatz 2, 255 Absatz 2 Aktiengesetz gegen den unangemessenen Ausgabebetrag vorzugehen. Fraglich ist allerdings, ob diese gesetzliche Erleichterung des Bezugsrechtsausschlusses mit den Anforderungen des Art. 29 Absatz 4 Richtlinie konform geht. Das ist zu verneinen, wenn durch die Vorschrift des § 186 Absatz 3 Satz 4 Aktiengesetz das Bezugsrecht der Altaktionäre an der Hauptversammlung vorbei beschränkt oder ausgeschlossen werden würde. Da die Regelung im deutschen Recht teilweise als eine solche unzulässige Beschränkung verstanden wird, ist teilweise eine restriktive Auslegung der Vorschrift gefordert worden[454]. Der Bezugsrechtsausschluss sei nur dann richtlinienkonform, wenn die Altaktionäre die realistische Möglichkeit des Zukaufs an der Börse haben[455].

Dem ist entgegenzuhalten, dass die Vorschrift durchaus nicht als eine Möglichkeit des Bezugsrechtsausschluss an der Hauptversammlung vorbei verstanden werden darf. Es soll lediglich diejenigen Fälle des Bezugsrechtsausschlusses erleichtern, die aufgrund ihrer Verhältnismäßigkeit zulässig sind. Sicherstellen soll die Vorschrift die vereinfachte Kapitalbeschaffung. Dabei wird den entsprechenden Klagen auf eine Unverhältnismäßigkeit des Bezugsrechtsausschlusses durch Altaktionäre vorgebeugt, wenn der Börsenkurs dem inneren Wert des Anteils entspricht und der Ausgabewert ebenfalls in diesem Rahmen liegt. Sollte eine dieser Variabeln aus dem Rahmen fallen, ist der Bezugsrechtsausschluss nicht zulässig. Bei einem solchen Verständnis der Norm ist eine einschränkende Auslegung nicht notwendig.

(3) Weitere Voraussetzungen

Diese Anforderungen an die sachliche Rechtfertigung des Ausschlusses gelten auch für ein Bezugsrechtsausschluss beim genehmigten Kapital[456]. Weiterhin müssen die Voraussetzungen für den Bezugsrechtsausschluss im Zeitpunkt der Beschlussfassung konkret feststehen und offengelegt werden, so dass die Hauptversammlung darüber entscheiden kann.

(4) Vereinbarkeit mit Art. 29 Absatz 1 und 4 Richtlinie

Das deutsche Recht macht einen Bezugsrechtsausschluss bei der Sachkapitalerhöhung davon abhängig, dass die Gesellschaft ein berechtigtes Interesse am Erwerb des Einlagegegenstands hat. Dieses Interesse darf nicht mittels einer Barkapitalerhöhung und anschließendem Erwerb des Gegenstands befriedigt wer-

---

[453] *Hüffer*, § 186 Rn. 39 b a. E.; *Großfeld*, NZG 2002, 353ff.

[454] *Habersack*, EuropGesellR, Rn. 200.

[455] Großkomm-*Wiedemann*, § 186 Rn. 150; *Lutter*, AG 1994, 429 (443); *Habersack*, EuropGesellR, Rn. 200.

[456] BGHZ 83, 319 (321ff.).

den können. Infolgedessen ist die Möglichkeit einer Sachkapitalerhöhung nach deutschem Recht insgesamt von einem berechtigten Interesse der Gesellschaft abhängig[457]. Die Vorgaben der Richtlinie sehen dagegen kein Bezugsrecht bei Sachkapitalerhöhungen vor. Fraglich ist dabei, ob eine solche materielle Inhaltskontrolle richtlinienkonform ist.
Über die Vereinbarkeit des deutschen Rechts mit der Richtlinie hatte der EuGH zu entscheiden. Es wurde dabei die Frage vorgelegt, ob es mit Art. 29 Absatz 1 und 4 Richtlinie vereinbar ist, dass die Rechtmäßigkeit eines Hauptversammlungsbeschlusses, der eine Kapitalerhöhung gegen Sacheinlagen bei gleichzeitigem Ausschluss des Bezugsrechts der Aktionäre zum Gegenstand hat, anhand einer Inhaltskontrolle auf seine Rechtmäßigkeit hin überprüft wird. Diese Grundsätze sind mit Art. 29 Absatz 1 und 4 Richtlinie vereinbar[458]. Die Bestimmungen sehen zwar lediglich ein Bezugsrecht für Erhöhungen des gezeichneten Kapitals durch Bareinlagen vor und keine Regelung für den komplexeren, in den meisten Mitgliedstaaten unbekannten Sachverhalt der Ausübung des Bezugsrechts bei Kapitalerhöhung durch Sacheinlagen. Dem Wortlaut nach erfasst Art. 29 Absatz 1 Richtlinie also nur Kapitalerhöhungen durch Bareinlagen. Daraus könne aber nicht geschlossen werden, dass der Gemeinschaftsgesetzgeber die Einräumung eines Bezugsrechts für die Aktionäre auf Kapitalerhöhungen durch Bareinlagen hätte beschränken wollen und den Mitgliedstaaten damit untersagt hätte, ein solches Bezugsrecht auch bei Kapitalerhöhungen durch Sacheinlagen vorzusehen[459]. Insofern steht es den Mitgliedstaaten frei, ein Bezugsrecht für die Sachkapitalerhöhung vorzusehen[460].
Weiterhin entspricht eine nationale Regelung, durch die der Grundsatz des Bezugsrechts der Aktionäre auf Erhöhung des Grundkapitals durch Sacheinlage ausgedehnt wird, gleichzeitig dieses Recht aber unter bestimmten Voraussetzungen wie im deutschen Recht eingeschränkt bzw. ausgeschlossen werden kann, dem Ziel der Richtlinie. Denn das Ziel bestehe darin, einen wirksameren Schutz der Aktionäre zu gewährleisten, die dann auch in Fällen einer Sachkapitalerhöhung eine Verringerung ihrer prozentualen Beteiligung am Grundkapital verhindern können[461]. Eine solche Inhaltskontrolle steht auch dann nicht im Widerspruch zur Richtlinie, wenn sie aufgrund des verstärkten Aktionärsschutzes zu einer Verzögerung bei der Durchführung der Kapitalerhöhung führen sollte.

---

457 KölnKomm-*Lutter*, § 186 Rn. 78ff; Großkomm-*Wiedemann*, § 186 Rn. 168ff.; *Hüffer*, § 186 Rn. 34; *Martens*, FS R. Fischer, 1979, S. 437 (447).

458 EuGHE 1996, I-6028 (6035ff., Tz. 19ff.) – Siemens/Nold; Tesauro, EuGHE 1996, I-6019 (6025ff., Tz. 16ff.); *Kindler*, ZGR 1998, 35ff.; *Klinke*, ZGR 1998, 212, 236ff.

459 EuGH, Urteil v. 19. 11. 1996, Rs. C-42/95 (Siemens AG/Henry Nold), Slg. 1996, I-6017, 6034 Rn. 15f.

460 EuGH, Urteil v. 19. 11. 1996, Rs. C-42/95 (Siemens AG/Henry Nold), Slg. 1996, I-6017, 6035 Rn. 18; *Drinkuth*, RiLi, S. 239ff.

461 EuGH, Urteil v. 19. 11. 1996, Rs. C-42/95 (Siemens AG/Henry Nold), Slg. 1996, I-6017, 6035 Rn. 19.

Es obliegt den nationalen Gerichten unter Wahrung der Bestimmungen der Richtlinie mit den Mitteln des innerstaatlichen Rechts in angemessener Weise auf in Verzögerungsabsicht erhobene oder offensichtlich unbegründete Klagen zu reagieren.

bb) Besonderheiten beim genehmigten Kapital

Beim genehmigten Kapital unterscheidet sich die deutsche Rechtsprechung bei den Anforderungen an einen Bezugsrechtsausschluss bei Kapitalerhöhungen gegen Sacheinlagen von derjenigen einer normalen Erhöhung. Die Anforderungen, die an die normale Erhöhung gestellt werden, stellen sich nach Erfahrungen in der Wirtschaft und der Tatsachengerichte als zu streng und unpraktikabel heraus und würden nicht dem Institut des genehmigten Kapitals, das auf Flexibilität angewiesen ist, entsprechen[462]. Eine Inhaltskontrolle des Bezugsrechtsausschlusses findet demnach lediglich für die Vorstandsentscheidung statt, nicht aber für den Ermächtigungsbeschluss der Hauptversammlung[463]. Maßgeblicher Zeitpunkt für die sachliche Rechtfertigung des Bezugsrechtsausschlusses ist der Zeitpunkt der Vorstandsentscheidung, so dass die Überlegungen, die zu einer Ermächtigung des Vorstands geführt haben, bei dessen Entscheidung noch vorliegen müssen[464]. Der Vorstand ist aber an diese Zweckvorgaben der Ermächtigung gebunden, nach der er das Bezugsrecht ausschließen darf[465].

3. Französischer Code de commerce

Die Kapitalerhöhung ist in Art. L225-127 ff. Code de commerce geregelt. Die Entscheidung über eine Kapitalerhöhung obliegt ausschließlich der Hauptversammlung (Art. L225-129 Code de commerce).

a) Barkapitalerhöhung

aa) Vollständige Einzahlung des Grundkapitals

Bei der Kapitalerhöhung ist gemäß Art. L225-131 Code de commerce ebenso wie im deutschen Recht das ursprüngliche Grundkapital der Gesellschaft vor der Ausgabe der neuen Aktien komplett einzuzahlen. Wurde also bisher erst ein Viertel der Einlagen einbezahlt, sind die übrigen Einlageforderungen gegen die Aktionäre fällig zu stellen und einzuzahlen. Folge einer Nichteinzahlung ist die Nichtigkeit der Erhöhung. Im Übrigen besteht eine strafrechtliche Sanktion in Art. L242-17 Absatz 2 Code de commerce. Die Regelung wird als sinnvoll betrachtet, wenn es der Gesellschaft um neue liquide Mittel geht. Dann wäre es in der Tat nicht nachvollziehbar, diese neuen Mittel der Gesellschaft durch die Ka-

---

[462] *Schwarz*, EuropGesellR, Rn. 623.
[463] BGHZ 136, 133 (136ff.)
[464] *Hüffer*, § 203 Rn. 35.
[465] BGHZ 136, 133 (138).

pitalerhöhung zukommen zu lassen, wenn der Gesellschaft auch durch die Einzahlung der ausstehenden Einlagen Mittel zufließen könnten[466].
Anders sieht dies allerdings aus, wenn die Kapitalerhöhung zur Gründung einer SE durchgeführt wird. In diesem Fall wird die Kapitalerhöhung hauptsächlich durchgeführt, um die neuen Aktionäre an der sich umwandelnden Gesellschaft zu beteiligen. Zufluss liquider Mittel ist nicht treibendes Motiv der Gesellschafter für die Kapitalerhöhung. In diesem Fall kann es sich für die Flexibilität der Gesellschaft hinderlich auswirken, wenn zunächst alle ausstehenden Einlagen einbezahlt werden müssen, um dann einen Kreis neuer Aktionäre in die Gesellschaft aufzunehmen. Allerdings ist die Regelung dann nicht anwendbar, wenn die Kapitalerhöhung durch Sacheinlagen erfolgen soll, oder diese den Arbeitnehmern vorbehalten wäre[467], weil die Kapitalerhöhung in diesem Fall aufgrund einer unterschiedlichen Motivationslage durchgeführt wird[468].

bb) Solvenzprüfung

Bei einer Kapitalerhöhung durch Angebot an die Öffentlichkeit (appel à l'épargne) weniger als zwei Jahre nach der Gründung der Gesellschaft, muss eine Liquiditäts- und Solvenzprüfung (vérification de sa situation financière) vorgenommen werden (Art. L225-131 Absatz 2 Code de commerce). Damit gelten für die Kapitalerhöhung durch Angebot an die Öffentlichkeit dieselben Voraussetzungen wie bei der Gründung durch Angebot an die Öffentlichkeit. Indem für die Kapitalaufbringung und -erhöhung dieselben Anforderungen gesetzt werden, soll die Umgehung der Anforderungen bei einem Angebot an die Öffentlichkeit vermieden werden. Anderenfalls ist die Durchführung einer einfachen Gründung (constitution simple, constitution par la procédure simplifiée) denkbar, um direkt in deren Anschluss eine Kapitalerhöhung unter Angebot an die Öffentlichkeit durchzuführen. Diese Vorschrift zur Umgehungsvermeidung kann aber andererseits zu einer unnötigen doppelten Prüfung der Sacheinlagen führen[469].

cc) Beschluss der Hauptversammlung

Die übrigen Voraussetzungen der Kapitalerhöhung entsprechen im wesentlichen denen der Kapitalaufbringung. Zunächst ist eine erste außerordentliche Hauptversammlung (première assemblée extraordinaire) einzuberufen, die die Erhöhung beschließt. Der Beschluss der Hauptversammlung muss den Aktionären bekannt gemacht werden. Je nachdem, ob die Zeichnung durch ein Angebot an die Öffentlichkeit erfolgt oder nicht, sind unterschiedliche Anforderungen an die förmliche Unterrichtung gestellt. Erfolgt kein Angebot an die Öffentlichkeit und

---

466 *Guyon*, Nr. 429.
467 *Ripert/Roblot*, Nr. 1929.
468 Siehe unten: C. IV. 3. b) bb) (1) Keine vollständige Einzahlung der alten Einlage.
469 *Guyon*, Nr. 429.

ist das Grundkapital ausschließlich in Namensaktien (actions nominatives) aufgeteilt, so reicht ein eingeschriebener Brief (lettre recommandée) an die Aktionär aus.
Anders allerdings, wenn die Kapitalerhöhung durch Angebot an die Öffentlichkeit zu erfolgen hat. Dann ist der Beschluss durch Anzeige im amtlichen Mitteilungsblatt (journal d'annonces légales) und im Amtsblatt für gesetzlich vorgeschriebene Bekanntmachungen an der Börse notierter Kapitalgesellschaften (bulletin des annonces légales obligatoires, BALO) zu veröffentlichen (Art. 156 Absatz 3 und 159 decr. 1967). Darüber hinaus ist der Börsenzulassungsprospekt (note d'information), der auch von dem Wirtschaftsprüfer gegengezeichnet werden muss, der französischen Börsenkommission (commission des opérations de bourse, COB) zuzustellen. Die COB nimmt die amtliche Beglaubigung (visa) vor. Die Erstellung des Börsenzulassungsprospekts ist der weit häufigere Weg der Bekanntmachung. Aber auch ein anderer Prozess ist möglich, nämlich die jährliche Aufstellung eines Document de référence, das bei der COB hinterlegt wird. Dieser Weg ist aber deutlich komplizierter, so dass fast ausschließlich die Mitteilung über den Prospekt erfolgt[470]. Sollte der Prospekt erstellt worden sein, ohne dass die COB diesen beglaubigt hätte, kann die Kommission die Rückzahlung der Einlagen an die zeichnenden Aktionäre verlangen, wenn diese dies wünschen.
Die außerordentliche Hauptversammlung entscheidet über die Höhe der Emission und die Anzahl der neuen Aktien. Das komplette neue Kapital ist vollständig zu zeichnen. Es reicht aus, wenn lediglich ein Viertel der Einlagen sofort einbezahlt werden. Die Resteinzahlung ist in einem Zeitraum von längstens fünf Jahren vorzunehmen. Dieser Unterschied zur Kapitalaufbringung, wo bei der Zeichnung bereits die Hälfte der Einlage eingezahlt werden muss, wird als ungerechtfertigt empfunden[471]. Das Aufgeld muss gänzlich eingezahlt werden (Art. L225-144 Code de commerce). Die Hauptversammlung entscheidet über den Posten der Bilanzierung. Das Aufgeld ist als Zusatz zu den Einlagen kein Grundkapital und kann frei ausgeschüttet werden[472].
Auf die Einzahlungen ist ein Certificat du dépositaire auszustellen (Art. L225-146 Code de commerce). Schließlich hat eine zweite außerordentliche Hauptversammlung festzustellen, dass die Kapitalerhöhung erfolgt ist und beschließt die Änderung der Satzung (les statuts). Die so geänderte Satzung ist dann im amtlichen Mitteilungsblatt einzutragen (Art. 287 decr. 1967) und in der Gerichtsregistratur (dépôt au greffe) zu veröffentlichen. Die Änderung ist ins Handelsregister einzutragen und im Bulletin officiel des annonces commercial (BODAC) zu publizieren. Die Formalien sind innerhalb von einem Monat nach Vollzug der Kapitalerhöhung vorzunehmen.

---

[470] *Guyon*, Nr. 434.
[471] *Guyon*, Nr. 430.
[472] *Guyon*, aaO.

dd) Besonderheiten bei der Einbringung von Forderungen

Die Einbringung von Forderungen eines Inferenten gegen die Gesellschaft bei der Kapitalerhöhung ist von einigen Besonderheiten begleitet, handelt es sich doch um Mittel, die die Gesellschaft eigentlich schon zur Verfügung stehen.

(1) Einbringung als Bareinlage

Zunächst aber stellt sich wie auch bei der Kapitalaufbringung die Frage, ob es sich um eine Bar- oder eine Sacheinlage handelt, und letztere besonderen Regeln unterliegt. Das Risiko der Einbringung einer Forderung wird wie bei der Aufbringung in der Solvenz des Schuldners gesehen. Das französische Recht trifft aber keine eindeutige Regelung. Allerdings ist auch hier die ganz herrschende Meinung in der Literatur und die Rechtsprechung der Auffassung, dass die Einbringung einer Forderung im Wege der Barkapitalerhöhung erfolgen kann[473]. Insofern besteht also kein Unterschied zur Kapitalaufbringung, es kann auf das oben Gesagte verwiesen werden.

(2) Möglichkeit des Ausschlusses einer Forderungseinbringung

Eine solche Forderungseinbringung (libération par compensation) wird in der Praxis sowohl von Gesellschaftern als auch von Gläubigerbanken vorgenommen, die auf diesem Wege Gesellschafter der Gesellschaft werden. Eine solche Regelung scheint in Frankreich aus steuerrechtlichen Gründen häufig vorgenommen zu werden[474]. Fraglich ist allerdings, ob die Hauptversammlung aufgrund der Gefahren, die eine solche Kapitalerhöhung durch Einbringung von Forderungen in sich bürgt, durch Beschluss einer Barkapitalerhöhung die Forderungseinbringung ausschließen kann. Ob der Gesellschaft eine solche Möglichkeit zusteht, ist umstritten. Einig scheint man sich zumindest darüber zu sein, dass der Beschluss einer Barkapitalerhöhung die Forderungseinbringung nicht ausschließt. Eine solche Einschätzung ist nur folgerichtig: Wird bei der Forderungseinbringung von einer Einbringung durch Bareinlagen ausgegangen, so handelt es sich um eine legale Einbringung, die nicht durch den Beschluss einer Hauptversammlung ausgeschlossen werden kann[475]. Nicht eindeutig ist die Beurteilung allerdings, wenn die Gesellschaft ausdrücklich eine Zeichnung durch Bareinlagen (souscription en espèces) beschließt. Teilweise wird darin ein Ausschluss der Möglichkeit der Umwandlung einer Forderung in Eigenkapital gesehen[476]. Aber auch hier geht die herrschende Meinung davon aus, dass es sich bei

---

[473] Cour de cassation, Chambre civil, Section commercial, 7. 2. 1972, Revue des sociétés, 1973, 297; Versailles, 25. 10. 1990, Bulletin mensuel d'information des sociétés 1991, 76.

[474] *Guyon*, Nr. 436-1.

[475] Paris, 23. 10. 1992, Droit des sociétés 1992, n° 57 ; *Ribert/Roblot*, Nr. 1946.

[476] Paris, 15. 4. 1983, Bulletin rapide de droit des affaires 1983, 12 (18); Nancy, 25. 6. 1987, Droit des sociétés 1988, n° 167.

der Einbringung einer Forderung um eine völlig legitime Einbringung von Barmitteln handelt[477], so dass ein Ausschluss wieder intendiert noch möglich wäre.

(3) Verfahrensanforderungen

Die Einbringung von Forderungen erfolgt allerdings unter Berücksichtigung eines besonderen Verfahrens. Zunächst sind natürlich die Bezugsrechte der übrigen Aktionäre zu wahren. Die Forderung gegen die Gesellschaft müssen Gegenstand eines Rechnungsabschlusspostens (arrêté de comptes) sein, der von den Wirtschaftsprüfern festgestellt wurde[478]. Die Einzahlung wird durch einen Notar oder einem Wirtschaftsprüfer gemäß Art. L225-146 Code de commerce festgestellt.

(4) Vollwertigkeit der Forderung

Bezüglich der Vollwertigkeit der Forderung besteht bei der Kapitalerhöhung dieselbe Problematik wie bei der Aufbringung des Eigenkapitals. Auch hier ist umstritten, ob bei Bestehen einer Unterbilanz Kapitalveränderungen noch durch das Einbringen einer Forderung getroffen werden können. Die verpflichtungsbefreiende Einzahlung durch Einbringung einer Forderung ist nach der herrschenden Meinung, gestützt auf die uneinheitliche französische Rechtsprechung auch möglich, wenn die Schulden der Gesellschaft das Kapital bereits überschreiten. Der Kassationshof hat festgestellt, dass es für das Kapital der Gesellschaft keinen Unterschied zur Forderungseinbringung machen würde, wenn die Einlagen zunächst in bar geleistet werden und die Gesellschaft anschließend die Barmittel zur Kompensation von Schulden benutzen würde[479].
Allerdings sei erneut darauf hingewiesen, dass ein gegenteiliges Urteil des Kassationshofes unter denselben Umständen die Vollwertigkeit der Forderung verlangt[480]. Bezüglich des Streits kann auf das oben Gesagte verwiesen werden[481]. Es bleibt aber festzuhalten, dass zumindest die herrschende Meinung eine Vollwertigkeit der Forderung nicht verlangt, und bei erfolgreicher Sanierung der Gesellschaft die Einbringung einer Forderung immer zugelassen wird. Die Interessen der Mitaktionäre treten dann hinter den Interessen der Gläubiger zurück.

ee) Bezugsrecht

Das Bezugsrecht der Aktionäre im Falle der Kapitalerhöhung (droit préférentiel de souscription) ist in Art. L225-132 Code de commerce festgelegt. Das Bezugsrecht wird durch einen Bezugsschein (coupon) tituliert, der mit der Zeichnung

---

477 *Ribert/Roblot*, Nr. 1946.
478 *Ribert/Roblot*, Nr. 1946.
479 Cour de cassation, Chambre civil, Section commercial, 7. 2. 1972, Revue des sociétés 1973, 297; *Ripert/Roblot*, Nr. 1336.
480 Cour de cassation, Chambre civil, Section commercial, 3. 2. 1976, Defrénois, 1976, 1473.
481 Siehe oben C. III. 2. b) bb) (4) (b) Anforderungen an die Forderung.

der neuen Aktien ausgegeben und dann von der Aktie getrennt wird. Der Schein hat einen eigenen Wert und kann separat gehandelt werden.

(1)Ausschluss des Bezugsrechts

Das Bezugsrecht der Altaktionäre kann auf zwei Wegen ausgeschlossen werden. Erstens ist ein Ausschluss auf direktem Weg, entweder als positive Berücksichtigung anderer anstelle der Altaktionäre oder als negativer Ausschluss der Altaktionäre ohne eine Berücksichtigung bestimmter neuer Aktionäre möglich (Suppression à titre principal). Zweitens, und nur der Vollständigkeit halber erwähnt, ist auch ein faktischer Bezugsrechtsausschluss durch die spezielle Erhöhung des Kapitals, die bereits ihrer Natur nach nur auf eine bestimmte Personengruppe zugeschnitten ist (Suppression par voie de conséquence). Hier kommt insbesondere die Erhöhung zugunsten der eigenen Arbeitnehmer in Betracht (Augmentation de capital réservée aux salariés).
Weitaus wichtiger für die Kapitalerhöhung im Rahmen der Gründung einer SE ist allerdings der direkte Ausschluss. Zunächst ist der Ausschluss der Altaktionäre zugunsten eines oder mehrerer neuer Zeichner (d'un ou plusieurs bénéficiaires déterminés) für den Fall der Gründung einer SE im Wege der Verschmelzung durch Aufnahme interessant, wenn nämlich die Altgesellschaft, aus der eine SE werden wird, die Aktionäre der aufnehmenden Gesellschaft mit einem eigenen Bezugsrecht ausstatten möchte. Für die Umwandlung in eine SE, bei der es den Altaktionären nur auf die Erhöhung des Grundkapitals ankommt, ohne dass die Identität der neuen Zeichner von Bedeutung ist, kann der Ausschluss des Bezugsrechtes ohne die entsprechende Berücksichtigung neuer Zeichner (sans indication du nom des bénéficiaires) von Interesse sein.

(a) Ausschlussbeschluss der Hauptversammlung

Das Bezugsrecht kann gemäß Art. L225-135 Code de commerce durch Beschluss der Assemblée générale extraordinaire ausgeschlossen werden. Für den Ausschluss ist eine Zweidrittelmehrheit erforderlich (Art. L225-96 Code de commerce), wobei die Begünstigten, sollten sie schon Aktionäre sein, kein Stimmrecht haben (Art. L225-138 Absatz 1 Satz 2 Code de commerce).

(b) Vorstands- und Prüferbericht

Der Abstimmung hat ein Bericht des Vorstands (conseil d'administration) vorauszugehen, in dem die Motive des Ausschlusses und die Begünstigten, also diejenigen, die anstelle der Altaktionäre die neuen Aktien zeichnen wollen, genannt werden. Aus diesem Grunde wird auch vom capital reservée gesprochen[482]. Die Unterrichtungspflicht durch den Vorstand soll die Informationsversorgung der Aktionäre über den zu beschließenden Bezugsrechtsausschluss ge-

[482] Guyon, Nr. 432.

währleisten. Bei einer Kapitalerhöhung durch ein Angebot an die Öffentlichkeit müssen die neuen Aktionäre nicht bekannt sein[483]. Ein solches Angebot an die Öffentlichkeit liegt in der Regel dann vor, wenn eine Zuteilung der neuen Aktien an mehr als 300 Anleger erfolgt[484]. Wenn diese öffentliche Platzierung nur zur Vermeidung der Anforderungen an den normalen Ausschluss gewählt werden sollte, wird der Vorstandsbericht unvollständig und kann damit nichtig sein. So hat der Kassationshof für den Fall, dass die Gesellschaft lediglich angibt, die Anteile breit gestreut platzieren zu wollen und statt dessen eine Zuteilung an wenige neue Investoren vornimmt, die Emission für unwirksam erklärt[485].
Allerdings soll nicht jeder Mangel im Vorstandsbericht zu der Nichtigkeit und somit einem Anspruch Dritter gegen die Gesellschaft und die Aktionäre führen. Es wird eine Kausalität zwischen den Mängeln im Vorstandsbericht und dem angeblich unzureichenden Kenntnisstand der Aktionäre gefordert. Nur wenn die Berichtsmängel dazu führen, dass die Hauptversammlung aufgrund der Unkenntnis der relevanten Umstände den Bezugsrechtsausschluss entschieden habe, soll die Nichtigkeit der Entscheidung vorliegen. Nicht ursächlich soll der Mangel etwa dort sein, wo noch vor der Abstimmung die nötigen Informationen auf anderem Weg, etwa durch den Wirtschaftsprüferbericht, der ebenfalls notwendig ist, zur Verfügung stehen würden. Die Nachbesserung eines mangelhaften Vorstandsberichts durch einen Prüferbericht ist also möglich[486].
Außerdem ist ein Bericht des Wirtschaftsprüfers einzuholen, der die Höhe des Emissionspreises und den Bericht des Vorstands als ganzen bestätigt (Art. L225-235 Absatz 1 Code de commerce). Darüber hinaus obliegt es dem Prüfer, die Gleichbehandlung der Aktionäre bei diesem Ausschluss des Bezugsrechts zu überwachen (Art. 155-1 ff. décr. 1967). Sollten diese Berichte nicht oder nicht vollständig eingeholt worden sein, führt das zur Nichtigkeit des Beschlusses[487]. Bei dieser Rechtsfolge kann ein Schadensersatzanspruch der Aktionäre gegen den oder die Prüfer auf Grundlage der deliktischen Generalklausel des Art. 1382 und 1383 C.C. gegeben sein[488]. Voraussetzung dafür ist ein persönlicher Schaden des Aktionärs, der nicht eingetreten wäre, wenn der commissaire aux comptes das Verhalten eines ordentlichen, sorgfältigen Prüfers an den Tag gelegt hätte[489].

---

[483] Paris, 2. 11. 1989, Revue des sociétés 1990, 39; *Guyon*, aaO.
[484] *Guyon*, aaO.
[485] Cour de cassation, Chambre civil, Section commercial, 15. 11. 1992, Revue des sociétés 1992, 752; *Hirte*, WM 1994, 321 (325).
[486] *Ripert/Roblot*, Nr. 1937ff.
[487] Paris, 19. 3. 1981, Jurisclasseur périodique. La semaine juridique 1982, II, Art. 19720; *Guyon*, Nr. 432.
[488] *Hirte*, WM 1994, 321 (324).
[489] *Quick/Renault*, RIW 1993, 305 (306).

Diese komplexe Form des Bezugsrechtsausschlusses kann durch einen individuellen Bezugsrechtsausschluss, der für alle Altaktionäre gilt (renonciation individuelle), ersetzt werden. Ein solcher Ausschluss kommt insbesondere bei kleineren Gesellschaften mit wenigen Aktionären vor, wenn die Identität des Neuaktionärs gleichgültig ist. Allerdings darf dieser Verzicht nicht aufgrund unzureichender Informationen getroffen werden, ohne dass dabei genauere Kriterien oder Sanktionen ersichtlich sind[490].

(c) Faktischer Bezugsrechtsausschluss

Ein faktischer Bezugsrechtsausschluss liegt etwa dann vor, wenn die Hauptversammlung den Bezug neuer Aktien auf die Arbeitnehmer begrenzt.

(d) Weitere materielle Anforderungen

(aa) Keine materielle Inhaltskontrolle

Eine Inhaltskontrolle des Bezugsrechtsausschlusses ähnlich dem deutschen Recht ist dem Gesetz nicht zu entnehmen. Auch in der Lehre scheint eine solche Kontrolle nicht verlangt zu werden. Schließlich möchte auch die Rechtsprechung den Mehrheitsbeschluss der Hauptversammlung nicht auf eine sachliche Rechtfertigung hin überprüfen. Es sei lediglich über die Einhaltung der Formalien, nicht aber über die sachliche Berechtigung des Bezugsrechtsausschlusses zu wachen[491]. Diese solle vielmehr nur zweierlei garantieren, nämlich die völlige Entscheidungsfreiheit aller Aktionäre in bezug auf diese Maßnahme und die dafür notwendige Kenntnis aller entscheidungsrelevanten Umstände[492]. Geschützt ist also nur die ausreichende Information aller Aktionäre. Einen Minderheitenschutz für die bei der Abstimmung unterlegenen Aktionäre hält die Rechtsprechung nicht für notwendig.

Teilweise wird in der deutschen Literatur, so insbesondere von Hirte, das französische Recht so verstanden, dass eine Übereinstimmung des Bezugsrechtsausschlusses mit dem Gemeinschaftsinteresse der Gesellschaft (intérêt collectif de la société) gefordert wird[493]. Ob sich eine solche Interpretation der Textpassage im Ripert/Roblot allerdings halten lässt, erscheint als äußerst fragwürdig und wird teilweise ausdrücklich verneint[494].

Auch bei der Umsetzung der Richtlinie mit Gesetz vom 30. Dezember 1981 blieben die Vorschriften über den Bezugsrechtsausschluss unverändert[495]. Damit ist zwar noch keine Entscheidung über das Vorliegen von weiteren materiellen

---

490 *Guyon*, Nr. 432.

491 Paris, 19. 3. 1981, Dalloz-Sirey 1981, jurisprudence, S. 405.

492 Paris, 19. 3. 1981, Dalloz-Sirey 1981, jurisprudence, S. 406.

493 *Hirte*, WM 1994, 321 (324).

494 *Kindler*, ZHR 158 (1994), 339 (346 Fn. 43).

495 *Coffy*, Dalloz-Sirey 1982, chronique, S. 279 (284).

Anforderungen an den Bezugsrechtsausschluss, wie etwa eine Inhaltskontrolle, getroffen. Wenn aber davon ausgegangen wird, dass aufgrund des Schweigens der Richtlinie zu einer materiellen Inhaltskontrolle eine solche nicht von der Richtlinie gefordert wird, so spricht auch einiges dafür, das Vorliegen einer solchen Inhaltskontrolle für den Bezugsrechtsausschluss im französischen Rechtskreis zu verneinen.

(bb) Abus de majorité

Neben dem Erfordernis einer Zweidrittelmehrheit sind dem Bezugsrechtsausschluss dort Grenzen gesetzt, wo sie einen Missbrauch der Minderheit (abus de majorité) darstellen. Ein missbräuchlicher Ausschluss kann auch etwa dann vorliegen, wenn das Vorgehen der Mehrheit nicht dem Gesellschaftsinteresse entspricht und das Verhalten der Mehrheit allein darauf abzielt, sich auf Kosten der Minderheit einen Vorteil zu verschaffen[496].

(2) Besonderheiten beim genehmigten Kapital

Das französische Recht sieht die Möglichkeit eines genehmigten Kapitals in Art. L225-129 Code de commerce vor. Mit der Entscheidungsbefugnis über eine Kapitalerhöhung kann, wie im deutschen Recht, der Vorstand ermächtigt werden. Darüber hinaus kann bei börsennotierten Unternehmen (sociétés cotées) diese Entscheidung auf den Vorsitzenden des Vorstands subdelegieren. Diese Regelung des genehmigten Kapitals kann dazu ermächtigen, die Erhöhung lediglich in Teilen vorzunehmen. Es ist denkbar, den Vorstand etwa nur dazu zu ermächtigen, die zweite feststellende Hauptversammlung zu ersetzen. Dann erhält das Verwaltungsorgan die Befugnis, die Kapitalerhöhung festzustellen und die Satzung entsprechend zu ändern.

Der Regelfall beim genehmigten Kapital ist eine generelle Ermächtigung des Vorstandes, über das ob und wann der Kapitalerhöhung zu entscheiden. Gerade bei einer Erhöhung des Kapitals durch Angebot an die Öffentlichkeit findet eine solche Generalermächtigung statt. Die Ermächtigung des Vorstands, das Kapital bis zu einem gewissen Betrag anzuheben, ist auf eine Dauer von höchstens fünf Jahren begrenzt (Art. L225-129 Absatz 3 Satz 3 i. V. m. Art. L225-130 Code de commerce). Der Ausschluss des Bezugsrechts ist auch beim genehmigten Kapital möglich. Dann ist die Ermächtigung des Vorstands gemäß Art. L225-129 Absatz 3 Satz 3 Code de commerce auf 26 Monate begrenzt. Das genehmigte Kapital wird auch in Frankreich als betriebswirtschaftlich sinnvoll eingeschätzt, erlaubt es doch die flexible Kapitalerhöhung innerhalb einer kurzen Zeitspanne, ohne dass die Kosten einer außerordentlichen Hauptversammlung entstehen würden. Die Ermächtigung könne darüber hinaus in einer außerordentlichen Hauptversammlung direkt im Anschluss an eine ordentliche Hauptversammlung

---

[496] Tribunal de commerce Chartres, 15. 1. 1991, Gazette du Palais 1991, 211.

beschlossen werden. Die Ermächtigung kann erneuert werden. Trotzdem scheint die Möglichkeit der Schaffung eines genehmigten Kapitals selten in Anspruch genommen zu werden[497].
Nach Durchführung der Kapitalerhöhung hat der Vorstand und der Wirtschaftsprüfer einen zusätzlichen Bericht (rapport complémentaire) zu erstellen, um die Aktionäre über die Umstände der Ermächtigung aufzuklären (Art. 155-1 decr. 1967).

ff) Beteiligung der Arbeitnehmer

Seit dem Loi du 19 février 2001 hat die Hauptversammlung, die über die Kapitalerhöhung beschließt, sich auch zur Beteiligung der Arbeitnehmer an der Erhöhung zu äußern. So ist den Arbeitnehmer gemäß Art. L225-129 Absatz 7 Code de commerce ein Recht auf eine Kapitalerhöhung eingeräumt, die ihnen vorbehalten ist. Sollte eine solche Stellungnahme unterbleiben, ist die Kapitalerhöhung als solche unwirksam[498]. Natürlich kann die Hauptversammlung ein solches Recht der Arbeitnehmer zurückweisen und die Kapitalerhöhung unter Ausschluss der Arbeitnehmerbezugsrecht beschließen, allerdings dürfte sich ein solcher Schritt ohne eine entsprechende Begründung als „psychologisch schwierig" darstellen[499].

b) Sachkapitalerhöhung

Die Formalitäten bei der Sachkapitalerhöhung, die in der französischen Literatur sowohl für die Mitaktionäre durch die Veränderungen der Beteiligungsverhältnisse, als auch für das Kapital der Gesellschaft durch die Einbringung eines Gegenstandes als risikoreich eingestuft werden, sind in Art. L225-147 Code de commerce geregelt.

aa) Wertprüfung und Festsetzung durch die Hauptversammlung

Wie bei der Sachgründung hat eine Prüfung der Gegenstände durch einen oder mehrere Prüfer, die vom Präsident des Handelsgerichts mit der Prüfung beauftragt werden (Art. 169 D. 1967), zu erfolgen. Der Bericht ist der Hauptversammlung zur Verfügung zu stellen. Die Hauptversammlung hat den Bericht anzunehmen. Die Inferenten sind, so weit sie schon vor der Sachkapitalerhöhung Aktionäre der Gesellschaft sind, von der Abstimmung ausgeschlossen. Mit dem Einverständnis der Inferenten kann die Hauptversammlung den Wert der Gegenstände herabsetzen. Liegt ein solches Einverständnis der Inferenten nicht vor, ist die Kapitalerhöhung gescheitert.

---

[497] *Guyon*, Nr. 433.
[498] *Guyon*, aaO.
[499] *Guyon*, aaO.

bb) Besonderheiten bei der Sachkapitalerhöhung

Die Sachkapitalerhöhung ist andererseits von einigen Vereinfachungen des Verfahrens im Vergleich zur Barerhöhung begleitet.

(1) Keine vollständige Einzahlung der alten Einlagen

Zunächst muss das Eigenkapital der Gesellschaft im Gegensatz zur Barkapitalerhöhung gemäß Art. L225-131 Code de commerce nicht vollständig eingezahlt worden sein. Begründet wird diese Regelung damit, dass die Gesellschaft ein Interesse an einer Sachkapitalerhöhung zu einem Zeitpunkt haben kann, in dem die Gesellschafter ihre Einlagen noch nicht vollständig geleistet haben. Im Gegensatz zur Barkapitalerhöhung, bei der das Interesse der Gesellschaft an der Zuführung neuer Barmittel besteht und somit zunächst der einfachere Weg der vollständigen Einzahlungen der Einlageverpflichtung gewählt werden kann, ist bei der Sachkapitalerhöhung die vollständige Einlageleistung nicht notwendig[500]. So kann die Gesellschaft etwa ein Interesse haben, Anteile an einer weiteren Gesellschaft zu erwerben und die Gesellschafter dieser Gesellschaft mit Aktien der eigenen Gesellschaft, anstatt mit Bargeld auszustatten.

(2) Kein Bezugsrecht

Darüber hinaus gibt es für die Altaktionäre der Gesellschaft gemäß Art. L225-132 Absatz 2 Code de commerce kein Bezugsrecht. Der Grund für diesen Ausschluss des Bezugsrechts wird in der französischen Literatur genau wie im deutschen Recht darin gesehen, dass der Gegenstand lediglich von dem Einleger eingebracht werden kann. Die Gefahr des Missbrauchs durch die Mehrheitsaktionäre der Gesellschaft wird als praktisch irrelevant eingestuft, da die Mehrheitsaktionäre bereits entsprechenden Einfluss auf die Gesellschaft und deswegen kein Interesse mehr an der Erhöhung ihrer Beteiligung haben. Die Gefahr eines solchen Missbrauchs bestünde lediglich, wenn durch die Sachkapitalerhöhung eine Veränderung der Mehrheitsverhältnisse stattfinden würde. Dann allerdings könne die Hauptversammlung die Feststellung des Wertes der Sacheinlage ablehnen, und somit die Kapitalerhöhung verhindern. In diesem Fall könne die Sachkapitalerhöhung auch durch eine Kapitalerhöhung begleitet werden, die den übrigen Aktionären vorbehalten ist, um sicherzustellen, dass sich die Mehrheitsverhältnisse der Gesellschafter nicht verändern[501].

4. Analyse

Die Unterschiede zwischen den beiden nationalen Rechten sind gering und für die Gründung einer SE praktisch irrelevant. Im deutschen Kapitalerhöhungsrecht fällt auf, dass eine materielle Inhaltskontrolle des Bezugsrechtsausschlus-

[500] *Guyon*, Nr. 435.
[501] *Guyon*, Nr. 435.

ses sowohl bei der Bar-, als auch der Sachkapitalerhöhung gefordert wird. Eine solche materielle Inhaltskontrolle kann immer Gegenstand von streitigen Auseinandersetzungen sein, die das Verfahren unzweckmäßig in die Länge ziehen können. Die Kapitalerhöhung bei der Gründung einer SE unterliegt folglich der Gefahr, durch entsprechende Anfechtungsklagen von Minderheitsaktionären behindert zu werden. Möglicherweise könnte allein diese Gefahr zu der Gründung und anschließenden Kapitalerhöhung in einem anderen Mitgliedstaat führen.
Im französischen Recht fällt insbesondere die Solvenzprüfung auf, die bei einer Kapitalerhöhung zwei Jahre nach Gründung der Gesellschaft zu erfolgen hat. Zweck dieser Solvenzprüfung ist zwar hier eine mögliche Umgehung der Anforderungen bei der Gründung durch Angebot an die Öffentlichkeit. Allerdings könnte diese Prüfung auch Vorreiter eines neuen Gläubigerschutzsystems im Kapitalgesellschaftsrecht sein. Statt ein starres Eigenkapital festzusetzen, würde in Zukunft eine regelmäßige Solvenzprüfung von Kapitalgesellschaften stattfinden. Aus Sicht des Gläubigerschutzes könnte eine solche Vorgehensweisen sinnvoll erscheinen. Doch dazu mehr im nächsten Kapitel.

D) Konklusion

Die Gegenüberstellung der unterschiedlichen Rechtskreise unter Berücksichtigung der bereits erfolgten Vorgaben zur Harmonisierung der Kapitalaufbringung durch die Kapitalaufbringungsrichtlinie haben gezeigt, dass es nicht unerhebliche Unterschiede in den Regelungen der Kapitalaufbringung der Mitgliedstaaten gibt.

I. Ausgangspunkt

Die Unterschiede sind allerdings nicht so gravierend, als dass der Gläubigerschutz in einigen Mitgliedstaaten vollkommen vernachlässigt werden würde. Insofern hat die Richtlinie eine gewisse Angleichung der Regelungen geschaffen. Die Unterschiede werden auch sicherlich nicht dazu führen, dass die Gründung der Societas Europaea nicht in Deutschland stattfinden würde. Auch wird und hat die Rechtsprechung über die Rechtsfähigkeit von Gesellschaftsformen anderer Mitgliedstaaten und die Zulässigkeit der Eintragung einer Zweigniederlassung einer Gesellschaft eines anderen Mitgliedstaats nicht dazu geführt, dass in Zukunft nur noch dieser Weg begangen wird. Die Entscheidung, in welchem Mitgliedstaat der Europäischen Union eine entsprechende Gesellschaftsform gegründet wird, geht weit über die Berücksichtigung der Regelungen der Kapitalaufbringung eines Mitgliedstaats hinaus: Ausschlaggebend scheint dafür weitestgehend das Steuerrecht zu sein, und zwar nicht nur dasjenige der Besteuerung der Unternehmen selber, sondern auch die Besteuerung der natürlichen Personen, die die entsprechenden Organpositionen innerhalb einer Gesellschaft ausüben. Wichtig sind natürlich auch andere, nicht juristische Unterschiede die zur Entscheidungsfindung beitragen, wie etwa die bestehende Infrastruktur, Absatzmärkte und der Zugang zu entsprechend ausgebildeten Mitarbeitern. Dies alles sind betriebswirtschaftliche Entscheidungskomponenten, die hier nicht näher betrachtet werden.

Allerdings wäre es genauso falsch davon auszugehen, dass die Regelung der Kapitalaufbringung überhaupt kein Entscheidungskriterium für oder gegen die Gründung in einem Mitgliedstaat darstellen würde. Denn zunächst ist das Steuerrecht auf Grund seiner häufigen Änderungen eine relativ unsichere Entscheidungsgrundlage. Andere Kriterien werden durch das Zusammenwachsen der Mitgliedstaaten und die Angleichung der Bedingung ebenfalls erheblich an Wert verlieren. Wiederum andere Kriterien, wie etwa das geographische Klima einer Region, können an Bedeutung gewinnen. Dies gilt insbesondere für Dienstleistungsunternehmen, die weder produzieren, noch eine umfangreiche Anbindung an die Infrastruktur benötigen. Auch in anderen Regionen mit ähnlichen Voraussetzungen sind solche Investitionsvorteile zu beobachten: In den USA haben die sog. Sunbelt-Staaten wie etwa Kalifornien und die beiden Carolinas hohe Zuzugsraten, auch von Gesellschaften.

In der Verordnung zur Europäischen Gesellschaft (SE-VO) ist vorgesehen, dass die SE ihren Sitz innerhalb der Europäischen Union ändern kann. Das kann dazu führen, dass die Vorteile einer Gründung in einem Mitgliedstaat in Anspruch genommen werden, um dann andere Vorteile in anderen Mitgliedstaaten wahrzunehmen. Die entsprechenden nationalen Regelungen eines solchen Umzugs der SE in den unterschiedlichen Mitgliedstaaten werden zeigen, ob und für welche Gesellschaften ein solches Vorgehen in Frage kommt. Die faktische Möglichkeit wird aber mit Inkrafttreten der SE-VO im Oktober 2004 bestehen. Die Gründung einer Gesellschaftsform in einem anderen europäischen Mitgliedstaat für eine Unternehmung, die hauptsächlich in einer deutschen Region stattfinden soll, ist also möglich. Ebenso ist natürlich die Gründung in Deutschland mit anschließender Geschäftsbetätigung im europäischen Ausland denkbar.

II. Resümee des Vergleichs der Kapitalaufbringungsvorschriften

Zusammenfassend lässt sich in Anbetracht der nationalen europäischen Kapitalaufbringungsregelungen sagen, dass die Gründung einer Kapitalgesellschaft mit frei handelbaren Anteilen insbesondere dann außerhalb Deutschlands vorgenommen werden sollte, wenn eine Einlage in Form einer Forderungsaufrechnung eingebracht wird. Dies ist der Fall, wenn ein Gesellschafter etwa Ansprüche aus Dienstleistungen, die eventuell aus einer Tätigkeit als Organ für die Gesellschaft resultieren, oder aus anderen schuldrechtlichen Verträgen mit der Gesellschaft hat. Genauso empfehlenswert ist die Gründung einer Societas Europaea in einem anderen Mitgliedstaat, wenn absehbar ist, dass etwa Darlehensforderungen eines Gründers gegen die Gesellschaft demnächst zurückbezahlt werden sollen. Dann besteht die Gefahr, sollte ein sachlicher Zusammenhang gerichtlich festgestellt werden können, in Deutschland den Tatbestand der verdeckten Sacheinlagen zu erfüllen. Mithin können die strikten Kapitalaufbringungsvorschriften in Deutschland dazu führen, dass eine Gründung einer Gesellschaft in ein anderes europäisches Land verschoben wird. Die Vorschriften zur Kapitalaufbringung sind dabei nur ein Beispiel von Unterschieden in den Gesetzen der Mitgliedstaaten der Europäischen Union, die sich das Rechtssubjekt zum Vorteil machen kann.

III. Ausblick

Einer solchen Ungleichbehandlung gilt es zu begegnen. Zunächst sei die Ungleichbehandlung näher klassifiziert. Es erscheinen drei Arten von Unterschieden in den gesetzlichen Regelungen der Mitgliedstaaten als besonders wichtig.

1. Unterschiede nationaler Regelungen ohne europäische Richtlinie

Zunächst existiert die Situation einer unterschiedlichen gesetzlichen Regelung in einem Teilbereich, der noch nicht durch Richtlinien oder Verordnungen durch die Europäische Union harmonisiert worden ist. Diese Unterschiede lassen sich nur durch eine weitere Harmonisierung auf europäischer Ebene wirklich vermeiden.

2. Unterschiede nationaler Regelungen in einem von einer Richtlinie umfassten Bereich

Weiter gibt es Unterschiede in den Gesetzen der Mitgliedstaaten, die allerdings schon durch Richtlinien der Europäischen Union harmonisiert wurden. Solchen Unterschieden zu begegnen, erscheint schwierig, sind sie doch Ausdruck des Willens des Gesetzgebers eines souveränen Nationalstaates. Richtlinien lassen also in der Umsetzung den nationalen Gesetzgeber eine gewisse Entscheidungsbandbreite. Teilweise werden explizit Mindestanforderungen festgesetzt, über die die Mitgliedstaaten hinausgehen können. Die nationalen Gesetze sind dann Ausdruck eines gewachsenen Rechtssatzes, den es auch nicht durch die Harmonisierung auf europäischer Ebene zu verhindern gilt. Wie bereits Eingangs gesagt, sind die nationalen Gesetze auch stets Ausdruck des Kulturkreises eines jeden Mitgliedstaates. Einer Zwangsharmonisierung auf europäischer Ebene würde demnach die Akzeptanz innerhalb dieser Mitgliedstaaten fehlen. Die englischen Kapitalgesellschaften sind traditionell nicht unbedingt auf einem Kapitalstock basierend aufgebaut, der den Gläubigern als Sicherheit dienen würde. Das ist in Deutschland ganz anders. Keine der beiden Regelungen würde, in eine europäische Richtlinie aufgenommen, notwendig zu einer Akzeptanz in einem anderen Mitgliedstaat führen. Die nationalen Gesetze können dann erst nach einer gewissen Phase, in der einzelnen Mitgliedstaaten an das Recht anderer heran geführt werden und so die Akzeptanz innerhalb diese einzelnen Mitgliedstaaten für eine entsprechende europaweite Regelung gestärkt wurde, durch eine entsprechende abändernden Regelung in den Richtlinien weiter harmonisiert werden.
Die weitere Harmonisierung der nationalen Regelungen ist auch notwendig, weil die Möglichkeit der europaweiten Betätigung einer mitgliedstaatlichen Gesellschaftsform bereits existiert, und zwar sowohl in Form einer nationalen Gesellschaft, als auch, ab Oktober 2004, in Form der Societas Europaea.

a) Tätigkeiten der europäischen Kommission

Die Europäische Kommission versucht mittlerweile mit einem Aktionsplan zur Modernisierung des Gesellschaftsrechts in der Europäischen Union zumindest eine Vereinfachung der Kapitalrichtlinie zu erreichen[502]. Der Aktionsplan baut unter anderem auf den Vorschlägen der hochrangigen Expertengruppe auf dem Gebiet des Gesellschaftsrechts auf[503]. Der Aktionsplan enthält eine Reihe von

---

[502] Abrufbar unter:
http://europa.eu.int/comm/internal_market/en/company/company/news/index.htm, siehe auch Übersicht bei *Maul/Lanfermann/Eggenhofer*, BB 2003, 1289 (1294).
[503] Ebenfalls abrufbar unter:

Maßnahmen, mit denen die Europäische Kommission das Europäische Gesellschaftsrecht weiterentwickeln möchte. Unter anderem soll eine Modernisierung der Kapitalaufbringung- und Kapitalerhaltungsregeln erfolgen.

aa) Erleichterung des Bezugsrechtsausschlusses

Bis zum Jahre 2005 soll die Kapitalrichtlinie nach Vorschlägen des SLIM (Simplification of the Legislation for the Internal Market) -plus-Konzeptes der Expertenkommission unter dem Vorsitz von Jaap Winter den Erwerb eigener Aktien und die Finanzierung des Erwerbs von Aktien der Gesellschaft durch Dritte aus Gesellschaftsmitteln (Management Buy out), als auch dem Bezugsrechtsausschluss erleichtern. Der Ausschluss des Bezugsrechts soll auf Grundlage eines Ermächtigungsbeschlusses der Hauptversammlung möglich sein, wenn die Aktien zum Marktpreis oder leicht unter dem Marktpreis ausgegeben werden.

bb) Verzicht einer Wertprüfung bei Sacheinlagen

Darüber hinaus sollen in bestimmten Fällen auf Bewertungsgutachten bei Sacheinlagen verzichtet werden[504]. Auf das Bewertungsgutachten soll etwa dann verzichtet werden können, wenn für die Anteile der Gesellschaft ein Börsenpreis besteht oder kürzlich eine Bewertung vorgenommen wurde, und sich die Umstände seit dieser Bewertung nicht verändert haben. Schließlich kann auch auf die Werte in den geprüften Bilanzen zurückgegriffen werden, wenn sich die Ansätze nicht verändert haben. In diesem Fall sollen allerdings die Minderheitsaktionäre die Bestellung eines Experten verlangen können[505].

cc) Zulässigkeit der Einbringung von Dienstleistungen

Die Expertenkommission ist auch der Meinung, dass im Rahmen der kurzfristigen Maßnahmen auch die Einbringung von Dienstleistungen als Sacheinlage ermöglicht werden soll, wenn entsprechend ausreichende Sicherheiten bestehen. Eine ausreichende Sicherheit, die die Möglichkeit der Einbringung von Dienstleistungen als Sacheinlage eröffnet, besteht etwa dann, wenn Aktien durch die Gesellschaft in einem Treuhänderkonto hinterlegt werden, oder die Gesellschaft eine Versicherung für den Fall des Ausbleibens der einzubringenden Dienste abschließt[506].

---

http://europa.eu.int/comm/internal_market/en/company/company/news/index.htm, siehe auch Übersicht bei *Maul*, DB 2003, 27 (29f.).

[504] Bericht der hochrangigen Gruppe von Experten auf dem Gebiet des Gesellschaftsrechts über moderne Gesellschaftsrechtliche Rahmenbedingungen in Europa, S. 13ff.

[505] Bericht der hochrangigen Gruppe von Experten auf dem Gebiet des Gesellschaftsrechts über moderne Gesellschaftsrechtliche Rahmenbedingungen in Europa, S. 14f., 96ff.

[506] Bericht der hochrangigen Gruppe von Experten auf dem Gebiet des Gesellschaftsrechts über moderne Gesellschaftsrechtliche Rahmenbedingungen in Europa, S. 90ff.

(1) Kritik

Das Bestreben, die Einbringung von Dienstleistungen als Sacheinlage zu gestatten, ist grundsätzlich zu begrüßen. Teilweise wird dieser Vorstoß kritisiert, stelle diese Form der Einlageleistung doch nach ihrem „aleatorischen Charakter unter Aspekten der Kapitalaufbringung einen Fremdkörper dar"[507]. Damit ist wohl gemeint, dass das deutsche Kapitalaufbringungsrecht bisher nur die Einlage in bar und die Einlage eines Sachgegenstandes kennt, und dass die Einbringung einer Leistung bisher noch nicht vorgesehen ist. Das ist natürlich richtig.

(2) Vergleich zum französischen und englischen Recht

Gleichwohl kennt sowohl das hier betrachtete französische, als auch das britische Kapitalaufbringungsrecht die Einbringung von Dienstleistungen in die jeweiligen der deutschen GmbH angenäherten Gesellschaftsformen einer Privatgesellschaft. In Frankreich sind die apports en industrie (Einlage von Dienstleistungen) für die S. A. R. L. gemäß Art. L237-7 Code de commerce ebenfalls zulässig wie in Großbritannien, wo das Verbot der Verpflichtung der Einbringung von Arbeits- oder sonstigen Dienstleistungen gemäß s. 99 (2) Companies Act 1985 nur für die public company gilt. Die Einbringung von Dienstleistung in die Privatgesellschaft, also eine Limited ist folglich möglich[508]. Dabei ist zu bemerken, dass das englische Kapitalaufbringungsrecht bis zur Umsetzung der Richtlinie die Möglichkeit der Einbringung von Dienstleistungen auch für die öffentliche Gesellschaft, die plc. vorsah.

Für die Einbringung der apports en industrie gilt allerdings die Besonderheit, dass sie nicht als Einzahlung in das Grundkapital (capital social) der Gesellschaft gelten, weil sie den Gläubigern der Gesellschaft nicht als Haftungsgrundlage (gage) dienen. Für die Einlage von Dienstleistungen können im französischen Recht folglich gemäß Art. 1843-2 Abs. 2 C.C. keine Gesellschaftsanteile im engeren Sinne ausgegeben werden. Gleichwohl sind die Inferenten von Dienstleistungen gemäß Art. 1844 C.C. dazu berechtigt, an den gemeinsamen Entscheidungen der Gesellschafter gleichberechtigt teilzunehmen. Ihre Anteile sind keine Aktien im engeren Sinn, sondern Anteile eigener Art (titres d'une nature particulière), die ihre Sozialrechte (droit social) an der Gesellschaft betiteln[509]. Die Anteile zertifizieren allerdings keinen Anteil am capital social.

(3) Stellungnahme

Nur dem deutschen Recht ist also die Einbringung von Dienstleistungen in Kapitalgesellschaften fremd. In Großbritannien ist diese Form der Einlageleistung

---

[507] *Maul*, DB 2003, 27 (30).

[508] *Pennington*, S. 172, eine Ausnahme gilt gemäß s. 116 Companies Act 1985 nur für die Privatgesellschaft, die bereits den Beschluss (*resolution*) gefasst hat, sich in eine *public company* umzuschreiben bzw. umzuwandeln (*re-registration*); *Neuling*, S. 148.

[509] *Guyon*, Nr. 107 a.E.

für die Ltd. bekannt und zulässig. In Frankreich ist der Inferent von Dienstleistungen zumindest mit den gleichen Rechten ausgestattet wie jeder andere Einleger. Die Kritik in Deutschland wendet sich nicht gegen die Zulässigkeit der Einlage von Dienstleistungen generell, auch wenn diese als Fremdkörper verstanden wird, sondern, so Maul, gegen die Absicherung der Einlage. Aufgrund der notwendig zu erbringenden Sicherheit habe die Gesellschaft im Falle der Nichterbringung der Dienstleistung die geschuldete Einlage entweder ganz, oder, falls eine Versicherung abgeschlossen worden seien sollte, jedenfalls mittelbar zum Teil selbst zu erbringen[510]. Das wäre aber nur der Fall, wenn die Gesellschaft bei Ausbleiben der Dienstleistung die Anteile selber halten würde und auch selber die Einlageleistung in bar erbringt. Gerade das ist allerdings nicht vorgesehen: Die Aktien sollen bis zur Erbringung der Dienstleistung von einem Dritten (Treuhänder) gehalten oder die Einlageleistung von einer Versicherung übernommen werden. Im letzteren Fall wird noch nicht deutlich, wer die Aktien endgültig halten wird. Dies kann bis zu einem gewissen Prozentsatz am Eigenkapital, der ebenfalls durch die Europäische Kommission erneut festzusetzen ist, die Gesellschaft selber sein oder die Anteile werden unter den übrigen Gründern und Aktionären paritätisch aufgeteilt. Insofern ist die geäußerte Kritik unberechtigt.

Die Expertenkommission sprach sich insbesondere mehrheitlich für die Zulassung von Dienstleistungen als Einlagegegenstand aus, weil sie für bestimmte Arten von Unternehmen besonders nützlich sein kann. Namentlich neugegründete Firmen, Technologieunternehmen oder Sozietäten, in denen spezialisierte Dienstleistungen für das Unternehmen einen hohen Wert haben, werden im Bericht als Nutznießer einer solchen Änderung bezeichnet[511].

Genau das ist der Fall: Solche Leistungen, die dem Zweck der Unternehmung mehr dienen als die Einbringung von Geld oder Gegenständen, tragen insgesamt zum Prosperieren der Unternehmungen sehr viel mehr bei und stellen deswegen den besten Gläubigerschutz dar. Es ist auch nicht ersichtlich und zu rechtfertigen, warum der Unternehmer, der seiner Gesellschaft gegenüber Dienste erbringt, dafür nicht Anteile an seiner Gesellschaft bekommen soll. Stattdessen lenkt möglicherweise ein Kapitalgeber, für sein Kapital ausgestattet mit Gesellschaftsanteilen, die unternehmerischen Geschicke der Gesellschaft durch seine Entscheidungen. Beides, Kapital und Dienste an der Gesellschaft, ist für das Gelingen der Unternehmung elementar wichtig. Beide Gegenstände sollten folglich gleichberechtigt als Einbringungsgegenstände nebeneinander stehen. Die Einbringung von Kapital in bar oder in Form von bewertbaren Gegenständen zu bevorzugen, ist nicht mehr durch den Gedanken des Gläubigerschutzes gedeckt.

---

510 *Maul*, DB 2003, 27 (30).

511 Bericht der hochrangigen Gruppe von Experten auf dem Gebiet des Gesellschaftsrechts über moderne Gesellschaftsrechtliche Rahmenbedingungen in Europa, S. 90.

dd) Abschaffung der Kapitalregelungen

Die Expertengruppe geht sogar so weit, mittel- bis langfristig das kontinentaleuropäische System des Gläubigerschutzes zu überdenken und nicht an einem Haftkapital festzuhalten, das den Gesellschaftszweck und die damit entstehenden Verbindlichkeiten der Gesellschaft nicht berücksichtigt und in pauschaler Höhe festgesetzt ist. An Stelle eines Haftkapitals könnte dann ein sog. Solvenztest (solvency test) der Gesellschaft erfolgen, denn das System eines Mindestnennbetrags sei nicht mehr zeitgemäß[512]. Dieser Vorschlag gipfelt zunächst in einer Empfehlung an die Europäische Kommission[513], eine endgültige Entscheidung ist einer weiterführenden Studie, die die Europäische Kommission in Auftrag gegeben hat, überlassen[514]. Für die mittel- bis langfristigen Maßnahmen gilt dabei ein Zeitfenster der Umsetzung ab dem Jahr 2006[515]. Es handelt sich dabei also um Zukunftsmusik. Die Überlegungen verdeutlichen allerdings, dass das System des Haftkapitals nicht als großartige Errungenschaft des deutschen Rechts anderen europäischen Ländern oktroyiert werden sollte. Eine vorsichtige Analyse ist angebracht. Möglicherweise wird aber das angestammte System der Kapitalaufbringung demnächst aufgehoben, und Aktien könnten nach US-amerikanischem Vorbild zu jedem beliebigen Preis ausgegeben werden. Darauf ist hier allerdings nur hinzuweisen, eine nähere Betrachtung hat nicht zu erfolgen.

b) Keine Harmonisierung der gesetzlichen Unterschiede

Nach diesem Aktionsplan sollen somit bereits kurzfristig, das heißt bis zum Jahr 2005, viele Vorschriften der Kapitalaufbringung in den europäischen Rechtskreisen vereinfacht werden. Allerdings bestehen aufgrund der Richtlinienumsetzung diese Vorschriften nach der hier vorgenommenen Untersuchung in allen den verglichenen europäischen Rechtskreisen einheitlich. Die Vereinfachung der Kapitalrichtlinie nach dem Aktionsplan hat also keine weitere Harmonisierung der Rechtsvorschriften im engeren Sinne innerhalb Europas zur Folge. Das wäre lediglich der Fall, wenn bestehende Unterschiede angeglichen werden würden. Es wird aber lediglich der Regelungsgehalt der Richtlinie erweitert.

Die Unterschiede in den hier betrachteten Rechtskreisen beziehen sich insbesondere auf die Möglichkeit der Forderungseinbringung. Gerade aber eine allgemeine Definition des Begriffs der Sacheinlage wird im Rahmen dieser Simpli-

---

[512] Bericht der hochrangigen Gruppe von Experten auf dem Gebiet des Gesellschaftsrechts über moderne Gesellschaftsrechtliche Rahmenbedingungen in Europa, S. 84ff.

[513] Press release High level group of company law experts, S. 4, ebenfalls abrufbar unter: http://europa.eu.int/comm/internal_market/en/company/company/news/index.htm.

[514] Modernizing Company law and enhancing Corporate Governance in the European Union – A plan to move forward, S. 17, ebenfalls abrufbar unter: http://europa.eu.int/comm/internal_market/en/company/company/news/index.htm.

[515] *Maul/Lanfermann/Eggenhofer*, BB 2003, 1289 (1294).

fizierung nicht vorgenommen. Zwar wird von der Expertenkommission festgestellt, dass es hier Unterschiede in den Rechtskreisen der verschiedenen Mitgliedstaaten gibt, und dass diese Unterschiede gerade in der Möglichkeit der Einbringung von Forderungen bestehen. Allerdings wurde möglichen Änderungen auf diesem Wege entgegengehalten, dass sie dem Ziel des SLIM-Programms zuwiderlaufen. Das Programm strebt nämlich eine Vereinfachung des europäischen Gesellschaftsrechts und keine weitere Harmonisierung an. Die Kommission wurde deswegen durch die Expertenkommission nur auf die Probleme im Zusammenhang mit der Definition von Sacheinlagen hingewiesen[516]. Eine Änderung der Unterschiede in den Europäischen Gesellschaftsrechten wird also im Rahmen der kurzfristigen Maßnahmen der Europäischen Kommission nicht erfolgen.

3. Unterschiede der nationalen Rechtsprechungen in einem von einer Richtlinie umfassten Bereich

Schließlich gibt es noch die Unterschiede der nationalen Rechtsprechung zu der Rechtsprechung in einem anderen Mitgliedstaat in einem Bereich, der bereits durch Richtlinien harmonisiert ist und in dem die nationalen Regelungen sich nicht unterscheiden.

a) Problematik

Für diese Unterschiede gilt zunächst einmal dasselbe wie für die Unterschiede in den nationalen Gesetzen in harmonisierten Teilbereichen. Zwar entsprechen sie nicht dem Willen des nationalen Gesetzgebers und aus diesem Grunde war die Zulässigkeit einer solchen Rechtsprechung heftig umstritten. Allerdings wurde vom BGH in der Entscheidung zu der Zulässigkeit von verdeckten Sacheinlagen festgestellt, dass die Unterschiede der nationalen Rechtsprechungen der Mitgliedstaaten nicht gegen europäische Richtlinien verstoßen, wenn sie den von der Richtlinie vorgesehenen Mindest- und Höchstanforderungen genügen[517]. Die Rechtsprechung ist folglich mittelbar Ausdruck des Willens des nationalen Gesetzgebers, denn sie widerspricht nicht dem nationalen Gesetz und der Gesetzgeber könnte eine seinem Willen zuwiderlaufende Rechtsprechung durch die Änderung der nationalen Gesetze begegnen.
Die gesetzlichen Unterschiede und vielmehr die unterschiedliche Rechtsprechung in harmonisierten Teilgebieten der gesetzlichen Vorschriften der Mitgliedstaaten werden zum Standortvorteil. Das gilt insbesondere für die deutsche

---

[516] Empfehlungen der Arbeitsgruppe zur Vereinfachung des Gesellschaftsrechts bezüglich der ersten und zweiten Gesellschaftsrechts Richtlinie. Schlussfolgerungen der Arbeitsgruppe zur Vereinfachung des Gesellschaftsrechts, Vorschlag 1 zur zweiten Richtlinie, S. 10, Ebenfalls abrufbar unter:
http://europa.eu.int/comm/internal_market/en/company/company/news/index.htm.

[517] BGHZ 110, 47 (68ff.); 118, 83 (103f.); 132, 133.

Rechtsprechung zu den verdeckten Sacheinlagen, die anders als in den übrigen europäischen Mitgliedstaaten auch Forderungen aus Dienstleistungen gegen die Gesellschaft als eine Umgehung der Sacheinlagevorschriften sieht und sanktioniert. Änderungen der gesetzlichen Vorschriften muss der Gesetzgeber selber übernehmen. Hier sei noch einmal erwähnt, dass mit einer, abgestellt auf die Rechtsfolgen, weniger strengen Rechtsprechung noch keine Entscheidung über den Gründungsort einer Gesellschaft gefallen ist. Allerdings können diese Unterschiede in der Rechtsprechung oder gar Gesetzen Einfluss auf eine solche Entscheidung nehmen.

b) Stellungnahme

Es sind meiner Ansicht nach in Zukunft bei der Auslegung von Gesetzen zwangsläufig auch die gesetzlichen Regelungen anderer Mitgliedstaaten zu betrachten.

Eine unterschiedliche Rechtsprechung der nationalen höchsten Gerichte wird auch in Zukunft nicht auszuschließen sein. Dafür kann zunächst einmal verantwortlich sein, dass die nationalen Gerichte nicht mit dem EuGH zusammenarbeiten wollen[518] und deswegen eigentlich offene Fragen des europäischen Rechts nicht vorlegen, weil sie keinen Zweifel an der Auslegung europäischen Rechts haben. Somit wird das Kooperationsmodell torpedieren, das den Erfolg des europäischen Rechts begründet. Denn wenn ein höchstes nationales Gericht sich in seiner Souveränität eingeschränkt sieht, soweit es die Beantwortung einer Frage einem anderen Gericht überlassen muss, so wird die Rechtsangleichung innerhalb Europas erheblich gefährdet. Aber auch dann, wenn es nicht um die Auslegung europäischen Rechts geht, weil die entsprechenden Akte der Europäischen Organe keinen Auslegungszweifel zulassen, sind Unterschiede gleichwohl nicht hinzunehmen. Art. 36 des deutschen Einführungsgesetzes zum BGB bestimmt, dass bei der Auslegung und Anwendung der für vertragliche Schuldverhältnisse geltenden Vorschriften des relevanten Kapitels des EGBGB in den Mitgliedstaaten einheitlich auszulegen und anzuwenden ist. Dieser Artikel erfasst lediglich die einheitliche Auslegung der Kollisionsnormen für vertragliche Schuldverhältnisse, aber er beruht auf der Treuepflicht der Mitgliedstaaten gegenüber der Europäischen Union, die in Art. 10 EG-V manifestiert wurde. Diese Treuepflicht reicht in alle Bereiche hinein. Die europarechtskonforme, mehr noch die rechtsvergleichende Auslegung hat Vorrang[519]. Rechtsangleichung hat somit technisch nicht einzig durch die Organe der Europäischen Union zu erfolgen, sondern auch durch die Organe der nationalen Staaten. Nur so ist das Ziel eines gemeinsamen Wirtschafts-, Rechts- und Handelskreises zu erreichen.

---

[518] *Großfeld*, Rechtsvergleichung, S. 12.
[519] *Großfeld*, Rechtsvergleichung, S. 13.

Die gesetzliche Regelung und Rechtsprechung anderer Mitgliedstaaten ist um so eher zu beachten, je transnationaler auf europäischer Ebene, also je europäischer der Sachverhalt wird. Niemandem ist geholfen, wenn ein Rechtssubjekt sich durch einfaches Forum-shopping einer nationalen Rechtsprechung oder Auslegung entziehen kann. Dies ist aber in Zukunft möglich: Gefällt einer Person etwa die Kapitalaufbringungsvorschriften eines Mitgliedstaates nicht, so kann er die Societas Europaea in einem anderen Mitgliedstaat gründen.
Teil der teleologischen Auslegung einer Gesetzesnorm muss deswegen in Zukunft auch immer die Frage sein, inwieweit sich das Subjekt den Anforderungen, die eine solche Norm an ihn stellt, durch umgehende Anwendung der Vorschriften anderer Mitgliedstaaten entziehen kann. Dementsprechend sollte eine Abwägung zu treffen sein. Auf der einen Seite sollten die Auswirkungen betrachtet werden, die die schützenswerten Rechtssubjekte bei der Aufgabe einer strikten Anwendung nationaler Vorschriften treffen würden. Demgegenüber sind die Auswirkungen auf die Allgemeinheit zu stellen, wenn die Rechtssubjekte, vor deren Handlungen geschützt werden sollen, sich den Rechtsfolgen durch die zulässige Unterwerfung des Rechts eines anderen Mitgliedstaates entziehen würden. Das bedeutet im Fall der Kapitalaufbringung: Bei der zukünftigen Rechtsprechung zu den verdeckten Sacheinlagen und anderen Problemen der Kapitalaufbringung sind bei der Auslegung der nationalen Vorschriften im Rahmen der Teleologie die Besonderheiten anderer europäischer Gesetze und Rechtsprechung zu beachten. Es sind, in einzelnen Schritten dargestellt, zunächst die Auswirkungen für die Gläubiger einer Gesellschaft herauszuarbeiten, die entstehen würden, wenn die nationale Rechtsprechung fallen gelassen wird. Diesen Beeinträchtigungen sind die Effekte gegenüber zu stellen, die eintreten würden, wenn sich eine Gesellschaft - das Rechtssubjekt - den Anforderungen des deutschen Rechts durch zulässige Gründung in einem anderen europäischen Land entziehen würde. Solange die deutsche Rechtsprechung eine solche Auslegung nicht vornimmt, muss der Unternehmung eine Unterwerfung unter ein anderes europäisches Rechtssystem empfohlen werden. Der Eintritt eines Delaware-Effekts wäre unumgänglich. Aus diesem Grunde müssen sich die deutschen Gerichte bei ihrer Rechtsprechung ändern und den neuen Gegebenheiten eines zusammenwachsenden Europas und der damit notwendigen einheitlichen Rechtsfindung Rechnung tragen.
Nur wenn die nationalen Gerichte innerhalb Europas diesen Anforderungen genügen, wird der gesamteuropäische Wirtschaftsraum ohne rechtliche Wettbewerbsvorteile Realität. Solange das noch nicht der Fall ist, gilt es, die Vorteile zu nutzen.

Literaturverzeichnis

Altmeppen, Holger/Wilhelm, Jan
Gegen die Hysterie um die Niederlassungsfreiheit der Scheinauslandsgesellschaften, in: DB 2004, S. 1084.

Andrieux, Philippe/Direz, Henri
Traité pratique des sociétés anonymes, Paris 1986.

Angermeyer, Birgit Die aktienrechtliche Prüfung von Sacheinlagen, Düsseldorf 1994.

Bardoul, Claude L'achat d'un bien important à un actionnaire, par une société anonyme, moins de deux ans après sa constitution, in: Revue des sociétés 1983, 285.

Bayer, Walter Die EuGH-Entscheidung „Inspire Art" und die deutsche GmbH im Wettbewerb der europäischen Rechtsordnungen, in : BB 2003, S. 2357.

Bernard, Nicole Anmerkung zu Cour de cassation, Chambre civile, Section commerciale, 10. 2. 1969, in: Jurisclasseur périodique. La semaine juridique 1969, II, Art. 15996 (15998).

Blaise, Henri Apports, in: Dalloz, Répertoire des sociétés, Encyclopédie juridique, 2. Auflage, Paris 1990.

Bosvieux, Paul Anmerkung zu Cour de cassation, Chambre civile, Section commerciale, 7. 2. 1972, in: Journal des Sociétés, S. 122ff.
Zitiert als: *Bosvieux*, J. Soc., 122.

Boucourechliev, Jeanne/Hommelhoff, Peter
Vorschläge für eine Europäische Privatgesellschaft. Strukturelemente einer kapitalmarktfernen europäischen Gesellschaftsform nebst Entwurf für eine EPG-Verordnung der Europäischen Gemeinschaft, Köln 1999.
Zitiert als: *Boucourechliev/Hommelhoff*, EPG.

Boujong, Michael Ist die Rechtsprechung des Bundesgerichtshofs zur GmbH noch gesetzeskonform?, in: Jahrbuch der Fachanwälte für Steuerrecht 1996/97, S. 51ff.

Brandner, Hans Erich
Verdeckte Sacheinlage: eine Aufgabe für den Gesetzgeber?, in: Festschrift für Karlheinz Boujong, München 1996, S. 37ff.

Brüggemann, Carsten
Verdeckte Sacheinlagen in Kapitalgesellschaften, Göttingen 1993.

Bungert, Hartwin — Sitzanknüpfung für Rechtsfähigkeit von Gesellschaften gilt auch nicht mehr im Verhältnis zu den USA. Anmerkung zu BGH vom 29. 1. 2003, in: DB 2003, S. 1043ff.
Zitiert als: *Bungert*, DB 2003, 1043.

Ders./Beier, Constantin H.
Die Europäische Aktiengesellschaft – Das Statut und seine Umsetzung in die Praxis, in: EWS 2002, S. 1ff.
Zitiert als: *Bungert/Beier*, EWS 2002, 1.

Ders. — Konsequenzen der Centros-Entscheidung des EuGH für die Sitzanknüpfung des deutschen internationalen Gesellschaftsrechts, in: DB 1999, S. 1841ff.
Zitiert als: *Bungert*, DB 1999.

Coffy, Marie-Joseph — La loi n° 81-1162 du 30 décembre 1981 relative à harmonisation du droit des sociétés commerciales avec la deuxième directive de la C.E.E. du 13 décembre 1976, Dalloz-Sirey 1982, chronique, S. 279ff.

Cordier, Blandine — Le renforcement des fonds propres dans les sociétés anonymes, Paris 1989.

Deckert, Marina R. — Zur Harmonisierungsbedarf und Harmonisierungsgrenzen im Europäischen Gesellschaftsrecht, in: RabelsZ Bd. 64 (2000), S. 478ff.

Dejmek, Paulina — Das künftige Europa und die Europäische Privatgesellschaft, in: NZG 2001, S. 878ff.

Delmas, Britta — Die Bewertung von Sacheinlagen in der Handelsbilanz von AG und GmbH, Köln 1997.

Dictionnaire Joly — Dictionnaire Joly du droit des sociétés anonymes et en commandite par actions, 7. Auflage, Paris 1989.

Diekmann, Hans — Die Nachgründung der Aktiengesellschaft, in: ZIP 1996, S. 2149ff.

Dictionnaire permanente — Droit des Affaires, Tome 2: Droit des sociétés, Paris 1994.

Drinkuth, Henrik — Die Kapitalrichtlinie – Mindest- oder Höchstnorm?, Köln 1998.
Zitiert als: *Drinkuth*, RiLi.

Ebenroth, Carsten Thomas/Boujong, Karlheinz/Joost, Detlev — Handelsgesetzbuch. Kommentar, Band 1: §§ 1 – 342a, München 2001.
Zitiert als: *Ebenroth/Boujong/Joost/Bearbeiter.*

Einsele, Dorothee — Verdeckte Sacheinlage, Grundsatz der Kapitalaufbringung und Kapitalerhaltung, in: NJW 1996, S. 2681ff.

Escarra, Jean/Escarra, Edourd/Rault, Jean — Traité théorique et pratique de droit commercial. Les sociétés commerciales, Tome 2: Sociétés par actions; Sociétés anonymes; Fondation, constitution – sanctions des règles de constitution, Paris 1951.

Gansen, Georg — Harmonisierung der Kapitalaufbringung im englischen und deutschen Kapitalgesellschaftsrecht. Vergleichende Studie zur Zweiten Gesellschaftsrechtlichen EG-Richtlinie, Frankfurt 1992.

Geyerhalter, Volker — Niederlassungsfreiheit contra Sitztheorie – Good Bye „Daily Mail“?, in: EWS 1999, S. 201ff.

Godon, Laurent — L'apport en joussance d'actions, in: Revue des Sociétés 1999, S. 795ff.

Gower — Principles of modern Company Law, 6. Auflage von Paul LDavies und D. D. Prentice, London 1997.
Zitiert als: *Gower.*

Großfeld, Bernhard Die Sitztheorie in der Europäischen Union – ein mutiger Schritt des EuGH, in: RIW 12/2002, S. I.
Zitiert als: *Großfeld*, RIW 12/2002, S. I.

Ders. Europäische Unternehmensbewertung, in: NZG 2002, S. 353ff.
Zitiert als: *Großfeld*, NZG 2002, 353.

Ders. Rechtsvergleichung, Wiesbaden 2001.
Zitiert als: *Großfeld*, Rechtsvergleichung.

Grosskommentar AktG
4. Auflage,
7. Lieferung: §§ 23 – 40, Berlin 1997;
5. Lieferung: §§ 179 – 191, Berlin 1995.
Zitiert als: Grosskomm-*Bearbeiter*.

Grunewald, Barbara Rechtsfolgen verdeckter Sacheinlagen, in: Festschrift für Heinz Rowedder, München 1994, S. 111ff.

Gutsche, Robert Die Eignung der Europäischen Aktiengesellschaft für kleine und mittlere Unternehmen in Deutschland, Baden-Baden 1994.

Guyon, Yves Droit des Affaires. Tome 1 : Droit commercial général et Sociétés, 11. Auflage, Paris 2001.
Zitiert als: *Guyon*.

Ders. La mise en harmonie du droit francais des sociétés avec la directive des Communautés européennes sur le capital social (Loi du 30 décembre 1981), in: Jurisclasseur périodique. La semaine juridique 1982, I, Art. 3067.
Zitiert als: *Guyon*, Jurisclasseur périodique. La semaine juridique 1982, I, Art. 3067.

Habersack, Mathias Europäisches Gesellschaftsrecht – Einführung für Studium und Praxis, München 1999.
Zitiert als: *Habersack*, EuropGesellR.

Hansen, Ulrike Die verdeckten Sacheinlagen in Frankreich, Belgien und Deutschland und ihre Behandlung durch die zweite EU-Gesellschaftsrichtlinie, Frankfurt a. M. 1996

Helms, Dietmar — Die Europäische Privatgesellschaft; Rechtliche Strukturen und Regelungsprobleme einer surpanationalen Gesellschaft des Gemeinschaftsrechts, Köln 1998.
Zitiert als: *Helms*, EuropPrivatGesell.

Hémard, Jean/Terré, Francois/Mabilat, Pierre
Les sociétés commerciales, Tome 1, Paris 1972 und Tome 3, Paris 1978.
Zitiert als : *Hémard/Terré/Mabilat*, I und III.

Hirte, Heribert — Die Europäische Aktiengesellschaft, in: NZG 2002, S. 1ff.

Ders. — Vereinbarkeit der Inhaltskontrolle des Bezugsrechtsausschlusses bei Sacheinlagen mit europäischem Recht? – Anmerkung zum Beschluss des BGH vom 30. Januar 1995 – II ZR 132/93, DB 1995 S. 465 (Siemens AG) -, in: DB 1995, S. 1113.
Zitiert als: *Hirte*, DB 1995, 1113.

Ders. — Bezugsrechtsfragen bei Optionsanleihen, in: WM 1994, S. 321ff.
Zitiert als: *Hirte*, WM 1994, 321.

Ders. — Bezugsrechtsausschluss und Konzernbildung. Minderheitenschutz bei Eingriffen in die Beteiligungsstruktur der Aktiengesellschaft, Köln 1986.
Zitiert als: *Hirte*, Bezugsrechtsausschluss.

Hölters, Wolfgang/Deilmann, Barbara/Buchta, Jens
Die kleine Aktiengesellschaft, 2. Auflage, München 2002.

Hommelhoff, Peter — Einige Bemerkungen zur Organisationsverfassung der Europäischen Aktiengesellschaft, in: AG 2001, S. 279ff.
Zitiert als: *Hommelhoff*, AG 2001, 279.

ders./Helms, Dietmar — Weiter auf dem Weg zur Europäischen Privatgesellschaft, in: GmbHR 1999, S. 53ff.
Zitiert als: *Hommelhoff/Helms*, GmbHR 1999, 53.

ders. „Kleine Aktiengesellschaften“ im System des deutschen Rechts, in: AG 1995, S. 529ff.
Zitiert als: *Hommelhoff*, AG 1995, 529.

Ders./Kleindiek, Detlef
Schuldrechtliche Verwendungspflichten und „freie Verfügung“ bei der Barkapitalerhöhung, in: ZIP 1987, S. 477ff.
Zitiert als: *Hommelhoff/Kleindiek*, ZIP 1987, 477.

ders. Europäisches Gesellschaftsrecht – Krise und neue Anläufe, in: ZIP 1998, S. 96ff.
Zitiert als: *Hopt*, ZIP 1998, 96.

Horstig, Barbara von/Jaschinski, Susanne/Ossola-Haring, Claudia
Die kleine AG, München 2002.

Hüffer, Uwe Aktiengesetz, 5. Auflage, München 2002.

Ihrig, Hans-Christoph
Die endgültige freie Verfügung über die Einlage von Kapitalgesellschaftern, Heidelberg 1991.

Joost, Detlev Generalanwalt beim EuGH zur verdeckten Sacheinlage, in: ZIP 1992, S. 1033ff.
Zitiert als: *Joost*, ZIP 1992, 1033.

Ders. Verdeckte Sacheinlagen, in: ZIP 1990, S. 549ff.
Zitiert als: *Joost*, ZIP 1990, 549.

Kallmeyer, Harald Umwandlungsgesetz. Kommentar; Verschmelzung, Spaltung und Formwechsel bei Handelsgesellschaften, 2. Auflage, Köln 2001.
Zitiert als: *Kallmeyer/Bearbeiter*.

Kindler, Peter Bezugsrechtsausschluss und unternehmerisches Ermessen nach deutschem und europäischem Recht, in: ZGR 1998, S. 35ff.
Zitiert als: *Kindler*, ZGR 1998, 35.

Ders. Die sachliche Rechtfertigung des aktienrechtlichen Bezugsrechtsausschlusses im Lichte der Zweiten Gesellschaftlichen Richtlinie der Europäischen Gemeinschaft, in ZHR 158 (1994), S. 339ff.
Zitiert als: *Kindler*, ZHR 158 (1994), 339.

Ders. Neue Offenlegungspflicht für Zweigniederlassungen ausländischer Kapitalgesellschaften – Zur Umsetzung der Elften gesellschaftsrechtlichen Richtlinie der EG in deutsches Recht, in: NJW 1993, S. 3301ff.
Zitiert als: *Kindler*, NJW 1993, 3301.

Klinke, Ulrich Europäisches Unternehmensrecht und EuGH. Die Rechtsprechung in den Jahren 1996-1997, in: ZGR 1998, S. 212ff.

Koch, Jens Die Nachgründung, entgeltliche Erwerbsverträge und gesellschaftsrechtliche Geschäfte der jungen Aktiengesellschaft nach altem und neuem Recht (Namensaktiengesetz 2001), München 2001.

Kölner Kommentar zum Aktiengesetz
Band 1: §§ 1 – 75 AktG, 2. Auflage, Köln 1988.
Zitiert als: KölnKomm-*Bearbeiter*.

Krieger, Gerd Zur Reichweite des § 52 AktG, in: Festschrift für Carsten Peter Claussen, Köln 1997, S. 223ff.
Zitiert als: *Krieger*, FS Claussen.

Ders. Zur Heilung verdeckter Sacheinlagen in der GmbH. Besprechung der Entscheidung BGH, ZIP 1996, 668, in: ZGR 1996, S. 674ff.
Zitiert als: *Krieger*, ZGR 1996, 674.

Lacoste, Jacques Sociétés anonymes: Constitution avec appel public à l'épargne, Vérification des apports en nature et des avantages particuliers, in: Jurisclasseur des sociétés, Traité théorique et pratique, fascicule 120, Paris 1972.

Leible, Stefan/Hoffmann, Jochen
„Überseering" und das (vermeintliche) Ende der Sitztheorie, in: RIW 2002, S. 925ff.

Lutter, Marcus — „Überseering“ und die Folgen, in: BB 2003, 7ff.
Zitiert als: *Lutter*, BB 2003, 7.

Ders. — Das Europäische Unternehmensrecht im 21. Jahrhundert, in: ZGR 2000, S. 1ff.
Zitiert als: *Lutter*, ZGR 2000, 1.

Ders. — Das neue „Gesetz für kleine Aktiengesellschaften und zur Deregulierung des Aktienrechts“, in: AG 1994, S. 429ff.
Zitiert als: *Lutter*, AG 1994, 429.

Ders. — Europäisches Unternehmensrecht, 4. Auflage, Berlin 1994.
Zitiert als: *Lutter*, EuropUnternR.

Ders. — L'apport en numéraire fictif. Une théorie allemande et un problème de droit européen, in: Revue des sociétés, 1991, S. 331ff.
Zitiert als : *Lutter*, Revue des sociétés, 1991, 331.

Ders./Gehling, Christian
Verdeckte Sacheinlagen – Zur Entwicklung der Lehre und zu den europäischen Aspekten, in: WM 1989, S. 1445ff.
Zitiert als: *Lutter/Gehling*, WM 1989, 1445.

Ders./Hommelhoff, Peter/Timm, Wolfram
Finanzierungsmaßnahmen zur Krisenabwehr in der Aktiengesellschaft, in: BB 1980, S. 737ff.
Zitiert als: *Lutter/Hommelhoff/Timm*, BB 1980, 737.

Martens, Klaus-Peter — Der Ausschluss des Bezugsrechts: BGHZ 33, S. 175. Zum Interesse an wirtschaftlicher Selbstständigkeit, in: Festschrift für Robert Fischer, S. 437ff.

Maul, Silja/Lanfermann, Georg/Eggenhofer, Erich
Aktionsplan der Europäischen Kommission zur Reform des Europäischen Gesellschaftsrechts, in: BB 2003, S. 1289ff.

Maul, Silja — Vorschläge der Expertengruppe zur Reform des EU-Gesellschaftsrechts, DB 2003, S. 27ff.

Meilicke, Wienand — Anmerkung zum EuGH-Urteil vom 9. 3. 1999 – Rs. C-212/97 („Centros“), in: DB 1999, S. 627f.
Zitiert als: *Meilicke*, DB 1999, 627.

Ders. — Vereinbarkeit der Inhaltskontrolle des Bezugsrechtsausschlusses mit europäischem Recht, in: DB 1996, S. 513ff.
Zitiert als: *Meilicke*, DB 1996, 513.

Ders. — Die Kapitalaufbringungsvorschriften als Sanierungsbremse – Ist die deutsche Interpretation des § 27 Abs. 2 AktG richtlinienkonform? (Teil I), in: DB 1989, S. 1067ff.
Die Kapitalaufbringungsvorschriften als Sanierungsbremse – Ist die deutsche Interpretation des § 27 Abs. 2 AktG richtlinienkonform? (Teil II), in: DB 1989, S. 1119ff.
Zitiert als: *Meilicke*, DB 1989.

Ders./Recq, Jean-Gabriel
Plaidoyer pour un droit européen des sociétés: L'apport de créance détenue sur une société en difficulté financière, in : Revue trimestrielle de droit européen 1991, 587ff.
Zitiert als: *Meilicke/Recq*, Rev. trim. dr. europ. 1991, 587.

Mercedal, Barthélémy/Janin, Phillippe
Memento pratique Francis Lefébvre, Sociétés commerciales 1994, Paris 1993.

Monti, Mario — Statut der Europäischen Aktiengesellschaft, in: WM 1997, S. 607f.

Moreau, Pierre André/Guyénot, Jean
Traité pratique des sociétés commercial, Tome 4, Paris 1975.

Münchener Kommentar zum Aktiengesetz
Band 1: §§ 1 – 53, 2. Auflage, München 2000.
Band 2: §§ 53a – 75, 2. Auflage, München 2003.
Zitiert als: MüKoAktG-*Bearbeiter*.

Münchener Kommentar zum Bürgerlichen Gesetzbuch
Band 11: Internationales Handels- und Gesellschaftsrecht, 3. Auflage, München 1999.
Zitiert als: MüKoBGB-*Bearbeiter*.

Meyer, Hans-Peter — Bericht über den Entwurf einer Verordnung des Rates über das Statut der Europäischen Gesellschaft (SE), A5-0243/2001 vom 26. Juni 2001.

Natterer, Joachim — Bezugsrechtsausschluss und zweite gesellschaftsrechtliche Richtlinie, in: ZIP 1995, S. 1481ff.

Neuling, Jasper — Deutsche GmbH und englische private company, Köln 1997.

Paefgen, Walter G. — Auslandsgesellschaften und Durchsetzung deutscher Schutzinteressen nach „Überseering", in: DB 2003, S. 487ff.

Pennington, Robert R.
Company Law, 8. Auflage, London 2001.

Peterka, Nathalie — Réflexions sur la nature juridique de l'apport en jouissance, in: Defrénois 2000, S. 1137ff.

Pontavice, Emmanuel du
Acquisition d'un bien appartenant à un actionnaire: Application des dispositions de l'article L157-1 à des prestations de services, in: Bulletin du Conseil national des commissaires aux comptes 1988, S. 223ff.
Zitiert als: *Pontavice*, B. C. N. C. C. 1988, 223.

Ders. — Anmerkung zu Cour de cassation, Chambre civile, Section commerciale, 7. 2. 1972, in: Revue des sociétés, S. 302ff.
Zitiert als: *Pontavice*, Revue des sociétés, 302.

Quick, Reiner/Renault, Hélène
Die zivilrechtliche Haftung des französischen Abschlussprüfers, in: RIW 1993, S. 305.

Ripert, G./Roblot, R. Traité de Droit Commercial, Tome 1, Volume 2 : Les sociétés commercial, sous la direction de Michel Germain, 18. Auflage, Paris 2002.

Roth, Günther H. Die freie Verfügung über die Einlage, in: Festschrift für Johannes Semler, Berlin 1993, S. 299ff.

Roth, Wulf-Henning "Centros": Viel Lärm um Nichts?, in: ZGR 2000, S. 311ff.

Sandrock, Otto Centros: ein Etappensieg für die Überlagerungstheorie, in: BB 1999, S. 1337ff.

Schäfer, Albrecht E. H.
Erwartungen eines deutschen Großkonzerns an das europäische Gesellschaftsrecht, in: D. H. Scheuing/G. C. Schwarz/ M. Wollenschläger (Hrsg.), Europäisches Unternehmensrecht, Baden-Baden 2001.

Schanze, Erich Anerkennung und Kontrolle ausländischer Gesellschaften – Rechtslage und Perspektiven nach der Überseering-Entscheidung des EuGH, AG 2003, S. 30ff.

Schmidt, Karsten Gesellschaftsrecht, 4. Auflage, Köln 2002.
Zitiert als: *K. Schmidt*, GesellR.

Ders. Handelsrecht, 5. Auflage, Köln 1999.
Zitiert als: *K. Schmidt*, HandelsR.

Schulz, Andreas/Geismar, Bernhard
Die Europäische Aktiengesellschaft – Eine kritische Bestandsaufnahme, in: DStR 2001, S. 1078ff.

Schumann, Alexander
Die englische Limited mit Verwaltungssitz in Deutschland: Kapitalaufbringung, Kapitalerhaltung und Haftung bei Insolvenz, in: DB 2004, S. 743.

Schwarz, Günter Christian
Zum Statut der Europäischen Aktiengesellschaft, in: ZIP 2001, S. 1847ff.
Zitiert als: *Schwarz*, ZIP 2001, 1847.

Ders./Lösler, Thomas
Das Recht der Europäischen Aktiengesellschaft – ein Überblick, in: NotBZ 2001, S. 117ff.
Zitiert als: *Schwarz/Lösler*, NotBZ 2001, 117.

Schwarz, Günter Christian
Europäisches Gesellschaftsrecht, Baden-Baden 2000.
Zitiert als: *Schwarz*, EuropGesellR.

Seibert, Ulrich
Die kleine AG. Gesellschaftsrechtliche, umwandlungsrechtliche und steuerrechtliche Aspekte, 3. Auflage, Köln 1996.
Zitiert als: *Seibert*, klAG.

Ders.
Die Umsetzung der Zweigniederlassungs-Richtlinie der EG in deutsches Recht, in: GmbHR 1992, S. 738ff.
Zitiert als: *Seibert*, GmbHR 1992, 738.

Steding, Rolf
Das Gesellschaftsrecht der EU zwischen Erwartung und Enttäuschung, in: NZG 2000, S. 913ff.

Storck, Michel
Les actions: Dette du non-versé, in: Jurisclasseur des sociétés, Traité théorique et pratique, fascicule 102, Paris 1988.
Zitiert als: *Storck*, Juriscl. soc., fasc. 102.

Ders.
Les actions: Paiement du non-versé, in: Jurisclasseur des sociétés, Traité théorique et pratique, fascicule 103, Paris 1988.
Zitiert als: *Storck*, Juriscl. soc., fasc. 103.

Thaller, Edmond
De l'augmentation du capital par transformation en action soit du passif, soit des réserves de la société, in: Annales de droit commercial, 1907, S. 177ff.
Zitiert als: *Thaller*, Ann. 1907, 177.

Teichmann, Christoph
Die Einführung der Europäischen Aktiengesellschaft – Grundlagen und Ergänzung des europäischen Statuts durch den deutschen Gesetzgeber, in: ZGR 2002, S. 383ff.

Tesauro, Guiseppe — Schlussanträge des Generalanwalts Guiseppe Tesauro in der Rechtssache Meilicke/ADV-ORGA, in: ZIP 1992, S. 1036ff.

Theisen Manuel René/Wenz, Martin
Die Europäische Aktiengesellschaft: Recht, Steuern und Betriebswirtschaft der Societas Europaea (SE), Stuttgart 2002.
Zitiert als: Bearbeiter in: *Theisen/Wenz.*

Triebel, Volker/Hase, Karl von
Wegzug und Grenzüberschreitende Umwandlung deutscher Gesellschaften nach „Überseering" und „Inspire Art", in: BB 2003, S. 2409.

Ders./Hodgson, Stephen/Kellenter, Wolfgang/Müller, Georg
Englisches Handels- und Wirtschaftsrecht, 2. Auflage, Heidelberg 1995.

Trochu, Michel/Jeantin, Michel/Langé, Daniel
De quelques applications particulières du droit pénal des sociétés au phénomène économique des groupes de sociétés, in: Dalloz-Sirey 1975, Chron. S. 7ff.

Ullrich, Christine — Kapitalaufbringung und „verdeckte Sacheinlage" im französischen Gesellschaftsrecht, in: DB 1990, S. 465ff.

Ulmer, Peter — Verdeckte Sacheinlagen im Aktien- und GmbH-Recht, in: ZHR 154 (1990), S. 128ff.

Urbain-Parléani, Isabelle
Les comptes courantes d'associés, Paris 1986.

Walter, Wolfgang/Hald, Christian
Nachgründungsvorschriften bei der Holding-AG zu beachten?, in: DB 2001, 1183ff.

Wehlau, Andreas — Die Europäische Aktiengesellschaft – eine Option für die GmbH?, in: GmbHR 1992, S. 640ff.
Zitiert als: *Wehlau*, GmbHR 1992, 640.

Wenz, Martin — Die Societas Europaea (SE). Analyse der geplanten Rechtsform und ihre Nutzungsmöglichkeiten für eine europäische Konzernunternehmung, Berlin 1992.
Zitiert als: *Wenz*, SE.

Wilhelm, Jan — Kapitalaufbringung und Handlungsfreiheit der Gesellschaft nach Aktien- und GmbH-Recht, in: ZHR 152 (1988), S. 333ff.

FSC
www.fsc.org
MIX
Papier | Fördert gute Waldnutzung
FSC® C083411

Kolibri 360 GmbH
Ferdinand-Jühlke-Straße 7
99095 Erfurt, Deutschland
produktsicherheit@kolibri360.de

Druck:
CPI Druckdienstleistungen GmbH
im Auftrag der
Kolibri 360 GmbH
Ferdinand-Jühlke-Str. 7
99095 Erfurt